Maxim Leo

Wo wir zu Hause sind

DAS FEST

An einem warmen Septembertag heiratete mein Bruder in einem brandenburgischen Herrenhaus. Die ganze Familie war eingeladen, auch die aus Israel, England, Frankreich und Österreich. Das Herrenhaus war irgendwann voll von Leos. Und als am Abend im Garten getanzt wurde, als die Cousins und Cousinen, die Onkel und Tanten zu den Klängen einer russischen Gitarrenband umherwirbelten, da dachte ich, wie schön es wäre, immer so viele zu sein.

Es ist nämlich so, dass wir hier in Berlin eine ziemlich kleine Familie sind. Außerdem streiten wir gerne und sind nachtragend, weshalb wir selten alle an einem Ort zusammenkommen. Familie ist für mich, wenn vier Menschen um einen Tisch sitzen. Die vielen anderen Leos waren immer fern, in der ganzen Welt verteilt. Manchmal kamen sie uns besuchen, aber sie blieben nie lange genug, um richtige Verwandte zu werden.

Als Kind habe ich Menschen mit großen Familien beneidet, alles schien mir so warm und selbstverständlich zu sein, wie ein Nest, aus dem man nicht herausfallen kann. Meine eigene Familie kam mir dagegen zerbrechlich vor.

Meine Mutter erzählte manchmal von den anderen, von Nina und Hanan in Israel, von Ilse, Heinz und Susi in Wien, von André in London, Hilde in Chicago. Ich fragte, warum sie denn alle so weit weg wohnen. Meine Mutter sagte, früher habe unsere ganze Familie in Berlin gelebt, aber dann seien die Nazis gekommen und hätten alle vertrieben, die jüdisch oder kommunistisch waren. Vom Kommunismus hatte ich schon gehört, schließlich lebten wir in der DDR. Aber was waren Juden?

Meine Mutter erklärte, es klang kompliziert. Sie sagte, das Judentum sei eine Religion, unsere Familie sei zwar nicht religiös gewesen, aber trotzdem verfolgt worden. Ich erfuhr, dass auch ihr Vater Berlin verlassen musste, dass er in Frankreich zur Schule ging und mit sechzehn in der Résistance gegen die Nazis kämpfte. »Dein Großvater kam nach dem Krieg nach Berlin zurück, um den Sozialismus aufzubauen. Die anderen blieben in den Ländern, in die sie geflüchtet waren. Deshalb sind wir heute die Einzigen, die hier leben«, sagte meine Mutter. Ich weiß noch, dass ich damals sauer auf meinen Großvater war. Ich meine, warum musste ausgerechnet er den Sozialismus aufbauen? Ich hätte in London, Wien oder Paris leben können – statt in Berlin-Lichtenberg.

Wobei ich es natürlich auch ganz schick fand, so viele Verwandte in so vielen Ländern zu haben, man konnte andere Leute damit beeindrucken. Unsere in die Welt vertriebene Familie gab uns selbst etwas Weltläufiges. Ich erinnere mich an die Besuche von Ilse, die die gleichen sanften Augen wie mein Großvater hatte, einen schläfrigen Wiener Dialekt sprach und mir jedes Mal Mozartkugeln mitbrachte, was ich ihr bis heute hoch anrechne. André aus London brachte traditionell eine Familienpackung After Eight und mehrere Büchsen Earl-Grey-Tee von Twinings mit. Er trug fleckige, knittrige Hosen, hatte mehr Haare in den Ohren als auf dem Kopf und erzählte jüdische Witze, bei deren Pointe er sich meistens vor Lachen verschluckte.

Einmal brachte André auch seine Mutter Hilde mit, von der es in der Familie hieß, sie sei Millionärin. Es war einige Tage vor Weihnachten, als Hilde uns besuchen kam, und ich war sehr aufgeregt, weil ich noch nie eine Millionärin gesehen hatte. Außerdem hoffte ich natürlich auf ein Weihnachtsgeschenk. Hilde trug einen abgewetzten Mantel, dessen linke Tasche abgerissen war, auf ihrem Kopf saß eine viel zu große Wollmütze. Ich war überrascht, weil die Millionäre, die ich aus dem Fernsehen kannte, anders aussahen. Hilde eilte mit leuchtenden Augen auf meinen Bruder und mich zu. »Ich habe euch ein Geschenk mitgebracht«, rief sie. Dann holte Hilde eine Apfelsine aus ihrer Handtasche, überreichte sie uns mit feierlichem Ernst und mit der Mahnung verbunden, sie gerecht zu teilen.

An all das musste ich denken, als ich meine Familie in dem brandenburgischen Herrenhaus tanzen sah. Viele Jahre sind vergangen, Ilse und Hilde sind schon länger tot, wie auch mein Großvater und der Sozialismus, den er aufzubauen half. Heute kann ich selbst durch die Welt reisen und meine Familie besuchen, aber je näher ich meinen Leuten in der Ferne komme, desto mehr fehlen sie mir hier, zu Hause. Ich fühle mich wie ein Scheidungskind, das immer hofft, eines Tages könnten wieder alle zusammen sein.

Ich war übrigens nicht der Einzige, der an diesem Hochzeitsabend in sehnsüchtigen Gedanken versank. Andrés Sohn Andrew, der etwas jünger ist als ich, sagte irgendwann: »Warum mussten wir eigentlich hier weg? Wir hätten doch alle Berliner sein können.« Plötzlich begriff ich, dass nicht nur mir die Familie fehlt. Ja, dass es für die anderen vielleicht sogar noch schwieriger ist, weil sie so weit von dieser Stadt entfernt leben, aus der sie einst vertrieben wurden. Mein Cousin Amnon, ein Kardiologe und ehemaliger Kampfpilot aus Israel, sagte an diesem Abend, er sei überrascht gewesen, als er vor ein paar Jahren zum ersten Mal nach Berlin kam – und sich sofort heimisch fühlte. Mein Cousin Uri, ein Kinderpsychologe aus Jerusalem, genauso alt wie ich, erzählte, er habe die Berliner Leos immer beneidet. »Warum durftet ihr zu Hause bleiben? Warum müssen wir in diesem irren Land leben, in dem der Krieg nie aufhört?«

An diesem warmen Septemberabend wurde mir klar, wie tief die Sehnsucht der anderen nach ihrer verlorenen Heimat ist. Wie sehr sie die Nähe und Zugehörigkeit brauchen, Erinnerungen suchen. Ich begriff, warum unsere Verwandten aus Israel in letzter Zeit immer öfter nach Berlin kommen. Warum sie so stolz auf ihre deutschen Pässe sind, die sie sich in der Botschaft in Tel Aviv vor ein paar Jahren ausstellen ließen. Ich begriff, warum mein Onkel André letztes Jahr seine Londoner Familie in einen feuchten Keller in der Berliner General-Pape-Straße führte, wo sein Vater im März 1933 inhaftiert und gefoltert wurde. Warum mein Cousin Aron letzten Winter beschloss, zusammen mit seiner Verlobten aus Haifa nach Berlin zu kommen, hier zu studieren und schließlich sogar zu heiraten.

Die Geschichte meiner Familie scheint wie ein Pendel zu sein, das langsam zurückschwingt.

Wobei wohl jede Generation ihre eigene Geschwindigkeit hat. In Teilen der israelischen Familie sorgte die Hochzeit meines Cousins in Berlin für Entsetzen. »Nur gut, dass Hanan und Nina das nicht erleben mussten«, hieß es. Hanan und Nina flüchteten 1936 auf einem Schiff von Amsterdam nach Palästina. Sie waren die Begründer des mittlerweile riesigen israelischen Familienzweiges. Als Hanan und Nina noch in Berlin lebten, hießen sie Hans und Irmgard. Ihre Eltern hatten diese Namen mit Bedacht gewählt, sie sollten deutsch klingen, das war das Allerwichtigste. Irmgard war eine schöne, lustige Frau, die sich auf Fotos gerne als Hexe verkleidete. Sie studierte Jura an der Friedrich-Wilhelms-Universität, wo sie im ersten Studienjahr Hans kennenlernte. Im Oktober 1933 mussten die beiden die Universität verlassen, die deutschen Namen hatten nichts genutzt.

Ninas ältere Schwester Hilde war Schauspielerin, sie arbeitete mit Max Reinhardt am Deutschen Theater, bevor sie im Juni 1929 ihre Stimme verlor und ihren späteren Mann, den Nervenarzt Fritz Fränkel, kennenlernte, der sie nicht nur heilte, sondern kurz darauf auch heiratete. Fränkel, einer der Gründer der KPD, wurde am 21. März 1933 von der SA verhaftet und zwei Tage später nur unter der Bedingung wieder freigelassen, Deutschland umgehend zu verlassen. Am 25. März stieg das Paar mit ihrem zwei Jahre alten Sohn André am Bahnhof Zoo in den Expresszug nach Bern. Es ist der Beginn einer langen Flucht, die Hilde durch halb Europa führen wird.

Ilse, die älteste Schwester meines Großvaters, spielte Klavier, liebte die Malerei und wollte unbedingt Psychologie studieren. Im März 1933 verließ sie das Gymnasium, nachdem ihr Vater von der SA verhaftet und ins KZ Oranienburg gebracht worden war. Als der Vater wieder freikam, flüchtete die Familie nach Paris. *Was hatten wir für eine schöne Kindheit, und dann war auf einmal alles vorbei und wir mußten sehr schnell erwachsen werden,* schrieb Ilse später in ihr Tagebuch.

Ilse war 15, als sie Deutschland verlassen musste. Irmgard war 22 und Hilde 26. Sie wurden aus ihren Leben gerissen, mussten aufbrechen ins Ungewisse. Ich wollte wissen, wie die drei Frauen in Berlin gelebt haben, wovon sie geträumt haben, wie sie geflohen sind. Wie sahen ihre neuen Leben aus? Was haben sie ihren Kindern von der Vergangenheit erzählt? Und warum kommen jetzt auf einmal ihre Enkel nach Berlin zurück?

Ich bin auf den Spuren dieser drei Berlinerinnen gereist, habe auf Dachböden, in Kellern und Archiven nach Briefen, Dokumenten und Fotos gesucht, habe ihre Familien befragt. Je länger ich mich mit Ilse, Irmgard und Hilde beschäftige, desto mehr bedauere ich, dass ich mich nicht schon eher für ihre Geschichten interessiert habe. Zu der Zeit, als sie noch lebten, gab es so viele andere Dinge, die mir näher und wichtiger waren. Ich bin ihnen begegnet, aber wirklich gekannt habe ich sie nicht. Wie gerne würde ich sie heute alle noch mal treffen und ihnen die Fragen stellen, die ich mittlerweile habe.

Andererseits ist die Geschichte ja noch lange nicht zu Ende, weil wir noch da sind, ihre Kinder, Enkel und Urenkel, die gerade etwas Neues beginnen. Diese Familie, die mir oft wie ein historisches Wachsfigurenkabinett erschien, erwacht zu neuem Leben. Meine Töchter haben eine WhatsApp-Gruppe mit ihren Cousins und Cousinen gegründet. Sie sagen, in Israel seien gerade die gleichen Klamotten angesagt wie hier. Vor ein paar Wochen hat meine Cousine Charlotte aus London bei uns um die Ecke eine Wohnung gemietet. Sie ist nach Berlin gekommen, um Deutsch zu lernen. Seit dem Brexit sei es gut, noch eine zweite Heimatstadt zu haben, sagt sie. Und wie fühlt sie sich in Berlin? Charlotte überlegt und sagt lächelnd: »Im Grunde sind wir doch nur mal kurz weggewesen.«

IRMGARD

Die erste Begegnung zwischen Irmgard und Hans wird in der Familie in Israel wie eine Heiligengeschichte erzählt. Bei größeren Familienfesten wird sie sogar als Krippenspiel aufgeführt. Jeder in der Familie kennt den Dialog auswendig, der sich Anfang Mai 1931, zu Beginn des Sommersemesters, im Foyer der Friedrich-Wilhelms-Universität Unter den Linden, zwischen den beiden Jurastudenten entsponnen haben soll. Irmgard war gerade frisch immatrikuliert und auf der Suche nach einer Versammlung der sozialistischen Studentenschaft. Im Foyer traf sie Hans, der ihr nicht nur den Weg zum Ort der Versammlung wies, sondern sie auch gleich dahin begleitete, um sie später zu einer Tasse Kaffee einzuladen, woraufhin die Dinge unweigerlich ihren Lauf nahmen.

Irmgard war 19, hatte dichte schwarze Haare, verträumte braune Augen und einen Mund, der in der Familie völlig zu Recht als sinnlich gepriesen wird. Es gibt ein Foto, das ein paar Monate nach ihrem ersten Treffen aufgenommen wurde, es zeigt das junge Liebespaar auf einer Wandertour durch Brandenburg. Irmgard trägt ein helles Sommerkleid mit weißem Spitzenkragen. Sie wirkt kräftig,

Irmgard und Hans, 1932 in Berlin

drall und voller Energie. Neben ihr läuft Hans, ein schmaler, zerbrechlich wirkender Junge in Knickerbockerhosen. Der Legende nach war es Irmgard, die irgendwann Hans an ihre sinnlichen Lippen zog, weil er selbst zu schüchtern war. Im israelischen Krippenspiel heißt es am Ende stets: »Und so lernten sie sich kennen und lieben und gründeten unsere große, schöne Familie.«

Mein Cousin Aron kennt diese Geschichte, seit er denken kann. Diese Fabel aus dem fernen Berlin ist der Gründungsmythos, mit dem alles begann. An einem Tag im Frühjahr 2017 steht er nun zum ersten Mal selbst in dem mächtigen Foyer der Universität. Er betrachtet die mit braunem Marmor verkleideten Säulen und Paneele, die wuchtige Treppe, die sich zu den Ballustraden emporwindet. Aron sagt, er habe sich die Universität anders vorgestellt, leichter, luftiger, heller.

Aron wohnt seit mehr als einem Jahr in Berlin, er ist 22 und bereitet sich gerade auf die deutsche Hochschulzugangsprüfung vor. Dann will er Veterinärmedizin studieren, und es könnte passieren, dass er bald an eben die Universität zurückkehrt, die seine Großeltern vor 80 Jahren verlassen mussten. Ist er ein historischer Wiedergänger? Aron lächelt verlegen, er sagt, er habe kaum Erinnerungen an die Großeltern, die starben, als er noch sehr klein war. Ihre Geschichte erscheint ihm wie eine dunkle, verschlossene Box, die irgendwo steht, wo keiner sie finden muss. Manchmal wurde diese Box ein wenig geöffnet, dann ging ein beklommener Schauer durch die Familie. Aron sagt, er habe dieses Gefühl nie gemocht. Diese leise Verunsicherung, diesen trüben Schatten, diese kaum wahrzunehmende Traurigkeit in den Augen seiner Mutter. Es war etwas Unausgesprochenes, Bedrohliches, das er schnell wieder vergessen wollte.

»Ich bin nicht nach Berlin gekommen, um diese Box zu öffnen«, sagt er mit einer Vehemenz, die ihn selbst zu überraschen scheint. Es sei ihm eigentlich um viel praktischere Dinge gegangen. Er erzählt, wie schwer es in Israel sei, einen Studienplatz als Veterinärmediziner zu bekommen. Er spricht von seinem deutschen Pass, der ihm hier die Türen öffnet. Er sagt, wie wunderbar es sei, ein bisschen Ruhe vor Israel zu haben, einzutauchen in die Berliner Leichtigkeit. »Ich fühle mich hier nicht als Deutscher, aber auch nicht als Fremder. Ich kann einfach ich selbst sein.«

Wir gehen an den Rand des Foyers, dahin, wo früher das Schwarze Brett der studentischen Korporationen und politischen Gruppen hingen. Hier müssen sich Irmgard und Hans begegnet sein. In der Familie wird erzählt, Hans habe Irmgard gleich bei ihrer ersten Verabredung zu einer Demonstration mitgenommen. Hans ist zu dieser Zeit bereits glühender Sozialist, Irmgard interessiert sich nicht besonders für Politik, aber sie interessiert sich für Hans und hört ihm gebannt zu, wenn er vom Kapitalismus und der Ausbeutung der Arbeiterklasse spricht.

Hans ist ein Charlottenburger Notarssohn, er hat mit der Arbeiterklasse genauso wenig zu tun wie Irmgard, deren Mutter aus einer vermögenden Danziger Kaufmannsfamilie stammt. Wobei Irmgard schon als Kind die Armut kennenlernt, als das komplette Vermögen der Mutter in der großen Inflation von 1919 innerhalb von Monaten verschwindet. Der Vater starb im Ersten Weltkrieg an der russischen Front, und so muss die Familie von der kleinen Witwenrente und den Almosen der Verwandten leben. Irmgard wächst in evangelischen Mädcheninternaten auf, sie stopft ihre Kleider selbst und hat nur ein Paar Schuhe für das ganze Jahr. Aber das sei nicht wichtig, erklärt sie Hans, weil letztlich nur die Bildung und der Wille zählten. Und wenn sie in ein paar Jahren eine fertig studierte Juristin sei, dann werde sie auch gutes Geld verdienen, und ihre Kinder müssten nie selbst Kleider stopfen.

»Oder du heiratest einen Juristen und lässt ihn das Geld verdienen«, sagt Hans lächelnd. Irmgard wirft ihm einen wütenden Blick zu und sagt, sie wolle von keinem Mann abhängig sein. Zum Glück wechselt Hans in diesem Moment geschickt das Thema, weil sie sich sonst wohl schon bei ihrer ersten Verabredung gestritten hätten. Wobei es Irmgard nicht um prinzipielle Geschlechterfragen geht, sie betrachtet das alles eher pragmatisch: Sie hat gesehen, wie hilflos ihre Mutter war, als der Vater an der Front fiel, und sie fragt sich, warum denn eine Frau nicht für sich selbst sorgen kann. »Wenn du eine Prinzessin suchst, die dich bewundert, dann bist du bei mir falsch«, sagt sie zu Hans. Und der ist sprachlos und überwältigt von dieser energischen, schönen Frau, die so genau zu wissen scheint, was sie will.

Später reihen sie sich in den Demonstrationszug ein, der Richtung Universität marschiert. Die meisten der Demonstranten sind Studenten, sie tragen rote Fahnen und singen revolutionäre Arbeiterlieder. In der Universitätsstraße treffen sie auf eine Horde vom Nationalsozialistischen Studentenbund. Die Nazistudenten sind zwar zahlenmäßig unterlegen, aber sie greifen mit Gürteln, Totschlägern und Stöcken an. Hans nimmt Irmgards Hand und zieht sie aus der Menge. Er rennt mit ihr in einen Hauseingang, dann weiter in einen Hof. Sie verstecken sich hinter den Mülltonnen, dort kauern sie, schwer atmend. Irgendwann fängt Irmgard an zu kichern, sie fragt Hans, ob seine Verabredungen mit Frauen immer so laufen. Nun muss auch Hans lachen.

Hans wird später sagen, ihm sei schon in diesem Moment klar gewesen, dass sie die Frau seines Lebens ist. Irmgard dagegen wird noch lange brauchen, um sich für ihn zu entscheiden. Ihren Töchtern erklärt sie später einmal, sie hätte kein Problem damit gehabt, alleine zu leben, wenn sie nicht den richtigen Mann gefunden hätte. In der Familie wird Irmgard als warme, großzügige, aber auch sehr eigenwillige Frau beschrieben. Sie tut nichts, nur weil andere es auch tun, sie hört auf ihr Herz, sie vertraut ihren Instinkten. Und die sagten ihr damals wohl, dass sie erst einmal auf eigenen Füßen stehen muss, bevor sie sich bindet.

Auch störrisch ist sie, hält an Ideen und Prinzipien fest, die ihr wichtig sind. Eines dieser Prinzipien ist es offenbar, an allem erst einmal zu zweifeln. Als Hans ihr nach ein paar Wochen seine Liebe gesteht, schaut sie ihn prüfend an und sagt: »Beweise es.« Der arme Hans ist davon so verunsichert, dass er einen Freund um Rat bittet, der ebenfalls an der juristischen Fakultät studiert und Irmgard ein wenig kennt. Der Freund sagt, es sei sicher nicht einfach, mit einer solchen Frau zu leben, aber dafür werde es Hans nie langweilig sein.

Der Sommer, in dem Irmgard und Hans zusammen durch Brandenburg wandern, muss für beide eine wichtige Zeit gewesen sein. Sie laufen querfeldein durch Wälder und Felder, übernachten in Scheunen oder Schafställen, trinken morgens die warme Milch, die der Bauer ihnen bringt. Irmgard erzählt Hans Geschichten, die von zwei Mädchen handeln, die aus einem Pensionat fliehen, eine Bank überfallen und gemeinsam mit anderen Mädchen eine große Räuberbande gründen. Hans fragt, wo sie denn diese unglaubliche Geschichte herhabe. »Na, die habe ich mir gerade ausgedacht«, sagt sie lachend, und dann schaut sie ihn besorgt an, wie einen bedauernswerten Jungen, der offenbar Probleme damit hat, die einfachsten Sachen zu verstehen.

Sie ist frech und schlagfertig und vermutlich auch unglaublich anstrengend, aber je mehr sie Hans herausfordert, je öfter sie ihn piesackt, desto stärker fühlt er sich zu ihr hingezogen. Irgendwann reden sie über die politische Situation und den Aufstieg der Nazis, und Hans sagt, er komme aus einer jüdischen Familie. Irmgard lässt sich ausführlich das Judentum erklären, stellt viele Fragen, die darauf schließen lassen, dass sie von alldem zum ersten Mal hört. Wusste sie damals gar nicht, dass sie selbst aus einer jüdischen Familie stammt?

Irmgard ist evangelisch getauft, die Familie ist nicht religiös, sie selbst begreift sich wahrscheinlich gar nicht als Jüdin. Das klingt zumindest aus einem Lebenslauf heraus, den sie Jahre später im französischen Exil schreiben wird: *Ich wurde nicht jüdisch erzogen, weder im Glauben noch in der Tradition. Ich wußte lange gar nicht, was es bedeutet, ein Jude zu sein. Aber immer wieder war es so, daß die anderen es besser wußten. Ob an den Tanzabenden, wo niemand mich auffordern wollte, obwohl ich doch nicht gar so häßlich bin. Oder an den Geburtstagen, zu denen ich nicht eingeladen wurde. Später in Berlin, auch da gab es diese Blicke, diese Ablehnung, die manchmal deutlich und dann wieder kaum zu spüren war.*

Woran haben die anderen sie erkannt? Lag es an ihrem Familiennamen? Oder an ihrem Aussehen? An ihren dunklen Haaren und Augen, am matten Teint ihrer Haut? Es gibt ein Foto, auf dem sie zusammen mit ihrer Schwester Hilde zu sehen ist. Hilde hat blonde geflochtene Zöpfe, Irmgard trägt eine schwarze Schleife im ebenholzfarbenen Haar. Nichts deutet darauf hin, dass die beiden Geschwister sind. Hat Hilde es leichter gehabt, unerkannt zu bleiben? Und was ist mit Hans? Auch er sah nicht besonders jüdisch aus und lebte ohne religiöse Traditionen. Hans erzählte seinen Kindern viele Jahrzehnte später, es habe in Berlin Leute gegeben, »die uns gerochen haben«.

Vielleicht lag es an der Stimmung, die zu dieser Zeit in Berlin herrschte. An der Radikalisierung der politischen Kräfte, der Anspannung, die immer größer wurde und nach Entladung suchte. Die Universität muss wie eine Arena gewesen sein, in der diese Kräfte ungebremst aufeinanderprallten. Denn die Schlägereien zwischen Sozialisten und Nazis fanden nicht nur draußen in den Straßen statt, auch im Foyer der Universität stürzte man sich aufeinander. Auf der einen Seite des Foyers standen die Roten, auf der anderen Seite die Braunen, es kam immer wieder zu Handgemengen und blutigen Schlägereien. Mehrmals musste die Polizei die Universität räumen, die dann für Tage geschlossen blieb. So gesehen erscheint dieses erste Treffen von Irmgard und Hans am Schwarzen Brett der sozialistischen Studentenschaft in einem weniger romantischen Licht. Wie viel Zeit blieb ihnen für ihre Liebe? Wie beschäftigt waren sie mit all dem, was um sie herum geschah?

Hans muss die Gefahr deutlich und früh gespürt haben. Seinen Kindern erzählte er später von der Bücherverbrennung auf dem Berliner Opernplatz, von den Flammen, die in der Nacht des 10. Mai 1933 die Fassade der Universität erleuchteten. Er beschrieb die johlende Menge auf dem Platz, die Studenten in den braunen Uniformen, die auf Lastwagen standen und die »undeutschen Bücher« aus der Universitätsbibliothek stapelweise ins Feuer warfen. Hans erzählte, es habe in dieser Nacht stark geregnet und die Bücher hätten nicht brennen wollen, weshalb die Feuerwehr mit Benzinkanistern helfen musste, um Marx und Heine und Kästner und all die anderen zu vernichten. Um die riesige Feuerstelle standen Professoren in schwarzen Talaren, die mit erhitzten Gesichtern und glänzenden Augen den brennenden Papierfetzen nachblickten, die in den dunklen Himmel flogen. »Ich habe es nicht gleich verstanden, aber gefühlt habe ich es schon, dass unsere Zeit in Berlin dem Ende zugeht«, sagte Hans. »So viel Hass war da, so viel Wut, so viel Freude an der Vernichtung, das konnte nicht ohne Folgen bleiben.«

Ich gehe zusammen mit Aron zu dem Platz gegenüber der Universität, der heute Bebelplatz heißt. Aron blickt durch die Glasplatte, die in den Boden eingelassen ist, an der Stelle, an der damals das Feuer brannte. Unter der Glasplatte ist ein dunkler Raum mit leeren Bücherregalen zu sehen. Ich denke an die Box, von der Aron gesprochen hat. Diese Box, die er am liebsten verschlossen halten möchte. Aron steht lange schweigend da. Ich frage mich, ob es ein Fehler war, ihn hierherzubringen. Warum konfrontiere ich ihn mit etwas, das er gar nicht sehen will? Warum verscheuche ich die Berliner Leichtigkeit, die er gerade genießt? Aron scheint meine Gedanken zu erraten. Er sagt, er habe vor Kurzem mit seinem Vater telefoniert, dabei habe er ein paar Sätze auf Deutsch gesagt, was für den Vater nicht einfach zu ertragen gewesen sei. Die Sprache der verhassten Mörder aus dem Mund seines geliebten Jungen. »Er hat dann gesagt, ich soll ruhig weiter mit ihm Deutsch sprechen, es sei eine gute Therapie.«

Als wir den Bebelplatz verlassen, sagt Aron, es falle ihm hier leichter als in Israel, sich mit der Geschichte der Familie zu beschäftigen. In Israel fühle er sich beobachtet, beurteilt, verpflichtet. Geschichte sei dort nichts, was hinter einem liege, sie habe eine Moral, sie weise Aufgaben zu. »Wir leben dort nicht, wir haben eine Mission, verstehst du?« Er sagt, in der Familie sei es immer darum gegangen, einen wertvollen Beitrag für das Land zu leisten. Weglaufen gilt nicht.

Und dann ist er doch weggelaufen, direkt nach Berlin. In diese Stadt, in der er sich so beschwingt fühlt, weil ihn die Vergangenheit hier weniger belastet als die Zukunft in Tel Aviv.

Als Irmgard und Hans von der Universität geworfen wurden, brach ihr Leben entzwei. Sie waren 21 Jahre alt und hatten plötzlich keine Zukunft mehr. Vor allem für Irmgard muss es schwer gewesen sein, ihren Traum vom selbstbestimmten Leben einer gut ausgebildeten Juristin so schnell aufzugeben. Wie es eigentlich zu der Exmatrikulation kam und warum sie beide so früh ausgeschlossen wurden, während andere jüdische Studenten noch Jahre an der Juristischen Fakultät der Friedrich-Wilhelms-Universität bleiben durften, darüber haben sie selbst nie etwas erzählt. Deshalb fahre ich an einem windigen Herbsttag zum Archiv der heutigen Humboldt-Universität, ein nüchterner Flachbau in einem Niemandsland aus Brachflächen und vergessenen Industriegebäuden in Berlin-Adlershof. Die Archivarin blättert in dicken Findbüchern, verschwindet lange im Magazin und legt schließlich zwei Dokumente vor mich auf den

Tisch. Es sind die von Irmgard und Hans ausgefüllten Immatrikulationskarten.

Irmgards Karte ist rosafarben, die von Hans ist weiß. Irmgard hat eine rundliche Mädchenhandschrift, Hans schreibt raumgreifend, mit großen Schwüngen. Es ist ein seltsames Gefühl, diese Karten in den Händen zu halten, mit den Fingern über das raue Papier zu streichen und mir vorzustellen, dass vor mehr als 80 Jahren die Finger der beiden über dieses Papier geglitten sind. Hans hat sich am 16. April 1930 eingeschrieben, wohnt zu der Zeit in der Innsbrucker Straße 54 in Berlin-Schöneberg. In der Spalte Religion hat er einen Strich gemacht. Der Beruf des Vaters: Rechtsanwalt und Notar. Auf Irmgards Karte ist eine Adresse in Zehlendorf vermerkt, Johannesstraße 13. Ich spüre, wie mir erst jetzt wirklich klar wird, dass die beiden in dieser Stadt gelebt haben, dass sie Berliner waren wie ich. Keine Ahnung, warum ich diese Beweise brauche, aber wahrscheinlich ist es manchmal so, dass zwei Karteikarten überzeugender sind, als eine immer nur von anderen gehörte Geschichte.

Irmgard immatrikulierte sich am 17. April 1931. Ich finde ihr vergilbtes Studienbuch, in dem Seite für Seite die Kurse aufgelistet sind, die sie in den ersten Semestern belegte. Strafrecht für Anfänger, BGB, Zivilrecht. Unten auf den Seiten kleben die Gebührenmarken, die mit dem preußischen Adler abgestempelt sind. Es ist vermerkt, dass Irmgard von den Gebühren befreit ist, was vermutlich damit zusammenhängt, dass ihr Vater im Ersten Weltkrieg in Ostpreußen fiel. Bis zum Sommersemester 1932 belegt Irmgard regelmäßig ihre Kurse, aber bereits mit Beginn des Wintersemesters bleiben die Seiten des Studienbuches leer. »Beurlaubt« ist auf die Seite gestempelt. Auch die nächste Seite, die des Sommersemesters 1933, ist leer und mit einem Urlaubsstempel versehen. Auf der Rückseite klebt ein maschinengeschriebener Vermerk: *Inhaber wurde nach Ministerialerlaß vom 16.6.1933 am 3.10.1933 vom Studium an der Universität Berlin ausgeschlossen, weil er sich im marxistischen Sinne betätigt hat.*

Das heißt, Irmgard wurde gar nicht exmatrikuliert, weil sie Jüdin war, sondern weil man sie offenbar für eine Marxistin hielt. Ich finde den Ministerialerlass später in den Akten der Juristischen Fakultät. Gelbliches maschinenbeschriebenes Papier. Der Erlass dient der Ausführung des »Gesetzes gegen die Überfüllung der Deutschen Schulen und Hochschulen«. Es sieht vor, *die Zahl der Studierenden nichtarischer Abstammung in einer jeden Fakultät auf 5 v. H. zu begrenzen. Die überzähligen Studenten nichtarischer Herkunft sind unverzüglich vom weiteren Studium auszuschließen, sofern die Gebühren von ihnen noch nicht gezahlt wurden.* So ist das deutsche Ministerialwesen im Frühsommer 1933, es schreckt nicht davor zurück, Tausende jüdische Studenten zu diskriminieren, aber eine bezahlte Gebühr bleibt dann doch etwas sehr Bedeutendes.

Dieser Erlass kommt einer Zulassungssperre für Juden gleich, weil in kaum einer Fakultät weniger als fünf Prozent der Studenten jüdischer Abstammung sind. Zudem werden alle Studenten und Hochschullehrer angewiesen, einen Fragebogen auszufüllen, der über ihre Abstammung Auskunft gibt. *Falsche Angaben führen zu sofortigem Ausschluß von der Hochschule.* Ich blättere weiter in dem Erlass, er hat viele Seiten, ich blättere schneller, Staub wirbelt aus der Akte auf, juckt in meinen Augen. Dann finde ich die Verordnung, die Irmgard betrifft, sie stammt vom 9. August 1933. Der Minister weist an, *daß alle Studierenden an preußischen Hochschulen, die sich in den letzten Jahren nachweislich in marxistischem (kommunistischem oder sozialdemokratischem) oder sonst antinationalem Sinne aktiv betätigt haben, mit sofortiger Wirkung von dem Universitätsstudium auszuschließen sind.* Irmgard muss Mitglied der sozialistischen Studentenschaft gewesen sein, sonst wäre sie nicht so schnell ausgeschlossen worden.

Ich finde in den Papieren des Senats der Universität eine blaue Aktenmappe. Auf dem Deckblatt steht in säuberlicher Sütterlinschrift: »Liste der auf Grund antinationaler Gesinnung von der Hochschule ausgeschlossenen Studenten. Stand 1933«. 124 Namen sind in dieser Aktenmappe alphabetisch aufgeführt. Auf Seite 11 finde ich den Eintrag: Irmgard Leo, 29.8.11, marx. Berlin.

Diese eine Zeile hat Irmgards Leben auf den Kopf gestellt, hat aus einer hoffnungsvollen Jurastudentin eine Ausgestoßene gemacht. Seltsamerweise steht Hans nicht auf der Liste. Auf seiner Immatrikulationskarte ist als Abgangsdatum der 23. Juli 1933 vermerkt. Ist er von sich aus gegangen? Ist er der Ahnung gefolgt, die ihn schon im Mai bei der Verbrennung der Bücher auf dem Opernplatz beschlichen hatte? In den Sitzungsprotokollen der Juristischen Fakultät finde ich eine Meldung darüber, dass am 16. Juni 1933 »die Fragebögen zur rassischen Abstammung der Studierenden« ausgegeben wurden. Vielleicht war das für Hans das Signal zum Gehen.

Später finde ich noch eine in schwarzen Karton gebundene Aktenmappe im Universitätsarchiv. Auch diese Mappe ist sorgfältig mit Tinte beschriftet: »Aufstellung von Nichtariern 1933«. Auf der ersten Seite prangt ein rotes Hakenkreuz. Diese Liste ist nicht so sauber geführt wie die der marxistischen Staatsfeinde. Hier sind einige Namen durchgestrichen, andere wurden handschriftlich ergänzt. Es ist vermerkt, dass eine Kopie der Liste an das Ministerium geht, eine andere an das Reichssicherheitshauptamt in die Prinz-Albrecht-Straße. Es sind nur die Studenten der juristischen Fakultät, die Liste ist lang, Hunderte Namen. Wie viele dieser Studenten konnten fliehen? Wie viele wurden später umgebracht, weil sie auf dieser Liste standen?

Irmgards Name steht auf Seite 10, zwischen einem Fritz Levinsohn und einem Karl-Heinz Leipziger. Wollte man dokumentieren, wie groß das Bedürfnis der jüdischen Bildungselite in dieser Zeit war, die eigenen Wurzeln zu vergessen und so deutsch zu werden, wie es eben ging, dann müsste man eigentlich nur diese traurige, in schwarzen Karton gebundene Liste zeigen, auf der fast alle Studenten typische deutsche Vornamen tragen, während die Nachnamen ach so jüdisch klingen.

Ich verlasse das Universitätsarchiv, fahre zurück nach Hause, durch das kalte, dunkle Berlin, das mir an diesem Abend noch kälter und dunkler erscheint. Es ist schwer, die Bilder loszuwerden, die aus den verstaubten Akten aufgestiegen sind. Noch schwerer ist es, dieses vergangene Berlin mit dem heutigen zusammenzubringen.

Ein paar Wochen nachdem ich zusammen mit Aron durch die Universität gelaufen bin, heiratet er in Berlin. Die

Trauung findet im Standesamt Charlottenburg-Wilmersdorf statt, einer weißen Stadtvilla mit verschnörkelten Säulen. Aron sitzt mit Noam, seiner Braut aus Tel Aviv, in einem Erkerzimmer mit schweren Vorhängen, über ihnen glimmt ein Kronleuchter. Die Standesbeamtin sagt, man befinde sich hier im Trauzimmer, weil man sich für eine Hochzeit ja auch trauen müsse. Arons Deutsch ist für solche Wortspiele noch nicht gut genug. Auch sonst versteht er nicht besonders viel von dem, was gesprochen wird. An den wichtigen Stellen übersetzt eine Dolmetscherin. Es geht um Feinheiten des Namensrechts, die internationale Geltung eines deutschen Ehefähigkeitszeugnisses und die Unterscheidung von Wohn- und Aufenthaltsort. Die Stimmung ist ähnlich feierlich wie bei der Ummeldung eines Autokennzeichens. Aron und Noam scheint das nicht zu stören, sie sagen im richtigen Moment »Ja« und geben sich einen flüchtigen Kuss. Später frage ich Aron, ob seine Hochzeit hier ihm nicht zu seltsam und fremd erscheint. Aron antwortet, in Israel hätten sie zu einem Rabbi gehen müssen, um zu heiraten. Sie hätten Gebete auswendig lernen müssen, obwohl sie nicht gläubig seien. »Das wäre seltsam gewesen«, sagt Aron.

Am Abend der Hochzeit gibt es eine Feier in einem italienischen Restaurant. Arons Mutter hält eine Rede, sie erinnert an ihre Mutter Irmgard, die bereits Nina hieß, als ihre Kinder geboren wurden: »Heute Abend schließt sich ein Kreis. Und auch wenn es traurig für mich ist, dass mein Junge nun so weit weg von uns lebt, bin ich doch froh, dass er Berlin gewählt hat, diese Stadt, die für uns alle ein Zuhause geblieben ist.« Arons Mutter weint, die Familie klatscht, auf einmal scheint auch Aron sehr ergriffen zu sein. Er blickt mit großen, fragenden Augen in die Gesichter seiner jubelnden Familie. Womöglich begreift er erst jetzt, welche Bedeutung seine Rückkehr für alle anderen hat.

Ich versuche mir vorzustellen, was es wohl für Irmgard bedeutet hätte, wenn sie an diesem Abend in Berlin dabei gewesen wäre. Ob bei ihr die Wehmut oder die Freude überwogen hätte. Ich vermute, dieses Bild vom sich schließenden Kreis hätte sie so nicht gewählt, weil es ja bedeutet, dass eine Geschichte ihren natürlichen Endpunkt erreicht. Für Irmgard war dieser Endpunkt vermutlich schon vor langer Zeit erreicht, als sie mit ihrer Familie in Israel Ruhe und Zufriedenheit fand. Den Luxus der Nostalgie konnten sich erst ihre Kinder leisten. Und dann brauchte es wohl noch eine weitere Generation, um noch nicht mal mehr nostalgisch zu werden, sondern einfach nur Veterinärmedizin studieren zu wollen, in einem Land, in dem es keinen Krieg gibt.

Aber zurück in die Zeit, als Irmgard selbst noch jünger war, als ihr Enkel Aron es heute ist. In die Zeit, in der auf einmal alles zu Ende schien. Was tat Irmgard, nachdem sie die Universität verlassen musste? Wie verbrachte sie ihre Tage? Wovon lebte sie? Hatte sie irgendeine Idee, was nun kommen würde? Ihre Kinder sagen, sie habe nie über diese Zeit sprechen wollen. Sie habe immer nur gesagt, es sei schwierig gewesen, sie habe sich gefragt, ob das Leben überhaupt noch etwas für sie bereithalte. Irmgard war ehrgeizig und zielstrebig, sie hatte immer einen Plan, steckte voller Energie und Ideen. Auch deshalb war diese unsichere Zeit für sie möglicherweise die schlimmste überhaupt.

Es gibt keine Spuren von ihr aus diesen Wochen und Monaten, niemand aus der Familie weiß etwas über diese Zeit. Ein paar Antworten finde ich erst, als ich einen Monat später nach Israel fahre. Ich besuche Michal, Irmgards jüngste Tochter. Michal wohnt in Hazor, einer kleinen Stadt am Fuße der Golanhöhen, nicht weit von dem Kibbuz entfernt, in dem Irmgard den größten Teil ihres Lebens verbrachte, umgeben von dunklen Bergketten, grünen Avocadohainen und der rötlichen aufgebrochenen Erde der bestellten Felder.

Michal ist eine zierliche Frau mit einer rauen, warmen Stimme. Sie erzählt, wir trinken Tee mit Zitronengras, das auf ihrer Terrasse wächst. Dann führt Michal mich zu einem alten Kleiderschrank, in dem Kisten, Beutel und Dosen übereinandergestapelt sind. »Ninas Sachen«, sagt sie. »Auch aus der Zeit, als sie noch Irmgard hieß.«

Vorsichtig öffne ich die erste Kiste, ich sehe Briefe, Dokumente, alte Zeitungen und Fotos. Irmgard scheint so ziemlich alles mitgenommen zu haben, als sie im Juli 1936 das Schiff in Triest bestieg, das sie nach Palästina brachte. Ich finde ihre Zeugnisse aus der Grundschule, verschiedenfarbige Impfscheine, die bestätigen, dass Irmgard Leo gegen Pocken und Diphtherie immunisiert wurde. Ich finde ein dickes Buch mit dem Titel »Im Hasenwunderland«, das von den Jungen Hansel und Franzel handelt, die in einem Dorf in Bayern Abenteuer erleben. Im Einband des Buches steht in ungelenker Kinderschrift geschrieben: *Irmgard Leo 1918*.

In einem gelben Umschlag steckt Irmgards Taufbescheinigung, ausgestellt am 21. November 1911 im schlesischen Muskau, wo ihr Vater Erich als Geschichtslehrer am örtlichen Lyzeum arbeitete. Ein Pastor Neitsch bestätigt die Echtheit der Taufpapiere und weist auf den »mosaischen Hintergrund« beider Elternteile hin, »die aber selbst schon vor Längerem den Weg zu Gott gefunden haben«. In dem Umschlag ist auch die Konfirmationsurkunde, geschmückt von einer Kalligrafie, die Jesus bei der Segnung einer blonden Jungfrau zeigt.

In einer Kiste finde ich etliche Papiere, die Irmgards Leben nach dem Abgang von der Universität erzählen. Es gibt da zum Beispiel eine Bescheinigung der Deutschen Buchhändlerlehranstalt in Leipzig, in der bestätigt wird, dass Irmgard sich dort am 16. August 1933 zum Studium einschrieb, die Lehranstalt allerdings bereits am 30. September wieder verließ. *Irmgard Leo muß ihr berufliches Studium als Buchhändlerin infolge wirtschaftlicher Schwierigkeiten aufgeben, um in den Broterwerb überzugehen. Ihr Verhalten war ohne jeden Tadel,* heißt es in der Bescheinigung.

Wie kam sie vom Jurastudium zur Buchhändlerlehre? Und warum warf sie nach nur sechs Wochen alles hin? Möglicherweise hatte ihre Entscheidung mit Hans zu tun, der kurz zuvor nach Amsterdam aufgebrochen war. In einer der Kisten in Hazor liegt ein Brief, in dem Hans sein Weggehen ankündigt. Auf der Rückseite des Briefes steht Irmgards kurze Antwort: »Warum fragst du mich eigentlich nicht, ob ich mitkommen will? Was soll mich denn hier noch halten? Mehr Hilfe als in der Fremde kann ich auch in Berlin nicht erwarten.« Das klingt traurig und ernüchtert, aber es klingt auch so, als habe Irmgard in ihrem Herzen eine doppelte Entscheidung getroffen. Für Hans. Gegen Berlin.

Irmgard schlägt sich nach ihrer Rückkehr aus Leipzig noch ein paar Monate mit kleinen Anstellungen durch. Sie findet in der Zeitung eine Annonce, ein blinder Mann aus Berlin-Schöneberg sucht jemanden, der ihn gelegentlich durch die Stadt führt. Der Mann ist alt und riecht schlecht. Wenn sie unterwegs sind, hakt er sich bei Irmgard unter, und sie muss ihm zuflüstern, was sie alles sieht. Der Mann interessiert sich besonders für Autos. Wenn ein Auto an ihnen vorbeifährt, muss sie sagen, um welches Fabrikat es sich handelt, welche Farbe es hat und ob es ordentlich gewaschen ist. Irmgard kennt sich mit Autos nicht besonders aus, der Mann schreit, dass sie eine dumme Göre sei und doch ihre Augen benutzen solle, dass man sich frage, wozu sie überhaupt Augen im Kopf habe. Nach ein paar Touren kann Irmgard nicht mehr. Sie denkt, dass es nun wirklich Zeit ist, zu gehen.

Zwei Tage später besteigt Irmgard am Anhalter Bahnhof einen Zug nach Köln, von dort wird sie zu ihrer Schwester nach Paris weiterreisen. Sogar das Zugticket hat sie aufbewahrt, ein Stück blassgrüne Pappe, das zum Aufenthalt in der zweiten Klasse berechtigt. Bei sich trägt Irmgard einen Brief, den ihr die Mutter vor der Abreise zugesteckt hat. Es sind deren Lieblingsverse aus der Bibel, in altdeutscher Schrift auf Büttenpapier. *Diese Sprüche waren mir in manchen schweren Stunden Trost und Stütze,* schreibt die Mutter. *Behüt dich Gott, mein geliebtes Kind, möchte das Schicksal gut machen, was ich, ohne es zu wissen, falsch gemacht habe. Das ist mein heißester Wunsch. Einen Kuß von Mutti.*

Das sind die letzten Worte einer Mutter, die nicht weiß, ob sie ihr Kind je wiedersehen wird. Was sie wohl meint, falsch gemacht zu haben? Auf jeden Fall ist Irmgards Mutter Katerina von nun an allein. Die Töchter leben zu dieser Zeit bereits in Paris. Irmgards Bruder Fritz, ein praktischer Arzt, ist wenige Wochen zuvor wegen kommunistischer Untergrundarbeit verhaftet worden. Deshalb will die Mutter Deutschland nicht verlassen, sie will in der Nähe sein, falls ihr Sohn Hilfe braucht. *Die Kinder können gehen, wohin sie wollen, die Eltern bleiben da, wo sie vonnöten sind,* schreibt sie später an Irmgard, die sie anfleht, aus Deutschland zu fliehen, solange es noch möglich ist.

Einer der Bibelverse, den Irmgard von ihrer Mutter mit auf den Weg bekommt, lautet:

Gott ist die Liebe. Und wer in der Liebe bleibt,
der bleibt in Gott. Und Gott in ihm.

HILDE

Auf Fotos sieht Hilde selten zufrieden aus. Meistens hat sie die Lippen zu einer Art Schmollmund zusammengepresst. Mit Mitte 20 trägt sie die Haare kurz und gescheitelt, sie mag Hosenanzüge, wirkt spröde, androgyn, ein wenig dramatisch, auf jeden Fall interessant. Hildes Leben erscheint von Anfang an weniger geordnet und glatt als das ihrer Schwester Irmgard. Sie verlässt die Schule ohne Abitur, weil ihre Leistungen, vor allem in Mathematik, hoffnungslos schlecht sind. Sie hat, so erklärt sie ihrer Mutter, keine Lust auf Arithmetik und irgendwelche Naturgesetze. Hilde will Schauspielerin werden, am liebsten in einem Kabarett. Sie bewundert Marlene Dietrich, die mit schwarzem Zylinder, Frack und Zigarettenspitze verruchte Lieder singt. Hilde mag die grelle Theaterwelt, weil sie so anders ist als das, was sie kennt.

Hildes Mutter, zwar verarmt, aber aus gutem Hause und mit einer klaren Vorstellung davon, was sich für eine junge Dame gehört, lässt Hilde eine Ausbildung zur Säuglingskrankenschwester im Pestalozzi-Fröbel-Haus in Berlin-Schöneberg absolvieren. »Wenn du akademisch nicht interessiert bist, dann bleibt dir nur, einen ordent-

Hilde, 1929

lichen Beruf zu erlernen, der den Menschen von Nutzen ist«, lässt die Mutter ihre Tochter wissen. Eine größere Bestrafung hätte es für Hilde wohl nicht geben können, sie findet Kleinkinder furchtbar, beim Anblick von Blut wird ihr schlecht.

Hilde folgt den Weisungen der Mutter, zieht ins Schwesternpensionat, beschließt dort jedoch recht bald, ihre Ausbildung selbst in die Hand zu nehmen. Nachts steigt sie aus dem Fenster im zweiten Stock, klettert auf einem Mauersims bis zur Regenrinne, die sie hinunterrutscht. So heimlich wie sie das Pensionat verlässt, geht sie anschließend ins Theater. Hilde schmuggelt sich durch Bühneneingänge und Schauspielerkantinen, sie kennt irgendwann die Garderobengänge und Kulissenräume, den Kleiderfundus und den Schnürboden. Sie taucht ein in die wilde, aufregende Stadt, die nach Alkohol, Parfüm und Ruhm duftet. Sie taucht ein in die schummrige Welt der Künstler und Komparsen, der Magier, Tänzer und Feuerspucker. Sie sieht klassische Stücke im Deutschen Theater und in der Volksbühne und leichte Stücke in den Kabaretttheatern rund um die Friedrichstraße. Sie beobachtet die Schauspieler, studiert ihre Atmung, ihre Pausen, ihre starken und schwachen Momente.

Auch hinter der Bühne kennt sie sich bald gut aus, Hilde bekommt erste kleine Jobs in der Ausstattung und als Kostümassistentin. Irgendwann verdient sie genug, um sich ein Zimmer in der Rosenthaler Straße, nicht weit vom Hackeschen Markt, leisten zu können. Sie verlässt das Schwesternwohnheim, ohne der Mutter etwas zu sagen. Erst als sie ein Jahr später ihre erste Rolle bekommt, wagt sie es, der Familie von ihrem Doppelleben zu erzählen. Die Mutter trägt es mit Fassung, sie verspürt wohl sogar einige Sympathie für Hildes Interessen, die auch mal ihre eigenen waren. Schließlich hat Katerina als junge Frau am Berliner Konservatorium studiert, hat dort gesungen und Klavier gespielt und galt als äußerst talentiert. Diese Zeit ging jäh zu Ende, als sie ihrem Erich in die schlesische Provinz folgte, wo dieser seinen ersten Posten als Gymnasiallehrer bekam. Auf vieles musste sie dort verzichten, die Trennung von der Musik, sagte sie später immer wieder, sei ihr am allerschwersten gefallen.

Sie unterstützt Hilde nun nicht gerade, aber sie hindert die Tochter auch nicht daran, ihrer Begeisterung nachzugehen. Hilde spielt im Kabarett »Die Wespen«, einer

Truppe ohne feste Spielstätte, die oft im Restaurant »Hacke Bär« in der Großen Frankfurter Straße 68 gastiert, oder im Mercedes-Palast in Neukölln. Die Wespen verstehen sich als Proletarisches Kabarett und treten vor allem in den Arbeitervierteln auf. Die Truppe gilt als die radikalste und beste der Weimarer Republik, Künstler wie Erich Mühsam, Ernst Busch und Hanns Eisler schreiben, spielen und komponieren für das Ensemble. Hilde kommt hier zum ersten Mal mit linken politischen Ideen in Berührung, wobei es vor allem die menschlichen Tragödien und Abgründe sind, die sie faszinieren.

Später lernt Hilde über den Schriftsteller Erich Weinert den berühmten Theaterregisseur Max Reinhardt kennen. Sie spielt in zwei seiner Produktionen, eine am Deutschen Theater, eine an der Volksbühne. Hilde ist begeistert von der einfühlsamen Art, mit der Reinhardt den Schauspielern ihre Rollen erklärt. Einmal legt der Meister ihr während einer Probe den Arm um die Schultern und flüstert ihr ins Ohr, welche Art von Spiel er in der nächsten Szene von ihr erwartet. Hilde wird durch diese Vertraulichkeit so nervös, dass sie vergisst, was Reinhardt ihr gerade gesagt hat, und prompt die Szene verdirbt.

Im Winter 1929 verliert Hilde auf einmal ihre Stimme. Sie konsultiert verschiedene Ärzte, aber keiner kann die Ursache ihres plötzlichen Verstummens erklären. Einer der Mediziner kommt auf die Idee, sie zum Nervenarzt und Psychologen Dr. Fritz Fränkel zu schicken, der offenbar in dem Ruf steht, schon so manchem Künstler aus einer körperlichen Unpässlichkeit geholfen zu haben. Nach ein paar Besuchen bei Fränkel kann Hilde wieder sprechen, und er fragt, ob sie nun, da sie ja keine Patientin mehr sei, nicht mal zusammen ins Theater gehen wollen.

»So haben sich meine Eltern kennengelernt«, sagt Onkel André, zu dem ich gefahren bin, um mir von Hilde erzählen zu lassen. André sitzt in einem schweren Ohrensessel im Wohnzimmer seines Hauses im Londoner Stadtteil Camden. Er hat einen zerzausten grauen Bart und lustige Augen, die ständig in Bewegung sind. Manchmal trägt er eine russische Schapka aus schwarzem Fell und sieht aus wie Lenin kurz vor dem Ausbruch der Oktoberrevolution. Für mich war Onkel André schon immer sehr alt. Und sehr besonders. Das Erstaunlichste an ihm sind seine Freundlichkeit und die beschwingte Neugier, mit der er die Welt betrachtet. Er ist an allem interessiert, will alles verstehen. Er sagt, Hilde sei sehr beeindruckt gewesen von Fritz Fränkel, nicht nur, weil er so klug und kultiviert gewesen sei, sondern weil er offenbar die Gabe hatte, den Menschen in die Seele zu schauen, sie zu fühlen, sie zu verstehen.

Fränkel ist ein schmaler jüdischer Intellektueller mit einem wild wachsenden Haarkranz und einem Blick, der traurig und spöttisch zugleich ist. Er ist 15 Jahre älter als Hilde, wohnt noch immer mit seiner Mutter und seiner Schwester zusammen, die dem zuweilen verträumten Doktor durch den praktischen Teil des Lebens helfen. Eigentlich passen die beiden überhaupt nicht zusammen. Hilde ist zu jung und zu unerfahren, um Fränkel eine Partnerin zu sein. Aber wahrscheinlich hat er in ihr schon all das gesehen, was sie selbst erst viel später entdecken wird: ihre Kraft, ihre Entschiedenheit, ihren sicheren Instinkt.

Den beiden bleibt kaum Zeit, sich kennenzulernen, da ist Hilde schon schwanger, und es muss geheiratet werden. Hilde zieht zu den Fränkels in die Wilmersdorfer Kaiserallee 207. Sie wohnen im ersten Stock, in einer vornehmen Acht-Zimmer-Etage, wo sich auch Fränkels Praxis befindet. Hilde hat große Schwierigkeiten, ihren Platz in dieser Familie zu finden. Fränkels Mutter führt den Haushalt, die Schwester kocht, das Dienstmädchen Gerda putzt und wäscht. Hilde hat jetzt zwar einen Mann, fühlt sich aber trotzdem nur als geduldeter Gast. Von einem Zuhause, gar von ihrem Zuhause kann keine Rede sein. Hinzu kommt Hildes Beruf, der von Fränkels Familie nicht geschätzt wird. Abends steht sie auf der Bühne, wenn sie spät in der Nacht nach Hause kommt, schlafen die anderen schon. Fränkels Mutter lässt Hilde spüren, dass sie nicht die Richtige für ihren Jungen ist. Erst als André geboren wird, entspannt sich die Stimmung im Hause Fränkel etwas, weil die Großmutter, vom Enkel bezaubert, zuweilen die Abneigung gegen die Schwiegertochter vergisst.

Fritz Fränkel selbst ist kaum da, weil er ohne Unterlass arbeitet. Neben seiner Nervenarztpraxis in Wilmersdorf hat er im Urban-Krankenhaus eine psychosoziale Notfallstelle eingerichtet, die vor allem von Alkoholikern und Drogensüchtigen besucht wird, die er unentgeltlich behandelt. Berlin ist in diesen Jahren überschwemmt von Drogen, in den Klubs und Bars wird in rauen Mengen Kokain geschnupft und Morphium gespritzt. Fränkel gehört zu einer Handvoll Ärzten, die sich mit der Wirkung von Drogen auskennen und Entziehungskuren anbieten. Außerdem findet er es skandalös, wie mit mittellosen Patienten umgegangen wird. Gesundheit dürfe keine Frage des Geldbeutels sein, sagt er immer wieder. Deshalb nehme er absurd hohe Honorare von frustrierten Industriellengattinnen, die ihre Traurigkeit mit Likör vertrieben, und fast nichts von den armen Kerlen, die sich nachts im Hauseingang eine dreckige Nadel in die Vene stießen. »Das ist mein kleiner Sozialismus«, sagt Fränkel.

Darüber reden Hilde und Fränkel oft, über die Gerechtigkeit, und ob es wirklich so gut ist, eine sozialistische Gesellschaft zu errichten, wie Fränkel es sich wünscht. Hilde sagt, irgendwer müsse doch das Geld verdienen, um es den anderen zu geben. Sie glaubt mehr an christliche Mildtätigkeit als an Gleichheit. Außerdem hat sie in ihrer Kindheit sehr unter der Armut gelitten, die mit der Inflationskrise in ihre Familie kam. Onkel André sagt, dieses Gefühl, alles zu verlieren, habe seine Mutter tief geprägt. Schon damals habe sie beschlossen, eines Tages reich zu werden, um sich und ihrer Familie die Freiheit und Sorglosigkeit zurückzuschenken, die sie selbst so früh verlor.

Fränkels politische Haltung hat viel mit dem Ersten Weltkrieg zu tun, in dem er als Bataillonsarzt Schwerverwundete in Königsberg betreute. Er erzählt Hilde von den Amputationen, die er ohne Narkosemittel vornehmen musste, von den Blutlachen, die in den Sanitätszelten standen, von der Luft, die nach Eiter und Tod stank, vom letzten Wimmern der Sterbenden. Wer solche Kriege künftig verhindern wolle, sagt Fränkel, der müsse die Gesellschaft verändern. Sie nennt ihn deshalb spöttisch »meinen großen Arbeiterführer«, was Fränkel überhaupt nicht lustig findet.

Noch während des Krieges tritt Fränkel dem Spartakusbund bei und ist Delegierter von Königsberg, als am 30. Dezember 1918 in Berlin im Festsaal des Preußischen Landtags die KPD gegründet wird. Fränkel ist 26 Jahre alt und sitzt neben Rosa Luxemburg, Karl Liebknecht, Wilhelm Pieck und Hermann Duncker, als der Kommunismus in Deutschland offiziell zu existieren beginnt. Hilde hat also, wie ihre Schwester Irmgard, einen Revolutionär aus bürgerlichem Hause geheiratet. Und genau wie Irmgard wird sie wegen ihres Mannes aus Berlin weggehen.

Fränkel studiert die Wirkung von Drogen nicht nur an seinen Patienten, sondern auch an sich selbst, an Freunden und Kollegen. Tagsüber behandelt er in seiner Praxis im weißen Kittel, nachts experimentiert er am selben Ort mit Morphium, Haschisch und Kokain. Oft bittet er seinen Freund, den Schriftsteller und Philosophen Walter Benjamin, als Versuchsperson in sein Kabinett. Die beiden kennen sich von der Universität, Benjamin interessiert sich schon früh für Fränkels Arbeiten über das menschliche Suchtverhalten, Fränkel ist inspiriert von Benjamins philosophischem Werk. Die beiden verbringen ganze Wochenenden auf den Kaffeehausterrassen am Kurfüstendamm. Sie trinken Mokka und Weißwein, rauchen schwarze filterlose Zigaretten und diskutieren. Für Fränkel sind es Stunden vollkommenen Glücks, die oft noch ihre Verlängerung in seinem Arbeitszimmer finden, wo man es sich in mächtigen Ledersesseln bequem macht und von Fränkel bereits vorbereitete »Haschisch-Zigaretten« raucht.

Walter Benjamin protokolliert die Sitzungen mit Fränkel. Eines seiner ersten Haschischprotokolle stammt vom 18. Dezember 1927, 3.30 Uhr morgens: »Man fühlt im Lächeln sich kleine Flügel wachsen (…) Große Empfindlichkeit gegen offene Türen, lautes Reden, Musik (…) Ofenröhre wird Katze. Als Fränkel von Ingwer spricht, verwandelt sich sein Schreibtisch in eine Bude mit Früchten (…) Die Leute, mit denen man zu tun hat (Fränkel) sind sehr geneigt, sich etwas zu verwandeln, nicht fremd möchte ich sagen zu werden, nicht vertraut zu bleiben, sondern so etwas wie Fremden ähnlich zu sehen.« Die Erfahrung dieser Nacht fasst Walter Benjamin so zusammen: »Man geht die gleichen Wege des Denkens wie vorher. Nur sie scheinen mit Rosen bestreut.«

In einer milden Sommernacht wird Hilde von lautem Lachen aus dem Hof hinter ihrem Haus geweckt. Sie sieht, wie ihr Mann und Walter Benjamin halb nackt an der Wasserpumpe stehen und sich gegenseitig nass spritzen. Fränkel wiehert wie ein Pferd und umtänzelt den etwas ungelenken Benjamin, der schließlich vor Erschöpfung in den Matsch fällt und dort prustend liegen bleibt, bis Hilde in den Hof eilt und die beiden Männer zur Vernunft ruft. Hilde betrachtet dieses seltsame Treiben ihres Mannes mit Befremden. Sie ist fasziniert von ihm und wohl auch amüsiert, und gleichzeitig spürt sie, dass sie ihn nicht wirklich begreifen kann. Einmal fragt sie Fränkel, warum er sie denn überhaupt geheiratet habe, und Fränkel antwortet, Walter Benjamin habe eben keine Brüste.

Diese lustige Antwort hat einen durchaus ernsten Kern, weil Fränkel seinem Freund am Ende wirklich treuer sein wird als Hilde. Die beiden Männer werden ihre Kaffee- und Drogenwochenenden auch im Exil in Paris fortsetzen, und als Hilde ihren Fritz 1938 endgültig verlässt, wird Walter Benjamin das freie Zimmer in Fränkels Wohnung in der Rue Dombasle beziehen, bevor die beiden Freunde gemeinsam nach Spanien aufbrechen, aber von alldem wird später noch die Rede sein.

Denn erst einmal wird die junge Ehe schon in Berlin auf eine harte Probe gestellt. Hilde entdeckt, dass Fritz eine Geliebte hat, die er schon kannte, bevor sie sich kennenlernten. Überhaupt scheint sein Verhältnis zur ehelichen Treue eher locker zu sein. Fränkel hält Hilde Vorträge über die natürliche Promiskuität des Menschen, die ihm allein durch die katholische Kirche ausgetrieben worden sei. Fränkel versteigt sich sogar zu der These, ein wahrer Sozialist müsse mit der überkommenen Sexualmoral brechen, um seine revolutionären Energien freizusetzen.

Ich könnte mir Fritz Fränkel gut in den 68er-Kreisen vorstellen, in einer Berliner Wohngemeinschaft, im Nebel der Debatten und Haschischwolken. Für die Dreißigerjahre allerdings war diese Form der Freizügigkeit ein radikaler Bruch. Ich stelle mir vor, wie unangenehm das alles für Hilde gewesen sein muss, die womöglich sogar ernst nahm, was Fränkel sagte, und sich selbst als spießig und zurückgeblieben empfand. Dieser Mann war in jeder Hinsicht eine Überforderung für sie, Hilde selbst erkannte das irgendwann auch. »Er brauchte jemanden, der viel erfahrener war als ich«, erklärte sie später ihrem Sohn.

Hinzu kommt, dass die Drogenexperimente Fränkel selbst zu einem Süchtigen machen. Kurz vor der Hochzeit verordnet er sich eine Entziehungskur, aber mehr als ein paar Wochen hält er nicht durch. Wenn Fränkel nicht gerade arbeitet, ist er benommen und abwesend, nur sein kleiner Sohn André vermag es, ihn ganz in die Gegenwart zurückzuholen. Manchmal verreisen sie zu dritt, fahren in die Berge oder nach Rügen, aber das sind rare Momente des Familienglücks. Hilde wird später sagen, sie wäre wahrscheinlich schon früher gegangen, wenn nicht auf einmal die große Geschichte in ihr kleines Leben gedrungen wäre.

Am frühen Morgen des 21. März 1933 hämmern Fäuste an die Wohnungstür der Fränkels in der Kaiserallee. Hilde schreckt aus dem Bett, eilt im Morgenmantel zur Tür, vor der mehrere uniformierte SA-Männer stehen, die sie rüde zur Seite stoßen. Die Männer gehen durch die Wohnung, reißen Türen und Schränke auf. Sie suchen nach Dokumenten, Geld und Wertsachen. In Fränkels Praxisräumen zerren sie die Akten aus den Schubladen, werfen alles in Kisten. Fritz Fränkel versucht die Männer zur Rede zu stellen, verlangt, einen richterlichen Beschluss zu sehen. Einer der SA-Leute verpasst ihm wortlos einen Faustschlag ins Gesicht, dann geht die Durchsuchung weiter. Auf der Straße vor dem Haus warten zwei Mannschaftswagen. Die SA-Leute, die zur berüchtigten Feldpolizei des Hauptmanns Fritsch gehören, schleppen die Kisten mit den beschlagnahmten Sachen nach draußen. Zum Schluss wird auch Fritz Fränkel abgeführt und auf den Wagen gestoßen. Sie bringen ihn in eine SA-Kaserne in der General-Pape-Straße in Berlin-Schöneberg. Dort wird er mit Peitschen und Gummiknüppeln geschlagen, dann verhört, dann wieder geschlagen.

Fritz Fränkel und sein Sohn André, 1935

Die Kellerräume, in denen Fränkel zusammen mit vielen anderen zwei Tage lang gequält wurde, kann man heute besichtigen. Vor ein paar Jahren ist dort eine Gedenkstätte eingerichtet worden. Ich fahre zusammen mit meiner Cousine Charlotte aus London, die jetzt bei mir um die Ecke wohnt, in die General-Pape-Straße. Sie will den Ort sehen, an dem ihr Urgroßvater misshandelt und gedemütigt wurde. Sie hat Angst, dort allein hinzugehen. Es ist ein schöner Frühlingstag, die Sonne erwärmt die klare Luft schon ein wenig. Wir kommen an dem roten Klinkerbau an und steigen in den Keller hinab. Nach jeder Stufe wird die Luft kühler und feuchter. Die Kellergänge sind dunkel, die Schritte hallen, von den Backsteinwänden blättert der Kalk, hinter schmalen, vergitterten Fenstern lässt sich das Tageslicht erahnen. Charlotte lässt ihre Hand über das Mauerwerk gleiten, sie betrachtet die in die Wände geritzten Inschriften der Häftlinge. Meist sind es Namen und die Anzahl der Tage, die sie hier verbracht haben. Hinter manche Namen sind Kreuze geritzt, was wohl bedeutet, dass sie hier verstorben sind.

Wir flüstern, obwohl wir alleine sind. Wir versuchen uns vorzustellen, was für ein Schock es für Fritz Fränkel gewesen sein muss, hier anzukommen, den Hass und die Schläge zu spüren, die Schreie der anderen zu hören, sich auf einmal völlig machtlos zu fühlen. So plötzlich ist das alles passiert, eben noch schlief er in seiner Wilmersdorfer Wohnung, auf einmal ist er hier, umgeben von brutalen Schindern, die es genießen, einen wie ihn zu erniedrigen. Einen Doktor, einen Juden, einen Kommunisten. Von einem Moment auf den anderen gibt es keine Sicherheit und keine Würde mehr, ist alles, was man zu sein glaubte, zu einem angstgeschüttelten Häufchen Elend geworden.

In einem der Räume hängt sein Foto, Fränkel blickt in die Kamera, den Kopf leicht zur Seite geneigt. Charlotte stellt erstaunt fest, wie ähnlich dieser Mann ihr sieht. Die dichten Augenbrauen, das flache Kinn. Charlotte ist 22 Jahre alt, ein blasses Mädchen mit einer zu großen Brille, das in diesem Moment wie ein jugendlicher Geist ihres Urgroßvaters erscheint. Unter Fränkels Foto steht eine Vitrine, in der fünf maschinenbeschriebene A4-Blätter liegen. Es ist sein Bericht über die Zeit in der SA-Kaserne, geschrieben am 27. März 1933, kurz nach seiner Ankunft in der Schweiz. Fränkel hat diesen Bericht der deutschen Gesandtschaft in Bern übergeben, mit der Bitte, ihn an die zuständigen Stellen in Berlin weiterzuleiten. Fränkel schreibt:

Ich bin der Sohn des Kaufmanns Bernhardt Fränkel. Eltern und Großeltern waren deutsche Staatsangehörige, in Berlin ansässig. Meine Frau, Hilde, geb. Leo, Tochter des 1915 im Felde gefallenen Hauptmanns der Reserve, Erich Leo, ist seit 1930 mit mir verheiratet. Ich habe einen zweijährigen Sohn. Am 21. März wurde ich von einer Berliner SA-Truppe verhaftet. In der SA-Kaserne in der General-Pape-Straße wurde ich auf eine Holzbank gelegt und der entblößte Rücken so geschlagen, daß das Hemd später klebte. Dann wurde mir, wie auch den anderen Gefangenen, Anzug und Mantel weggenommen. Ich wurde in eine verdreckte Joppe und zerrissene Hose gesteckt (Ausspruch eines SA-Mannes: Wir haben den Lokus damit gereinigt) und in einem Keller mit ca 25 anderen Gefangenen untergebracht.

Wir litten alle sehr unter der Kälte. Ich mußte, da die zwei Betten für Schwerverletzte reserviert waren, auf dem Steinboden liegen. Die Mißhandlungen wiederholten sich die ganze Nacht über, man goß mir, während ich einen anderen, fast zu Tode geprügelten Arzt (Dr. Philippsohn aus Biesdorf) untersuchen mußte, einen Eimer Wasser über den Kopf. Ich war dauernd wüsten Beschimpfungen ausgesetzt, mußte z. B. ständig erklären: Ich bin ein stinkiger Jude.

Abgesehen von dem persönlichen Leid wirkte schwer auf mich, daß ich die fortgesetzten Mißhandlungen von anderen mir unbekannten Menschen mitansehen mußte. Es wurde einem Gefangenen die Haut unter den Fußsohlen mit Feuer abgebrannt, zuerst mit der Zigarette, dann mit Streichhölzern, dann mit einer Papierfackel. (Fußsohle und zwischen den Zehen). Dann wurde derselbe in eine Art von Schrank gepreßt, in dem er beinahe erstickte. Während der Schreie der Gepeinigten wurde im ersten Stock gesungen und Harmonika gespielt. Am nächsten Tag mußte ich trotz heftigster Schmerzen ca. eine Stunde exerzieren (in einem Kellergang) Laufschritt, Kniebeugen, Wendungen.

Meine Entlassung am 23. März Nachmittags erfolgte durch persönliche Einwirkung von mir behandelter Nationalsozialisten. Bei der Entlassung wurde mir gedroht, falls ich meine Praxis wieder aufnehmen würde, würde ich am nächsten Tag verschwinden und nicht wieder zum Vorschein kommen. Ferner mußte ich mich schriftlich verpflichten, in kürzester Zeit Deutschland zu verlassen und nicht wiederzukehren (auf dem Schein steht endgültig).

Ich erkläre an Eidesstatt, daß die vorstehenden Angaben der reinen Wahrheit entsprechen. Dr. Fritz Fränkel

In einem Nachtrag des Berichts, der ebenfalls in der Vitrine ausgestellt ist, erwähnt Fränkel noch, dass bei den Schlägen in sein Gesicht zwei Goldkronen herausgebrochen seien und sich eine Brücke im Oberkiefer gelockert habe und entfernt werden musste. Er sei dadurch entstellt und habe nicht das Geld, das Gebiss wiederherstellen zu lassen, da er und seine Frau bei ihrer Ausreise lediglich 400 Mark mitführen durften.

Charlotte liest, als sie fertig ist, hat sie Tränen in den Augen. Sie sagt, über die Geschichte ihres Urgroßvaters sei bei ihr zu Hause kaum gesprochen worden, ebenso wenig über André, ihren Großvater, der so früh aus seiner behüteten Kindheit gerissen wurde. Es war kein Tabu, sagt sie, es war nicht verboten, Fragen zu stellen, aber irgendwie sei auch klar gewesen, dass es besser war, es nicht zu tun.

Charlotte erzählt von ihrem Vater, Andrés Sohn, der den Fernseher ausschaltete, sobald etwas über das Dritte Reich berichtet wurde. Sie denkt, das alles sei wohl zu schmerzhaft und verstörend für ihren Vater gewesen. »Ich weiß, dass er sich als Kind manchmal vorgestellt hat, die Familie hätte Deutschland nicht verlassen und er wäre in einem Lager groß geworden.« Ich frage, wer ihr das erzählt hat. Charlotte überlegt, schließt kurz die Augen, so als horchte sie tief in sich hinein. »Ich weiß es nicht mehr«, sagt sie. Aber die Vorstellung von diesem Kind im Lager, die sei ihr immer sehr präsent gewesen.

Ich frage nicht weiter nach, ich weiß, dass es Bilder und Gefühle gibt, die von einer Generation zur nächsten rutschen. Es kann sein, dass diese Vorstellung des Kindes im Lager vor allem ihrer eigenen Angst entspringt. Einer Angst, die irgendwo in ihr sitzt. Ich selbst habe auch solche Bilder in mir. Ich sehe Gerhard, meinen Großvater, in dem Zug in Allassac kauern, die Hände mit Handschellen an den Sitz gefesselt. Ich sehe den Wehrmachtssoldaten, der mit seiner Pistole auf ihn zielt und schießt. Ich sehe das Blut über seine Schläfe laufen. Mein Großvater hat mir diese Momente oft und detailliert geschildert, es ist die berühmte Befreiungsszene aus seinen Résistance-Abenteuern. Als ich 16 war, ist er mit mir nach Allassac gefahren, wo die Partisanen ihn aus dem Zug gerettet haben, der ihn zu seiner Hinrichtung nach Paris bringen sollte. Gerhard erzählte diese Szene nicht nur, er spielte sie. Und jedes Mal wurde es blutiger und spannender. Der Wehrmachtssoldat hatte eine tiefe Monsterstimme, als er schrie: »Bevor ich hier rausgehe, kriegst du noch eine Kugel in den Kopf!«

Gerhard wendete den Kopf ab, um nicht das Mündungsfeuer sehen zu müssen. Er hörte den Knall, spürte einen Schmerz an der Schläfe, fühlte das warme Blut. An diesem Punkt der Erzählung hielt mein Großvater immer die Augen geschlossen, um sie schließlich langsam wieder zu öffnen und voller Freude und Verwunderung festzustellen, dass die Kugel des Wehrmachtssoldaten seinen Kopf nur gestreift hatte. Und auch mich durchströmte in diesem Moment jedes Mal ein großes Glücksgefühl ob dieses Wunders, das meinen Großvater gerettet hatte.

Seitdem Gerhard nicht mehr da ist, erzähle ich manchmal anderen die Geschichte seiner Befreiung, auch meinen Kindern. Dabei fällt mir auf, dass mich diese Geschichte heute viel trauriger macht als zu der Zeit, als mein Großvater sie mir erzählte. Außerdem ist Gerhard in meiner Geschichte erstaunlicherweise immer genauso alt wie ich. Er wächst sozusagen mit mir mit oder ich mit ihm. Ich könnte mir vorstellen, dass es meiner Cousine Charlotte ähnlich geht wie mir. Dass wir uns das Leid unserer Vorfahren zu eigen machen, es in uns aufbewahren.

Ich frage Charlotte nach Hilde. Sie sagt, sie könne sich nur noch an ihren seltsamen Akzent erinnern und daran, dass Hilde Kuchen mochte. Seltsamen Kuchen, schwer und süß, mit Schokolade überzogen. Als Kind vermutete Charlotte, es sei deutscher Kuchen. Der Geschmack des Schokoladengusses wurde für sie zu einem Sinnbild dieses fremden Landes, das da irgendwo auf dem Kontinent lag und in dem Menschen lebten, die England gerne im Fußball demütigten und viel Wurst aßen. Erst später erfuhr Charlotte, dass der Kuchen aus einem amerikanischen

Supermarkt stammte und von Hilde zweimal im Jahr per Paket von Chicago nach London geschickt wurde.

Langsam wird uns kalt in dem Kellergewölbe, wir steigen wieder nach oben in den Berliner Frühling. Mir geht der Bericht nicht aus dem Kopf, den Fritz Fränkel nach seiner Ausreise an die Deutsche Gesandtschaft geschickt hat. Es klingt so, als hoffte er, seine Verhaftung und Misshandlung würde sich als ein Missverständnis erweisen. Fränkel glaubte offenbar immer noch an den deutschen Rechtsstaat. Er konnte sich nicht vorstellen, dass seine Vertreibung gewollt war.

Charlotte fragt, ob mir aufgefallen sei, dass wir an einem 15. März hergekommen sind, nur ein paar Tage, bevor Fritz Fränkel hergebracht wurde. Sie erzählt, dass sie vor ein paar Tagen mit einer Freundin am Holocaust-Mahnmal in der Nähe des Brandenburger Tors war und sich zum ersten Mal in ihrem Leben die Frage gestellt habe, ob sie eigentlich auch jüdisch sei. Juden, das waren für sie bisher entweder historische Gestalten oder Leute, die in Israel mit Palästinensern um Land kämpfen. Aber sie selbst? In London, sagt Charlotte, habe sie sich solche Fragen nie gestellt. Erst in Berlin, dieser Stadt, die so jung und verspielt ist und zugleich so historisch und alt.

Charlotte trifft hier viele Briten, die enttäuscht sind von ihrem Land, die in Berlin das suchen, was zu Hause gerade verloren zu gehen scheint. Sie stand vor dem Brexit-Referendum wochenlang auf der Straße, verteilte Flugblätter, versuchte die Leute von Europa zu überzeugen. Sie weinte, als die anderen gewannen. Sie sagt, es sei eine Zeit der Angst, die nun beginne, alles ändere sich, die Gewissheiten gerieten ins Schwanken. Sie arbeitet in London bei einer Organisation, die Flüchtlinge bei rechtlichen Problemen unterstützt. Als sie dort vor zwei Jahren anfing, gab es eine Vorstellungsrunde, jeder sollte sagen, woher seine Familie kommt. Erst da kapierte sie, dass auch ihr Großvater André einmal ein Flüchtling war. »Wir denken immer, wir allein würden unsere Entscheidungen treffen, und dann versteht man plötzlich, dass man nur ein Glied in einer langen Kette ist.« Charlotte sagt, sie sei eine Londonerin, mehr könne sie über sich nicht sagen. Sie findet es cool, dass Hilde Berlinerin war, weil sie so ja auch selbst ein bisschen Berlinerin ist. Damit kann sie auf jeden Fall mehr anfangen als mit dem Jüdischsein.

Charlotte will noch wissen, wie Hilde es geschafft hat, ihren Fritz aus der SA-Kaserne zu befreien. Ich erzähle ihr, was Onkel André mir erzählt hat. Wie Hilde die Patienten von Fränkel abtelefonierte. Wie sie schließlich einen fand, der seine Verbindungen spielen ließ und Rudolf Diels einschaltete, der zu dieser Zeit Chef der politischen Polizei war und später der erste Gestapochef werden sollte. Diels ließ Hilde ausrichten, sie könne ihren Mann zwei Tage später in der General-Pape-Straße abholen.

Aber so lange will Hilde nicht warten, sie zieht ihr schönstes Kostüm an, macht sich die Haare zurecht und lässt sich von ihrem Hausmädchen Grete einen Schönheitsfleck schminken. So präpariert fährt sie bereits am nächsten Morgen dorthin, lässt sich nicht abweisen an der Pforte, verlangt den Kommandanten zu sehen. Der bittet sie kurze Zeit später in sein Büro, ist ausgesprochen höflich und bietet Hilde eine Tasse Kaffee an, die sie mit den Worten ausschlägt, sie habe keine Zeit für Kaffee, solange ihr Mann nicht frei sei. Der SA-Kommandant, offensichtlich beeindruckt von Hildes Vehemenz, erteilt den Befehl, Fränkel aus dem Keller zu holen.

Und dann sieht Hilde ihren ramponierten Fritz, der von zwei SA-Männern die Kellertreppe hochgehievt wird. Sie sieht sein zugeschwollenes Auge, die Zahnlücken, die Blutflecken auf dem Rücken. Sie versucht, ihr Erschrecken zu verbergen, reicht ihm wortlos einen mitgebrachten Anzug. Er hakt sich bei ihr unter, und sie verlassen die Kaserne. Hilde will schneller gehen, drängt Fränkel zur Eile, weil sie Angst hat, der Kommandant könnte es sich anders überlegen. Aber Fränkel kann nicht schneller, und er will auch nicht. »Tun wir so, als wäre es ein gewöhnlicher Sonntagsspaziergang«, sagt er zu Hilde, und sie verlassen, so würdig es eben geht, das Gelände.

Zwei Tage später steht eine kleine Menschentraube am Ferngleis zwei des Bahnhofs Zoo. Etliche Freunde und Kollegen und natürlich auch Verwandte sind gekommen, um Hilde, Fritz und ihren Sohn zu verabschieden. Hildes Mutter hat einen Picknickkorb vorbereitet, der kleine André bekommt eine Tafel Schokolade in die Tasche gesteckt. Allen ist klar, dass es so schnell kein Wiedersehen geben wird. Die Erklärung, die Fränkel vor seiner Haftentlassung unterschreiben musste, ist unmissverständlich, er darf keinen deutschen Boden mehr betreten. Dabei weiß er noch nicht mal, was ihm eigentlich vorgeworfen wird. Erst Jahre später, in Mexiko, wird er von der Liste erfahren, auf der die Namen aller KPD-Gründungsmitglieder vermerkt waren. Keiner, der auf dieser Liste stand, durfte in Deutschland bleiben. Die wenigsten haben das Nazireich überlebt.

Als die Fränkels in den Zug steigen, bekommt André von einem Freund der Familie zwei Teddybären überreicht. Hildes Mutter vergräbt ihr Gesicht in einem Taschentuch, sie wird von Irmgard gestützt, die noch nicht weiß, dass auch sie bald an der Reihe sein wird. Der Zug verlässt schnaufend und dampfend den Bahnhof, Hilde wirft einen letzten Blick auf ihre Stadt. Sie sieht die Kantstraße mit ihren Läden und Terrassen vorübergleiten, das Theater des Westens, diesen wilhelminischen Protzkasten, in dem auch sie mal gespielt hat, wenn auch nur auf der kleinen Bühne des Tingel-Tangel-Theaters im Souterrain des Hauses.

Seit Fränkels überraschender Verhaftung hatte Hilde kaum Zeit, darüber nachzudenken, was gerade mit ihnen geschieht. Sie war so beschäftigt damit, ihren Mann zu retten, ihren Sohn zu beruhigen, den Hausstand aufzulösen, das Nötigste zusammenzupacken, letzte Gespräche zu führen. Erst jetzt, als sie in diesem Zug sitzt, als sie nichts mehr tun kann, bricht die Verzweiflung über sie herein. Zum Weinen ist sie zu müde, sie sitzt stumm da und fühlt die Leere immer größer werden.

ILSE

Ilse hat nie an Gott geglaubt, aber sie kannte das Paradies. Und wann immer ihr das Leben unerträglich erschien, träumte sie sich in das Haus in Rheinsberg zurück, in dem sie als Kind so unverschämtes Glück erfuhr. Sie saß dann wieder am Blüthner-Flügel im Musikzimmer, spielte das Klaviertrio in G-Dur von Haydn, zusammen mit ihrer Schwester Edith, der Geige, und ihrem Bruder Gerhard, der Blockflöte. Sie tollte mit ihrem Hund Flocki im Garten herum und lief mit ihren Freundinnen zum gegenüberliegenden Grinericksee, der so hieß, weil die Wasserpflanzen ihm diese herrlich grüne Farbe gaben.

Ilse ist die kleine Cousine von Irmgard und Hilde, sie ist sieben, als die Familie im Sommer 1926 von Berlin-Pankow in die zwei Autostunden entfernte Provinzstadt zieht. Weil sie während der Ferien ankommen, denkt Ilse, es gebe in Rheinsberg gar keine Schule. Stattdessen gibt es Apfelkuchen mit Sahne, Kiefernwälder, Ruderboote und Waldmeisterlimonade. Und ihren Vater, den viel beschäftigten Rechtsanwalt, der auf einmal Zeit hat, Klavier zu spielen und den Kindern Geschichten vorzulesen. Dieser erste Sommer wird Ilse in ihrer Erinnerung immer endloser und sagenhafter erscheinen, aber als er dann irgendwann doch vorüber ist, beginnt sogar in Rheinsberg das ernste Leben. Der Vater eröffnet im Erdgeschoss des Hauses eine Rechtsanwaltskanzlei, die Kinder müssen zur Schule.

Trotzdem bleibt das Leben in diesem Haus am See aufregend und interessant. Ilse und ihre Geschwister spielen Tischtennis, campieren in Wolldecken eingewickelt im Garten, beobachten die Sterne, lassen Mistkäfer um die Wette rennen. Zum Abendessen sind oft Gäste da, der Opernsänger Karl Böhleke lässt mit seinem Bariton das Haus erzittern, der Dirigent Otto Klemperer fachsimpelt mit dem Vater über ein Libretto. Die Schriftsteller Alfred Döblin und Ludwig Marcuse kommen und genießen die kleinstädtische Besinnlichkeit. Nach dem Essen sitzt Ilse mit ihren Geschwistern auf dem Treppenabsatz und lauscht der Gesellschaft. Die Kinder lachen, wenn Otto Klemperer wieder mal einen cholerischen Anfall bekommt. Sie notierten die Begriffe, die sie nicht kennen, und schlagen sie am nächsten Morgen im Wörterbuch nach, das der Vater in die unterste Reihe des Bücherregals gestellt hat. Sie stehen singend am Flügel, wenn der Vater nach dem Verdauungslikör Lieder von Schubert und Hugo Wolf spielt.

Diese Ausgelassenheit, diese ungetrübte Freude sind es, die Ilse später so fehlen werden. Diese Geborgenheit, die in der Erinnerung immer wunderbarer wird. Je schlimmer es Ilse später ergeht, desto heller und betörender leuchten die Farben ihrer Kindheit.

Jahrzehnte später wird Ilse einen Plan des Rheinsberger Hauses zeichnen, so wie sie es in Erinnerung hat. Der

Ilse in Rheinsberg

Grundriss jeder Etage ist sorgfältig und maßstabsgerecht auf Kästchenpapier übertragen, jedes Zimmer ist beschriftet, sogar den exakten Standort des Blüthner-Flügels im Musikzimmer hat sie verzeichnet. Ich habe den Plan auf dem Dachboden einer alten Bauernkate in der Bourgogne gefunden, wo Ilses Tochter Susi heute lebt. Das Kästchenpapier war von der Feuchtigkeit ein wenig gewellt und hart geworden, aber ich konnte alles erkennen, bin in Gedanken durch das Haus gewandert, von Ilses Mansardenzimmer im ersten Stock ins große Spielzimmer, in dem hinten an der Wand noch ein Klavier stand, an dem Ilse übte, bevor sie es wagte, ein Stück auf dem Flügel des Vaters zu spielen.

Auch mir war gelegentlich vom Rheinsberger Paradies berichtet worden. Wenn meine Großtante Ilse oder mein Großvater Gerhard davon erzählten, schimmerten ihre Augen und ein ungläubiges Lächeln umspielte ihre Münder, so als könnten sie es immer noch nicht fassen, wie übertrieben gut es das Leben damals mit ihnen meinte. Auch in meinem Kopf wurde dieses Haus über die Jahre immer herrlicher. Ich sah eine weiße Villa vor mir, die in einem großen, parkähnlichen Garten stand. Es gab dort Himbeerhecken, Kirschbäume und Wiesen, die in der Ferne den See berührten. Es ist beeindruckend, wie so ein Familientraum weitergetragen wird, wie er sich in die Luft erhebt und nie wieder zur Erde zurückkehrt.

Und dann stehe ich zum ersten Mal wirklich vor diesem Haus in Rheinsberg, in der Strelitzer Straße 15, die heute Dr.-Martin-Henning-Straße heißt. Es ist ein Haus mit einer rötlichen Backsteinfassade, nicht besonders groß, nicht besonders klein. Ein hässlicher Anbau, ein winziger, struppiger Garten. Gegenüber eine Autoteilehandlung, vom Nachbarhaus ist nur die graue Giebelwand zu sehen. Zur Seeseite ein niedriger Zaun, eine Straße, noch ein Zaun, verrottete ostdeutsche Ferienlagerbaracken und irgendwo in der Ferne der See.

Ich klingele, Frau Schulz-Steinberg öffnet die Tür, eine freundliche Frau, die zu Hause barfuß läuft. Frau Schulz-Steinberg ist Zahnärztin und lebt mit ihrem Mann, der ebenfalls Zahnarzt ist, seit ein paar Jahren in dem Haus, das von der Stadt versteigert wurde. Nachdem Ilse mit ihrer Familie fliehen musste, wurde das Haus ein nationalsozialistisches Jugendinternat, zu DDR-Zeiten war hier das Bauamt, dann kamen die Zahnärzte. Frau Schulz-Steinberg führt durch die Räume, ich habe Ilses Pläne dabei, die sich als recht exakt erweisen. Im Erdgeschoss hatte Ilses Vater seine Kanzlei, die er mit vier Angestellten betrieb. Sein Arbeitszimmer grenzte an das

Musikzimmer, das durch Flügeltüren mit dem Esszimmer verbunden war. Dort gab es einen Erker, in den Ilse »Muttis Reich« geschrieben hat, weil Frieda Leo dort wahrscheinlich eine Art Wintergarten hatte. Es folgten die Küche, das Mädchenzimmer und der Flur. Im oberen Stockwerk befanden sich die Kinderzimmer, ein Gästeraum, das elterliche Schlafzimmer und ein Trockenboden.

Es ist seltsam, durch diese Räume zu gehen und sich vorzustellen, wie Ilse hier früher mit ihren Geschwistern umhergerannt ist. Wie sie sich zum Kleiderschrank der Mutter geschlichen haben, die Unterröcke, Tücher und Hüte in Sultans- und Indianerkostüme verwandelten und ihre legendären Theateraufführungen probten. Auch als Erwachsene hat sich Ilse noch gerne verkleidet, am liebsten als orientalische Prinzessin.

Ilse und ihre Schwester Edith teilten sich ein Zimmer, Gerhard, der Jüngste, hatte sein eigenes. Auf dem Plan hat Ilse sogar eingezeichnet, wo die Schreibtische aufgestellt waren, an denen sie ihre Hausaufgaben machten. Ilses Tisch war ganz links, neben der Balkontür. Wenn die Tür geöffnet war, konnte Ilse das Tippen der Schreibmaschinen aus der Kanzlei hören. Gegen 18 Uhr schallten die ersten Klaviertöne herauf, was bedeutete, dass der Vater seine Arbeit beendet hatte.

Sechs Jahre lebten sie in dieser friedlichen Idylle, »bis die dunklen Wolken heranzogen«, wie Ilse in ihren Erinnerungen schreibt. Schon im Herbst 1932 veränderte sich die Stimmung im Hause. Ilse hört die Eltern hinter verschlossenen Türen erregt diskutieren, sie bemerkt den melancholischen Blick des Vaters, die Nervosität der

Mutter. Bei Tisch wird auf einmal über Politik geredet, wo es sonst um Literatur, Musik und lustige Geschichten aus Wilhelms Anwaltsleben ging. Eine Frage steht im Mittelpunkt: Werden die Nazis die Regierung übernehmen? Ilses Vater nennt die Nazis »Teutonen«, »Barbaren« oder auch »die Gesetzlosen«, was für ihn wohl die schärfste Verurteilung ist, weil er das Gesetz über alles stellt.

Der Vater erklärt, der Mensch unterscheide sich vor allem deshalb vom Tier, weil er in der Lage sei, ethische Maßstäbe zu entwickeln und aus diesen Gesetze zu formen, die das Leben der Gesellschaft regeln. Nur wenn diese Gesetze für alle gälten und überparteilich erzwungen würden, könne überhaupt Gerechtigkeit entstehen. Zum Ende seiner mit Verve geführten Vorträge, die Ilse nicht immer versteht, sagt der Vater dann meist noch, es sei im Grunde unvorstellbar, dass in Deutschland Leute an die Regierung kämen, die offen erklärten, sie würden sich nicht an die Verfassung halten. »Das wird es nicht geben«, sagt Wilhelm, aber selbst Ilse versteht, dass der Wunsch hier schwerer wiegt als die Gewissheit.

Zweimal die Woche fährt der Vater nach Berlin, um Kollegen zu treffen oder vor Gericht zu verhandeln. Dort ist es schwerer, sich der Realität zu entziehen. Wenn Wilhelm zurückkommt, wirkt er oft niedergeschlagen. Nur das Klavierspielen kann ihn noch aus den trüben Gedanken reißen, »diese Himmelfahrt der Gefühle, die einen aus den irdischen Zwängen befreit«, wie er Ilse einmal begeistert schreibt. Der Zauber von Rheinsberg, die milde Unschuld der Provinz, hat für den Vater längst seine Wirkung verloren. Ilse, mittlerweile dreizehn Jahre alt, spürt das, sie ist ihm auf symbiotische Weise verbunden, sie fühlt jede Schwankung, jedes Zittern.

Ich frage mich, wie bedroht sich Wilhelm persönlich fühlte. Wie stark der Antisemitismus der Nazis ihn an seine jüdische Herkunft erinnerte, die man in seiner Familie gerne so gründlich versteckte. Er selbst erwähnt diese persönliche Betroffenheit nie, er führt die großen Prinzipien ins Feld, die Verfassung, die Moral. Er will lieber ein Verteidiger des Rechtsstaates sein als einer, der Angst um sich selbst hat.

Dabei gibt es für den Vater noch einen anderen Grund, sich ernsthaft Sorgen zu machen. Es geht um einen Fall vom November 1927, den er als Anwalt zu betreuen hatte. Keine große Sache, auch keine besonders komplizierte. Normalerweise hätte sich Wilhelm wohl kaum noch daran erinnert, wenn nicht der Mann, gegen den er damals prozessierte, zu einer Führungsfigur der Nazis geworden wäre. Es handelt sich um Joseph Goebbels, der zur Zeit des Prozesses noch ein recht unbekannter rechtsextremer Agitator war. In seinen Reden behauptete Goebbels damals, er sei im Jahre 1920 als deutscher Patriot im Keller der französischen Kommandantur im besetzten Köln gefoltert worden. Von diesen Torturen, so rief Goebbels mit geifernder Stimme seinem Publikum zu, stamme sein Klumpfuß, über den sich damals noch viele lustig machten. Goebbels nannte den Namen eines französischen Generals, der angeblich die Folterungen befohlen habe. Dieser General, der nun bereits im Ruhestand war, beauftragte Wilhelm damit, einen Prozess wegen Rufschädigung gegen Goebbels zu führen.

Verhandelt wird am Berliner Landgericht. Wilhelm kann beweisen, dass Goebbels' Klumpfuß angeboren ist. Er legt dem Richter Kinderfotos des kleinen Goebbels vor, auf denen die Behinderung deutlich erkennbar ist. Das Gericht verurteilt Goebbels nach zwei Verhandlungstagen zur Zahlung eines symbolischen Francs als Schadenersatz für den französischen General. Nach der Urteilsverkündung tritt der Anwalt von Goebbels auf Wilhelm zu und sagt mit drohender Stimme: »Herr Rechtsanwalt, an diesen Tag werden Sie sich noch oft und nachdrücklich erinnern.«

Ilse erfährt durch ihren Bruder von der Geschichte, der heimlich ein Gespräch belauschte, das die Eltern im Wohnzimmer führten. Wilhelm sagte: »Sie werden sich rächen, sobald sie können.« Ilse hat ein Buch, in dem die Geschichte eines Teufels erzählt wird, der anstatt eines linken Fußes eine verkrüppelte Kralle hat, die ihn bei jedem Auftreten schmerzt, was ihn böse und heimtückisch werden lässt. Diesen Goebbels stellt sich Ilse nun so ähnlich vor.

Am 30. Januar 1933 wird Hitler zum Reichskanzler ernannt. Schon ein paar Tage später tragen einige Jungen in der Rheinsberger Volksschule braune Hemden und Hakenkreuzarmbinden. Ein Schulfreund erklärt den Geschwistern auf dem Nachhauseweg etwas geniert, er dürfe jetzt nicht mehr mit ihnen spielen, weil sie nicht reinrassig seien. »Eure Mutter ist zwar arisch, aber euer Vater ist Jude.« Ilse versteht nicht, was der Freund meint. Was bedeutet arisch? Ilses Bruder Gerhard vermutet, der Junge habe sich geirrt. Meint er nicht arabisch? Gerhard hat gerade ein

Abenteuerbuch gelesen, in dem arabische Krieger durch die Wüste reiten und alle niedermetzeln, die sich ihnen in den Weg stellen. Die Geschwister laufen heim und fragen den Vater um Rat.

Wilhelm erklärt, die Nazis wollten längst vergangene Zeiten zurückkehren lassen, in denen Menschen wegen ihrer Herkunft oder Überzeugung auf Scheiterhaufen verbrannt wurden. »Nichts wird jetzt mehr wie vorher sein«, sagt der Vater, und zum ersten Mal sieht Ilse so etwas wie Angst in seinem Gesicht. Am Abend ruft der Vater die Familie im Wohnzimmer zusammen, er bittet alle, von nun an in Gesprächen mit Lehrern, Mitschülern und Nachbarn äußerst vorsichtig zu sein. Die Kinder müssen versprechen, ihm alles zu erzählen, was ihnen seltsam erscheint. »Wir müssen uns jetzt aufeinander verlassen und dürfen sonst niemandem vertrauen«, sagt Wilhelm mahnend.

Dieses Gespräch verunsichert Ilse sehr, war es doch bislang immer so, dass die Eltern sie zu Offenheit und Neugier erzogen haben. »Wenn ihr ein Unrecht bemerkt, dann ruft es hinaus«, hatte ihnen der Vater immer wieder gesagt. Und jetzt also Vorsicht, Misstrauen, einen Satz erst abwägen, bevor man ihn ausspricht.

In der Nacht nach dem Reichstagsbrand, am 28. Februar 1933, hält ein Lastwagen mit bewaffneten SA-Leuten vor dem Haus in Rheinsberg. Die Kinder wachen auf, weil sie Stimmen und Rufe hören. Ilse öffnet das Fenster zur Straße, und die Geschwister sehen, wie der Vater von Uniformierten zusammengeschlagen und durch den Vorgarten zum Lastwagen geschleift wird. Sie sehen die

Mutter, die tränenüberströmt an der Treppe zum Hauseingang steht. Ilse nimmt ihren Bruder in die Arme, Edith schmiegt sich an Ilse. So stehen sie da, dicht aneinandergedrängt, sie spüren die kalte Nachtluft durch das geöffnete Fenster, sie hören den Lastwagen davonfahren. Die Bilder dieser Nacht werden die Geschwister noch oft vor sich sehen. Es sind die Bilder, die sie aus der Kindheit geschüttelt haben.

Wochenlang sucht Ilses Mutter Frieda ihren verschleppten Mann. Sie fährt nach Neuruppin und nach Berlin, geht zu Polizeidienststellen, zur Gestapozentrale, in SA-Kasernen. Sie ruft Freunde an, auch den Präsidenten des Berliner Kammergerichts, mit dem Wilhelm so oft musizierte. Aber die Suche bleibt erfolglos, es gibt Gerüchte über wilde SA-Kommandos, die auf eigene Faust Leute verhaften. Auch von heimlichen Exekutionen wird berichtet. Es herrscht Chaos in diesen Monaten, der braune Terror ist noch nicht so perfekt organisiert, wie er es später sein wird. Ein Gestapobeamter entschuldigt sich bei Frieda für die Unannehmlichkeiten, er sagt, die SA-Leute seien unberechenbar. Diese Wochen der Ungewissheit müssen die schlimmsten für die Familie gewesen sein. Die Kinder gehen nicht zur Schule, sie verstecken sich in ihrem schönen Haus. Ilse hört die Mutter heimlich im Schlafzimmer weinen, sie überlegt, ob sie zu ihr gehen soll, aber sie traut sich nicht. Später schreibt sie in ihren Erinnerungen, dass doch die Eltern die Kinder trösten sollen und nicht umgekehrt. *Oder gilt das jetzt alles nicht mehr? Wie ja auch sonst überhaupt nichts mehr gilt. Wir sitzen drinnen, blicken hinaus, alles ist wie immer und doch ist nichts so wie vorher. Auf dem Gehsteig gehen die Leute vorbei und blicken verstohlen zu uns hinüber.*

In Rheinsberg ist die Verhaftung des Rechtsanwalts und Notars Dr. Leo ein großes Thema. Der Pfarrer, in dessen Kirche Wilhelm manchmal Orgel spielte, schreibt einen Brief an die Polizei und bittet »um die Freilassung unseres treuen Gemeindemitglieds«. Auch der Vorsitzende des Rudervereins legt ein gutes Wort »für den Sportkameraden Leo« ein. Die Nachbarin, die zusammen mit ihrem Mann als eine der Ersten in die NSDAP eintrat, bringt Suppe vorbei und bietet Hilfe an, wann immer es nötig ist. Sie sagt, das seien die Wirren der nationalen Revolution und es werde sich schon alles aufklären, weil doch der Doktor Leo so ein braver Mann sei.

Die Angestellten des Vaters, vier Sekretärinnen und ein Lehrling, erklären sich bereit, die unerledigten Arbeiten ohne Bezahlung zu Ende zu bringen. Außerdem kümmern sie sich um die Kinder, kochen und waschen, während Frieda auf der Suche nach Wilhelm ist. Ilse und Edith sollen auf Wunsch einiger Eltern nicht mehr im Chor des Musiklehrers Schade singen, wogegen sich Herr Schade allerdings erfolgreich wehrt und mit der Auflösung des ganzen Orchesters droht, woraufhin »den Judenkindern« der Verbleib im Chor ermöglicht wird. Ilse notiert in ihren Erinnerungen: »Herr Schade hat uns zwar behalten, aber es ist nicht mehr so wie vorher.«

Schließlich macht Ilses Mutter den Vater ausfindig, er ist im Konzentrationslager Oranienburg bei Berlin inhaftiert. Frieda sucht einen Freund der Familie, den Schriftsteller Ernst Wiechert, auf, der von den Nazis umworben wird, weil sie es sich offenbar nicht mit allen prominenten Künstlern verderben wollen. Wiechert schreibt Goebbels einen Brief und darf Wilhelm eine Woche später aus dem Konzentrationslager abholen. Wilhelm wird vorläufig in ein Krankenhaus entlassen, in dem er wochenlang bleiben muss. Die Mutter besucht ihn dort zweimal die Woche, aber die Kinder lässt sie nicht zu ihm. *Sie wollte uns sicher beschützen,* schreibt Ilse später. *Sie hat nicht viel von unserem Vater erzählt, tat so, als ob alles ganz normal sei, als ob wir uns keine Sorgen machen müßten. Aber meine Fantasie, die konnte ich nicht anhalten, die wurde immer lebhafter, je weniger ich von der Mutter erfuhr.*

Der Vater wird nie darüber sprechen, wie es ihm in Oranienburg ergangen ist, was sie ihm dort angetan haben. Aber er ist nicht mehr derselbe, als er endlich nach Rheinsberg zurückkommt. Ilse erscheint er ganz fremd, sie vermisst ihren lustigen, neugierigen Vati. Der Mann, der wie ein blasser Geist durch das Haus irrt, hat keine Lebensfreude mehr, etwas in ihm scheint für immer zerbrochen zu sein.

Ilse spielt für Wilhelm Klavier, plappert ohne Unterlass, malt Bilder für ihn, studiert mit den Geschwistern ein launiges Theaterstück ein. Es gibt ein Foto aus dieser Zeit, das Vater und Tochter im Musikzimmer zeigt. Ilse sitzt am Flügel und lächelt Wilhelm neckisch zu. Er steht versunken neben ihr. Ilse will ihren Vati ins Leben zurückholen, aber das ist nicht so einfach. Wilhelm, der nie ein großer Optimist war, der auch in guten Zeiten zu schweren Gedanken neigte, hat keine Hoffnung mehr. Er weiß, dass die Bedrohung nicht vorüber ist, die Entlassung aus dem KZ ist nur provisorisch, zudem beauftragt Goebbels einen Nazianwalt, einen neuen Prozess vorzubereiten, in dem bewiesen werden soll, dass sein Klumpfuß doch von den französischen Folterern stammt. Dazu wird Wilhelm mehrmals vernommen. Anfang September 1933 beschlagnahmt ein SA-Kommando seinen Reisepass und teilt ihm mit, er dürfe das Land nicht mehr verlassen, weil er sich in Kürze in einem Verfahren wegen Verleumdung eines führenden Nationalsozialisten verantworten müsse. Außerdem verliert Wilhelm seine Anwaltszulassung, seine Konten werden gesperrt. Die Familie sitzt in der Falle.

Die Mutter ist es, die in diesen schweren Monaten den Kopf und den Mut behält, die sich nicht einschüchtern lässt. Frieda ist eine schmale, ruhige Frau aus gutem Hamburger Hause, die in einem Schweizer Mädchenpensionat erzogen wurde. In den guten, den normalen Zeiten konnte man sie leicht neben ihrem charmanten, witzigen Wilhelm übersehen. Jetzt, da der Mann nur noch ein schwacher Abglanz seiner selbst ist, übernimmt sie das Kommando.

Ilse spürt, wie der Familie das gewohnte Gleichgewicht abhandenkommt, sie hilft der Mutter, so gut sie kann, und wird als »die Große« auf einmal ernster genommen, als ihr lieb ist. Abends räumt sie hinter zugezogenen Vorhängen zusammen mit der Mutter das Geschirr und die Bettwäsche aus den Schränken. Alles wird auf Listen verzeichnet und den Nachbarinnen diskret zum Kauf angeboten, die SA darf nicht merken, dass sie heimlich ihre Abreise vorbereiten. Die Laken duften nach Lavendel, das in kleinen Säckchen zwischen der Wäsche liegt. Ilse mag diesen

Geruch, der sie immer umfing, wenn sie sich in ihrem Bett zusammenrollte, um genüsslich in den Schlaf zu gleiten. Noch viele Jahre später wird sie sich an diesen Geruch erinnern, dieses Parfüm der Sorglosigkeit.

In Ilses Papieren finde ich das Inventarverzeichnis, das die Mutter von ihrem Rheinsberger Haushalt angelegt hat. Aufgelistet sind das Jahr der Anschaffung und der ursprüngliche Kaufpreis. Das Wertvollste waren die Bücher, eine 2000 Bände umfassende Bibliothek im Wert von 20 000 Mark, das Silberbesteck für 24 Personen, angeschafft 1918 für 1200 Mark, die Esszimmerausstattung in Eiche und Leder für 2000 Mark, der Blüthner-Flügel für 5000 Mark, das Mahagonischlafzimmer für 2000 Mark und der Hanomag-Pkw für 3700 Mark. In der Liste stehen auch »300 Notenhefte, hauptsächlich Klavierwerke der Romantiker«, eine »besonders reichliche Wäscheausstattung Bielefelder Leinen«, »eine gesamte Herrengarderobe und eine gesamte Damengarderobe«.

Mithilfe der Nachbarin bringt Frieda ihre Sachen unter die Leute. Aber es ist schwer, gutes Geld dafür zu bekommen. Alle wissen, dass die Leos verkaufen müssen. In dem Antrag auf Entschädigungszahlung, den Ilses Mutter 1958 in Hamburg stellen wird, schreibt sie unter das Inventarverzeichnis: *Von den vorstehend aufgeführten Gegenständen wurde der Hanomag für 90 RM, der Blüthner-Flügel für 120 RM und das Schlafzimmer für 400 RM kurz vor der Flucht verschleudert, um Reisegeld zu erhalten, da die Konten gesperrt waren. Im Übrigen mußte das gesamte Gut zurückgelassen werden, soweit es nicht vor der Flucht durch SA-Leute abgeholt worden war. Letzteres war bei dem Parlograph, dem Silberkasten und den vier*

Schreibmaschinen der Fall. Die ›Beschlagnahme‹ geschah mit der Begründung, evtl. spätere Forderungen des Reichs befriedigen zu können. Die Wegnahme erfolgte durch die örtliche SA-Dienststelle.

Ihnen bleibt nicht viel Zeit, das wissen Frieda und Wilhelm. Sie müssen dringend einen Weg finden, um Deutschland ohne Pass zu verlassen. Ilse schreibt in ihren Erinnerungen davon, wie sehr es ihrem Vater selbst in dieser Situation widerstrebte, etwas Illegales zu tun. Lediglich der Gedanke, es könne doch kein Verbrechen sein, sich und seine Familie vor Verbrechern zu schützen, macht ihm die Sache halbwegs erträglich. Wilhelm entsinnt sich eines alten Studienfreundes, der ihm nach der Freilassung aus dem KZ angeboten hatte, ihn auf sicheren Wegen ins Ausland zu bringen. Der Freund betreibt eine Kanzlei für Strafrecht am Kurfürstendamm und steht in dem Ruf, dem organisierten Verbrechen, den sogenannten Ringvereinen, zu Diensten zu sein. Jetzt braucht Wilhelm nur noch einen unverdächtigen Grund für einen Abstecher nach Berlin, denn er weiß, die SA-Leute in Rheinsberg beobachten ihn.

An dieser Stelle kommt mein Großvater Gerhard ins Spiel, Ilses Bruder, der nichts von seiner Rolle als Alibigeber ahnt, als er stolz auf dem Beifahrersitz des Hanomag Platz nimmt, um mit seinem Vater nach Berlin zu fahren. Sie steigen in einem Hotel in der Nähe des Brandenburger Tors ab. Wilhelm zieht einen Smoking an und Gerhard den dunkelblauen Anzug, den er nur zu besonderen Anlässen tragen darf. Erst als sie die Straße Unter den Linden hinunterlaufen, kündigt Wilhelm an, dass es in die Staatsoper geht. Der Vater sagt, dieser Opernbesuch sei eigentlich erst später geplant gewesen, als Einführung in die Welt der Erwachsenen. »Aber wir haben nicht mehr viel Zeit, dann wirst du eben heute erwachsen.« Wilhelm schaut seinen Sohn mit traurigen Augen an. Dann lächelt er und sagt, man werde sich nun prächtig amüsieren.

Von diesem letzten Besuch in Berlin hat mein Großvater mir oft erzählt. Wenn ich heute an der Staatsoper vorbeigehe, sehe ich ihn manchmal vor mir, den kleinen Gerhard in seinem dunkelblauen Anzug, der nicht ahnt, dass dies die letzten Momente seines großbürgerlichen Lebens sind. Wilhelm und er speisen im Restaurant der Staatsoper, es gibt gebratenes Hähnchen und dazu einen französischen Rotwein, von dem Gerhard ein halbes Glas trinken darf. Nach dem Essen geht es in die Oper, Verdis »Maskenball«. Der Alkohol und die Aufregung benebeln Gerhard, wie im Traum hört er die Musik, die Bühnenbilder gleiten wie ein bunter Teppich an ihm vorbei.

Am nächsten Morgen fahren Wilhelm und Gerhard zu dem Anwalt, der ihnen helfen soll, das Land zu verlassen. Das Arbeitszimmer des Mannes erscheint Gerhard ausgesprochen luxuriös im Vergleich zu dem seines Vaters. Es gibt dicke Teppiche, tiefe weiße Ledersessel und Möbel aus Stahl und Glas. Durch eine breite Fensterfront sieht man auf den geschäftigen Kurfürstendamm. Der Anwalt begrüßt Wilhelm wie einen alten Freund und schlägt vor, »den Kleinen« während des Gesprächs rauszuschicken. Wilhelm sagt: »Mein Sohn ist im Bilde und übrigens sehr verschwiegen.« Wieder ist Gerhard unglaublich stolz. Diese neue Zeit der Geheimnisse, diese Welt der Erwachsenen, gefällt ihm. Er spürt zwar, dass hinter alldem eine große Gefahr lauert, aber er genießt es trotzdem.

Der Anwalt erklärt, er werde gleich einen Mann hereinrufen lassen, der früher der »König der Schmuggler« zwischen Deutschland und Belgien gewesen sei. Seit die neue Regierung die Kontrollen an den Grenzen verschärft habe, nutze er seine guten Verbindungen, um Menschen zu schmuggeln. Diesen Teil der Geschichte mochte ich als Kind am meisten, irgendwann bin ich sogar selbst in die Handlung geschlüpft, saß an Gerhards Stelle in dem weißen Ledersessel, schüttelte dem Schmugglerkönig die Hand und sah Wilhelm dabei zu, wie er Hundertmarkscheine auf den Tisch blätterte.

In Gerhards Erzählungen klang immer alles so glamourös und spannend. Ilse hat eine andere Art, sich zu erinnern, ihre Geschichten sind weniger spektakulär und lange nicht so gut erzählt wie die ihres kleinen Bruders. Dafür spürt man, dass sie ehrlicher sind, dass Ilse keine Angst davor hat, traurig zu sein. Auch in ihren Erinnerungen kommt Gerhards Fahrt mit dem Vater nach Berlin vor, sie erzählt vom Hotel, dem Rotwein und der Staatsoper. Aber dann erzählt sie auch, wie Gerhard weinte, als er zurück nach Rheinsberg kam, wie er sich kaum wieder beruhigen konnte, weil er den See und den Garten, die Freunde nicht verlassen wollte. Und seine Schwestern, die erst einmal nach Hamburg zur Großmutter sollten, weil der Schmuggler nicht mehr als drei Leute über die Grenze bringen konnte. Ilse ist es auch, die erzählt, dass der Vater den kleinen Gerhard nur nach Berlin mitnahm, um davon abzulenken, was er eigentlich vorhatte. War sie neidisch auf ihren Bruder? Ich finde, sie hätte allen Grund dazu gehabt. Schließlich war Ilse doch in dem Alter, in dem man die ersten Schritte in die Erwachsenenwelt genießt. Oder nahmen Väter zu dieser Zeit nur ihre Söhne mit in die Oper?

Omi Reifenstein aus Hamburg kommt nach Rheinsberg, um die Mädchen mit zu sich zu nehmen. Ilse läuft ein letztes Mal durch das Haus, sie streicht über die Tasten ihres Kinderklaviers, setzt die beiden Prinzessinnenpuppen, die sie nicht mitnehmen darf, auf den Schreibtisch neben der Balkontür und umarmt ihren Hund Flocki. Dann geht es los, erst mit dem Zug nach Berlin, dort umsteigen und weiter. Ilse beschreibt das düstere Gefühl, das sie befällt, weil sie es nicht wie sonst genießen kann, mit der Omi nach Hamburg zu fahren. *Wir wußten eben, es ist kein Urlaub,* schreibt sie. *Wir dachten an Vati, Mutti und Gerhard, ob sie es wohl über die Grenze schaffen würden.*

In Hamburg meldet Omi Reifenstein die Mädchen im Gymnasium an, sie sitzen im Gang und warten darauf, in ihre neuen Klassen gebracht zu werden, als ein junger Lehrer vorbeikommt, der sie kurz mustert und grinsend sagt: »Man kann nicht behaupten, dass die Berliner hässlicher sind als die Hamburger.« Ilse findet diese Bemerkung unerhört, Edith lächelt. In ihrer neuen Klasse wird Ilse von den Mitschülern freundlich aufgenommen. Morgens, bevor der Unterricht beginnt, versammeln sich die Klassen auf dem Schulhof, der Turnlehrer bellt Anweisungen durch ein Megafon, die Schüler machen Kniebeugen und Hockstrecksprünge. Dann müssen alle strammstehen und einer Rede des Propagandaministers Goebbels lauschen, der über Juden, Kommunisten und Volksverräter herzieht. Ilse muss an ihren Vater und den Teufel mit dem Krallenbein denken, am liebsten würde sie darüber lachen, stattdessen spürt sie Tränen in die Augen steigen.

Zwischenzeitlich hat Omi Reifenstein einen Brief bekommen, in dem Ilses Mutter unter falschem Namen mitteilt, sie seien gut in Paris angekommen. Ilse ist erleichtert, aber die Mutter schreibt, sie würden alle drei in einem winzigen Hotelzimmer leben, die Mädchen müssten es also noch ein wenig in Hamburg aushalten.

In Ilses neuer Schule sind in fast allen Klassen jüdische Schüler, die zusammenhalten und erstaunlich selbstbewusst wirken, wie Ilse findet. Die Leo-Schwestern werden wie selbstverständlich in diesen Kreis aufgenommen, was ihnen anfangs seltsam erscheint, weil sie sich ja selbst nie als Juden gefühlt haben. »Unsere Mutter ist arisch«, sagt die blonde Edith. »Und eurer Vater ist Jude, das reicht«, sagt einer der Jungen, den Ilse recht hübsch findet. Einmal sollen die Schüler in Ilses Klasse aufschreiben, was sie nach der mittleren Reife studieren wollen. Ilse geht zum Lehrer und fragt, was sie schreiben soll. Sie würde gern Medizin studieren, aber als Halbjüdin werde sie ja nicht zum Studium zugelassen. Der Lehrer sagt: »Schreib Krankenschwester, du hast ja noch vier Jahre bis zum Abitur, bis dahin ist vielleicht schon alles wieder ganz anders.«

Die Monate vergehen, und es gibt keine neue Nachricht aus Paris, jetzt sind sie schon ein Jahr in Hamburg und wissen immer noch nicht, wie es weitergehen soll. Immerhin hat Ilse ihren ersten Verehrer, der Gedichte für sie schreibt.

Auf einem Klassenausflug laufen die Schüler an einem See entlang, sie singen »Das Wandern ist des Müllers Lust«, dann stimmt einer ein Lied an, das Ilse nicht kennt, sie hört die Zeilen: »Geduld, verratene Brüder, schon schwanket Judas Thron …« Die anderen halten erschreckt inne und einer schimpft: »Dösköppe, wir haben doch gesagt, das singen wir nicht, wenn die Juden dabei sind.« Und zu Ilse gewandt sagt er: »Tschuldigung.«

An den Geburtstagen der Mutter und des Vaters zündet Ilse in Hamburg Kerzen an, singt Lieder und backt sogar Kuchen. Für ihr Tagebuch erfindet sie Geschichten, die sie in Paris zusammen mit ihrer Familie erlebt. Ihre Fantasie führt sie einmal auch in die Oper, wo sie in einem schönen Kleid zwischen den Eltern sitzt, ihren Hund Flocki auf dem Schoß. Der Vater kauft in der Pause Schokoladenkuchen, und Ilses Stück ist größer als das von Edith.

Anfang Dezember 1934 steht ein Polizist vor Omi Reifensteins Wohnungstür. Die Gestapo in Berlin hat die Polizei in Hamburg aufgefordert, Ilse und Edith zum Verschwinden der Eltern zu befragen. Die beiden Mädchen stehen verschüchtert hinter ihrer Großmutter. Der Polizist erblickt sie und sagt zu Omi Reifenstein: »Es reicht mir, gnädige Frau, wenn Sie mein Kommen am heutigen Tage bestätigen, Ihre Enkeltöchter sind sicher gerade außer Haus.« Omi Reifenstein beschließt, die Mädchen so schnell wie möglich nach Paris zu bringen. Ein Weihnachtsurlaub soll der offizielle Reisegrund sein.

Auf dem Passamt in Hamburg, wo Omi Reifenstein die Ausreisepapiere für die Mädchen beantragt, teilt man ihr mit, dass Ilse und Edith Leo das Deutsche Reich bis auf

Weiteres nicht verlassen dürfen, weil gegen den Vater der Antragstellerinnen ein Strafverfahren wegen Hochverrates eingeleitet wurde und jede Spur von ihm fehle.

Ratlos bleibt die Großmutter im Wartesaal sitzen. Sie weiß nicht, was sie machen soll, wen sie um Hilfe bitten kann. Sie muss doch die Mädchen schützen, das hat sie ihrer Tochter und Wilhelm versprochen! Der Wartesaal leert sich, draußen wird es bereits dunkel, aber die Großmutter, wie immer äußerst elegant gekleidet, sitzt noch immer da und rührt sich nicht. In wenigen Minuten soll das Passamt schließen, ein junger Angestellter tritt auf sie zu und bittet sie zu gehen. Omi Reifenstein blickt auf, stutzt. Diesen jungen Mann kennt sie doch! Es ist der Sohn eines guten Freundes, der auch sie erkennt und herzlich begrüßt. »Stellen Sie sich vor«, sagt sie, »ich wollte mit meinen Enkelkindern über Weihnachten nach Paris fahren und bin zu spät gekommen. Man hat die Papiere nicht mehr gestempelt, was soll ich jetzt machen?« Der junge Mann ruft, das werde gleich erledigt, eilt davon und ist Minuten später mit den gestempelten Papieren zurück. Noch am selben Abend steigen sie in den Zug nach Paris.

Wie anders Ilses Leben verlaufen wäre, wenn sie dieses Visum nicht noch in letzter Minute bekommen hätte. Nicht nur die große Geschichte erscheint einem schicksalhaft und unverrückbar, auch unsere kleinen Lebensgeschichten wirken oft so, als hätten sie gar nicht anders passieren können. Dabei hängt letztlich alles an einer langen Kette von Zufällen, und es ist noch nicht einmal sicher, welcher Zufall in welchem Moment der beste ist.

Ilse liest auf der Fahrt Heines »Wintermärchen«. Das

Buch hat sie zum Abschied von ihrem Verehrer geschenkt bekommen, weil Heine ja damals von Paris nach Hamburg fuhr und sie eben jetzt die umgekehrte Reise antritt. Die Großmutter rät, das Buch in Zeitungspapier einzuschlagen, sie wollen kein Risiko eingehen, jüdische Autoren gelten als Verräter, und was soll man erst von Heine sagen, der sich über das Deutschtum wie kein Zweiter lustig macht? Als sie durch Köln fahren und später den Rhein kreuzen, liest Ilse die Szene, in der Heine dem Vater Rhein begegnet, dem Flussgott, der ein unzufriedener, alter Mann geworden ist, der nichts mehr hören will vom deutschtümelnden Geschwätz. Der Vater Rhein sehnt sich nach den fröhlichen Franzosen zurück, und Ilse muss lachen und ist so aufgeregt, dass sie in dieser Nacht kaum schlafen kann, weil sie ja nun bald selbst zum ersten Mal in Frankreich sein wird.

Am nächsten Morgen kommen sie in Paris an, die Eltern und Gerhard erwarten sie an der Gare du Nord. Sie fallen einander in die Arme, unendlich erleichtert, sogar der Vater weint, wie Ilse erstaunt feststellt. Die Familie wohnt mittlerweile in einer kleinen Wohnung im 12. Arrondissement. Omi Reifenstein hat eine Weihnachtsgans aus Hamburg mitgebracht, die am ersten Feiertag mit Genuss verspeist wird. Die nächsten Tage sind sie unzertrennlich. Ilse will vor allem wissen, wie die Flucht verlaufen ist, Gerhard sagt, es sei toll gewesen, der Vater erzählt detailliert von Anfang an. Wie sie bei Anbruch der Dunkelheit das Haus in Rheinsberg verließen, über Feldwege zum Bahnhof liefen, jeder hatte nur einen kleinen Koffer dabei, um keine Aufmerksamkeit zu erregen. In Berlin übernachteten sie bei Freunden und nahmen am nächsten Tag den Zug Richtung Aachen. Sie waren sehr aufgeregt, aber die Fahrt verlief ohne Zwischenfälle. Im Café am Aachener Hauptbahnhof trafen sie den Schmugglerkönig.

Sie stiegen in die Straßenbahn, wechselten mehrmals die Linie und kamen schließlich an der Endhaltestelle an, die außerhalb der Stadt zwischen Feldern lag. Sie überquerten eine Wiese und sahen am Waldrand einen hohen Drahtzaun, die neu befestigte Grenze. An einer Stelle gab es eine schmale Öffnung mit einem Drehkreuz. Davor stand ein Posten in feldgrauer Uniform mit einem Gewehr im Arm. Der Vater erzählt, er sei erschrocken stehen geblieben, als er den Soldaten sah, aber der Schmuggler habe ihn beruhigt. Der Soldat habe sein Geld schon bekommen. Und in der Tat legte der Soldat, als er die Ankömmlinge sah, sein Gewehr über die Schulter und schritt langsam am Zaun entlang auf den Wald zu. Sie passierten nacheinander das Drehkreuz. Nach etwa hundert Metern sagte der Schmuggler: »So, das haben wir geschafft. Wir sind in Belgien.«

Gerhard erzählt, er sei ein bisschen enttäuscht gewesen, weil in Belgien eigentlich alles genauso aussah wie in Deutschland. Der belgische Wald war nicht anders als der zu Hause, und auch die Wiesen jenseits der Grenze glichen denen in Rheinsberg. Gerhard sagt, dieser Grenzübertritt ohne Pass sei ein unglaubliches Abenteuer gewesen. Schade sei nur, dass er niemandem sonst davon erzählen dürfe. Später, als die Kinder auf einer Matratze im Wohnzimmer liegen, flüstert Gerhard den Schwestern zu, dass die Eltern leider ein bisschen seltsam geworden seien. Vor allem der Vater rede nur noch sehr wenig, obwohl sie doch so ein Glück hätten, jetzt hier in Paris zu sein. Gerhard spricht bereits leidlich Französisch und will den Schwestern sofort ein paar sehr wichtige Ausdrücke beibringen. Aber Ilse und Edith, von der Reise und den Aufregungen erschöpft, sind bereits eingeschlafen.

JARDIN DU LUXEMBOURG

Es fühlt sich an wie ein erster Sommertag. Als die Familie am Nachmittag des 20. April 1935 im Jardin du Luxembourg in der Nähe des großen Wasserbeckens zusammenkommt, brennt die Sonne so heiß, dass man Schutz unter den mächtigen Platanen sucht, die unweit des Palais du Luxembourg ein frisches Blätterdach entfalten. Es gibt ein Foto von diesem Tag im Park: Ilse in einem weißen Kleid mit grünen Punkten. Ihr Vater sitzt in einem der Gartenstühle und schließt genießerisch die Augen, ihre Mutter trägt einen eleganten Sommerhut. Neben ihr sitzt Irmgard wie ein französischer Filmstar mit schwarzem Hosenanzug und Sonnenbrille. Hinter ihr, kaum zu erkennen, steht Hilde an einen Baumstamm gelehnt. Sie trägt Kniestrümpfe und eine Art Reithose mit einem engen Oberteil.

Ilse ist traurig an diesem Tag, an dem in Paris die Osterferien beginnen. Da in der Familie das Geld sehr knapp ist, muss sie das Lycée Victor-Hugo verlassen, das sie gerade mal vier Monate lang besucht hat, und eine Berufsausbildung als Gebrauchsgrafikerin beginnen. Die Ausbildung wird von einem Jüdischen Hilfsfonds unterstützt, außerdem bekommt sie ein kleines Lehrgeld, das zu Hause dringend gebraucht wird. Die wissbegierige Ilse, die so gerne zur Schule geht, die Klassenarbeiten liebt, weil sie immer die Beste ist, darf kein Abitur machen. »Das hat mich«, so schreibt sie später, »von allen Dingen, die es zu ertragen galt, am härtesten getroffen. Ich durfte da nicht mehr sein, wo ich mich am wohlsten fühlte.«

Und sie ist nicht die Einzige, der es an diesem Tag nicht gut geht. Hilde ist außer sich, weil Fritz Fränkel mit ihrem Sohn André verschwunden ist. Als sie zwei Tage zuvor nach Hause kam, war ihre Wohnung leer und niemand wusste, wohin die beiden gegangen sind. Hilde denkt schon länger darüber nach, sich von Fränkel scheiden zu lassen, weil der auch in Paris den Frauen hinterherläuft. Irmgard wird später sagen, sie hätte die Schwester noch nie so bedrückt gesehen, weil Hilde ihren Fränkel immer noch liebt, es aber einfach nicht mehr aushält mit ihm.

So muss Irmgard jetzt Hilde trösten, dabei hatte sie sich selbst Beistand von der großen Schwester erhofft. Weil sie sich immer noch nicht sicher ist, ob sie wirklich zu Hans nach Amsterdam fahren soll, obwohl sie ihm das längst versprochen hat. Obwohl eigentlich alles entschieden ist. Obwohl sie die Sache nun schon so oft hin und her überlegt hat. Hans lebt seit einem halben Jahr in der Nähe von Amsterdam, in einem zionistischen Ausbildungslager, in dem er sich auf die Überfahrt nach Palästina vorbereitet. Irmgard weiß, die Entscheidung für Hans wäre auch eine Entscheidung für dieses seltsame, heilige Land, das ihr mehr Angst als Freude macht. Andererseits ist Hans überzeugt, in Palästina seien sie vor den Nazis sicher. Aber stimmt das wirklich? Hans hat sich verändert, findet sie. Er spricht viel vom jüdischen Volk, das zu seinen Wurzeln zurückkehren müsse. Als sie noch in Berlin lebten, war Hans jeder Gruppe und jedem Glauben gegenüber skeptisch. In Irmgards Gedanken vermengt sich alles, die Suche nach Liebe und nach einem sicheren Zuhause. Sie würde diese Fragen gerne getrennt betrachten, aber das ist nicht so einfach.

So schleppt jeder an diesem Tag im Jardin du Luxembourg seine Sorgen mit sich herum, außer vielleicht mein Großvater Gerhard, der seinen Hund im Arm hält und in die Kamera lacht. Nach dem Besuch im Park gehen Irmgard und Hilde noch ein bisschen spazieren, sie nehmen auch Ilse mit, die darüber so entzückt ist, dass sie sogar ihren Schulkummer kurz vergessen kann. Sie laufen den Boulevard Saint-Michel hinunter, die drei Berlinerinnen, die mittlerweile so selbstverständlich auf den Pariser Trottoirs flanieren, dass niemand mehr auf die Idee kommen würde, sie könnten hier nicht hergehören.

Sie wissen nicht, dass es sie schon bald in ganz unterschiedliche Richtungen verschlagen wird. Dass dies der letzte Tag in ihrem Leben sein wird, an dem sie alle drei zusammen sind. In einem kleinen Laden an der Rue d'Assas kauft Irmgard ein buntes Halstuch, das sie Ilse schenkt, als sie sich am frühen Abend voneinander verabschieden. Dieses Halstuch wird Ilse lange bei sich tragen, wie einen Glücksbringer, den man nicht verlieren darf. An der Metro-Station Vavin umarmen sie einander, dann gehen sie ihrer Wege.

RUE DOMBASLE

Hilde

Noch viele Jahre später erinnert sich Hilde an das Ende dieses warmen Apriltages. Sie nimmt nicht die Metro, sondern beschließt, zu Fuß nach Hause zu gehen. Sie braucht Zeit zum Nachdenken, und sie fürchtet sich auch ein bisschen vor der leeren Wohnung. Hilde läuft den Boulevard du Montparnasse bis zur Rue de Vaugirard, sie sieht die Menschen in der warmen Abendluft vor den Bistrots sitzen, hört ihr Lachen und das Klirren der Pastisgläser und fühlt sich einsam in dieser großen, schönen Stadt. Als sie in der Rue Dombasle Nr. 10 ankommt, schaut sie zuerst an der Fassade hinauf zum fünften Stock. Vielleicht steht jetzt ein Fenster offen, das vorhin noch geschlossen war, vielleicht hört sie Andrés helle Stimme über die Straße schallen. Aber da ist nichts. Verzweiflung steigt in ihr auf. Hätte sie Fränkel gegenüber nicht von Scheidung sprechen sollen? Kann es sein, dass er André irgendwo versteckt? Hilde kann sich das nicht vorstellen, andererseits hat Fränkel wieder mit den Drogen angefangen, was ihn unberechenbar macht.

Später sitzt sie in der verlassenen Wohnung, hört die Geräusche aus den anderen Wohnungen. Der trockene

Husten von Arthur Koestler hallt durch das Treppenhaus. Der Schriftsteller wohnt in der siebenten Etage, er erträgt es nicht, wenn die Wohnungstür geschlossen ist, weil er sich dann eingesperrt fühlt. Genauso unerträglich ist ihm allerdings der Gedanke, jemand könnte durch die geöffnete Tür einfach so hereinkommen. Er ist ein empfindlicher Mensch, der von seinen Ängsten in die Einsamkeit getrieben wird. Hilde sieht ihn fast nie, nur einmal begegnet sie ihm zufällig auf der Treppe. Er macht wortlos wieder kehrt, als er die Nachbarin erblickt. Nur sein Husten ist immer zu hören, und der Geruch seiner Gitanes-Zigaretten zieht durch das Haus.

Walter Benjamin, der rechts neben Koestler lebt, kann nur nachts schreiben, weil ihn am Tag das Licht und die Geräusche der Stadt stören. Gegen fünf Uhr morgens badet Benjamin, was Hilde oft aus dem Schlaf schrecken lässt, da das Abflussrohr durch ihr Schlafzimmer führt und es sich jedes Mal so anhört, als würde das ganze Haus weggespült. Tagsüber schläft Walter Benjamin sehr lange, und wenn Hilde ihn manchmal gegen Mittag im Treppenhaus trifft, sieht er in seinem rostroten Bademantel, mit den wirren Haaren und den geschwollenen Augen wie ein Zeitreisender aus. Die anderen Hausbewohner nennen ihn »den Waldgeist«. Walter Benjamin beschreibt in seinem Tagebuch ausführlich die wohnlichen Gegebenheiten in der Rue Dombasle, im klagenden Ton des ewig Leidenden: »Problematisch, der Fahrstuhl, der Wand an Wand seine ununterbrochene Reise macht. Im Haus wird nach dem 1. April nicht mehr geheizt, und selbst wenn geheizt wird, ist das Zimmer im Winter zum Arbeiten nahezu unbrauchbar. Die Hoffnung, im Sommer die Geräusche des Fahrstuhls durch die Pariser Straße in Schach zu halten, erfüllt sich leider nicht. Allerdings sei erwähnt der Vorteil der Terrasse, mit freiem Blick über die Häuserreihen.«

Im dritten Stock wohnen Hans und Eva Ekstein, ebenfalls Emigranten aus Berlin. Lisa Fittko, die Schwester von Hans Ekstein, wird Walter Benjamin und Fritz Fränkel ein paar Jahre später über die Pyrenäen führen. Direkt über Hilde wohnt Rudolf Neumann, ein Kinderarzt, dem es wahrscheinlich gerade genauso schlecht wie Hilde geht, weil es Neumanns Frau ist, mit der sich Fränkel zusammengetan hat. Dabei hat sich Hilde so gut mit Franziska verstanden, dieser schönen, interessanten Frau aus erstklassigem Königsberger Elternhaus, die ihrer eigenen Legende zufolge als Sechzehnjährige mit einem Zirkusdirektor durchgebrannt ist. Viel zu spät merkte Hilde, was sich da entwickelte zwischen Fritz und Franziska, dass ihr Fränkel irgendwann mehr Zeit im sechsten Stock verbrachte als bei André und ihr. Und dann zog auch noch Fränkels Mutter nach Paris und kommandierte Hilde herum, während sich Fränkel in der Stadt mit Franziska vergnügte.

Dieses Haus in der Rue Dombasle erscheint mir wie eine Theaterbühne, auf der ein Stück über Freud und Leid der Emigration geboten wird. Sogar die Concièrge, Madame Fontaine, hat ihre kleine Rolle zu spielen, wenn sie Walter Benjamin hilft, eine Haschischzigarette zu drehen, weil der zu ungeschickt dafür ist. Madame Fontaine ist mit einem Italiener verheiratet und liest die kommunistische »L'Humanité«. Sie klingelt im August 1939 bei Arthur

Koestler und warnt ihn vor der Polizei. So entgeht Koestler zunächst der Verhaftung, dem Lager aber nicht.

Hilde wird später sagen, sie habe das Haus von Anfang an gehasst, sie habe es jedoch nicht wahrhaben wollen, weil es Fränkel dort so gut gefiel. Diese vielen berühmten Leute um sie herum schüchtern sie ein. Die Diskussionsabende mit Hannah Arendt und Gisèle Freund, die Drogenpartys mit Klaus Mann und seinen Liebhabern, die legendären Poker- und Schachpartien zwischen Benjamin und Fränkel, von denen die anderen schwärmen, all das hat ihr vor allem das Gefühl gegeben, nicht dazuzugehören. Hilde wird später sagen, sie habe eigentlich erst in diesem Haus begriffen, wie wenig Fränkel und sie zusammenpassten.

Und dann diese Tatenlosigkeit, Hilde versucht, in einem der Emigrantenensembles unterzukommen, die in kleinen Theatern oder Wohnungen spielen und von den Zuschauern mit Brot und Käse bezahlt werden. Sogar Klaus Mann kümmert sich ein bisschen um sie, weil Fränkel ihn darum bittet. Aber der Spaß am Spielen, den sie in Berlin hatte, stellt sich in Paris nicht ein. Sie selbst vermutet, es liege daran, »dass ich nicht Schauspielerin genug bin, um mich über mein Leben hier hinwegzutäuschen, um den großen Kummer mit kleiner Geste wegzuspielen«.

Fränkel dagegen ist beschäftigt wie immer. In einer Ecke der Wohnung hat er einen Paravent aufgebaut, hinter dem er Patienten behandelt, die mit allen möglichen Gebrechen zu ihm kommen. Zusammen mit dem Kinderarzt Neumann behandelt er auch Knochenbrüche und zieht Weisheitszähne. Selbst die eine oder andere Geburt findet im Hause Fränkel statt. Es sind meist andere Emigranten, die zu ihm kommen und für seine Dienste mit geräucherter Wurst, einer Tafel Schokolade für das Kind oder einem Rindsbraten bezahlen. Einmal klingelt Gisèle Freund mitten in der Nacht, weil sie sich furchtbar krank fühlt und am nächsten Tag ihre Promotionsprüfung an der Sorbonne ablegen soll. Fränkel kennt die Fotografin noch aus Berlin, er beruhigt sie und sagt, sie werde sich nach der Prüfung gleich wieder ganz gesund fühlen, weil sie nur ein wenig Lampenfieber habe. Zum Dank macht sie später ein Porträtfoto von ihm, das leider verschollen ist.

Vor allem aber arbeitet Fränkel an einem neuen Buch über die nützlichen Wirkungen des Haschisch bei der Behandlung von chronischen Schmerzpatienten. Er experimentiert auch weiter mit Walter Benjamin, so manchen Abend sitzen die beiden Freunde auf der Terrasse im siebten Stock und lassen Haschischwolken über die Dächer von Paris steigen. Benjamin bittet ihn auch, Vorträge für die »Freie Deutsche Hochschule« zu halten, die von deutschen Exilanten in Paris betrieben wird. Vom 5. bis 9. Juni 1936 referiert Fränkel in der Rue Dombasle fünf Doppelstunden lang über »den gegenwärtigen Stand der experimentellen Psychopathologie«. Im Publikum befindet sich die gesamte deutsche Geisteselite, die zu dieser Zeit in Paris lebt. In einem Brief an Hannah Arendt schreibt Fränkel: *Auch wenn es zynisch klingen mag, so ist doch diese Erfahrung hier mit all diesen wunderbaren Köpfen auch denen zu verdanken, die uns hinausgeworfen haben aus unserem Land, das sich von diesem intellektuellen Verlust so bald nicht erholen wird.*

Es sieht so aus, als würde Fränkel das Leben in Paris trotz aller Widrigkeiten genießen können, während Hilde abseits steht und dem Treiben nur zuschaut. Und Fränkel scheint ihr keine große Hilfe zu sein, wahrscheinlich bemerkt er in seiner Euphorie nicht einmal die Einsamkeit der Frau, die er geheiratet hat. Erstaunlicherweise wird Hilde darüber später nie ein schlechtes Wort verlieren. Sie wird ihren Fränkel in Ehren halten und eher sich die Schuld geben als ihm.

Dass Fränkel einfach so mit ihrem Kind verschwunden ist, nimmt sie ihm allerdings sehr übel. Erst Tage nach dem Familientreffen im Jardin du Luxembourg erfährt Hilde von Bekannten, Fränkel sei mit André und etlichen Freunden nach Mallorca aufgebrochen, wohin der wohlhabende Sohn eines deutschen Rüstungsfabrikanten eingeladen hat, der bei Fränkel wegen seiner Alkoholsucht in Behandlung war. Hilde hat weder Geld noch eine Ahnung, wie man nach Mallorca kommt. Aber sie will ihren Jungen zurück und findet wie immer einen Weg. Wochen später kommt sie völlig erschöpft in Palma de Mallorca an und findet nach langer, mühevoller Suche ihren verdutzten Gatten im Garten einer Strandvilla. Es muss eine unwirkliche Begegnung gewesen sein: der sonnengebräunte Fränkel, umgeben von seinen mondänen Freunden, mit einem Drink in der Hand im Liegestuhl. Ihm gegenüber die abgekämpfte Hilde, mit Rucksack, in einem fleckigen Matrosenhemd, das ihr der Kapitän eines Fischkutters geschenkt hat, der sie über das Meer gebracht hat.

Hilde macht Fränkel vor allen anderen eine Szene, sie sagt, sie werde sich von ihm scheiden lassen. Es kommt zu einem furchtbaren Streit, der Tage dauert und nur mithilfe der Freunde gelöst werden kann. Schließlich gibt Fränkel das Kind frei. Der Industriellensohn zahlt Hilde und André die Schiffspassage erster Klasse nach Toulon, sodass sie nun wie eine richtige Dame zurückreisen kann, wie sie erfreut und auch ein wenig erstaunt notiert.

Mich überraschen diese Geschichten, weil sie so ganz anders sind, als ich mir das Leben im Exil vorgestellt habe. Für mich ist das Exil dunkel und ärmlich, es gibt keine Freude, keine Partys, keine Strandvilla, keine Erste-Klasse-Kajüten, sondern eigentlich nur Angst, Hunger und das bange Warten auf ein Visum. Wahrscheinlich wird für die meisten Emigranten das Exil auch so gewesen sein, aber eben nicht nur und ständig. Ich ertappe mich dabei, wie ich denke, dass es doch keine richtige Emigration ist, wenn man dabei sogar Spaß haben kann. Dann fallen mir die Westdeutschen ein, die ich nach dem Mauerfall kennenlernte und die ebenfalls dachten, in der DDR hätte es immer nur geregnet und wir hätten nie gelacht, weil es doch schließlich eine Diktatur war. So erstarren die historischen Bilder zu Karikaturen.

Hildes Sohn André erinnert sich noch an den Tag, als seine Mutter nach Mallorca kam, um ihn abzuholen. Er sagt, es sei vermutlich seine allererste Erinnerung. Der erste kleine Film, den er in seinem Kopf bewahrte. In diesem Film sitzt André auf einem Mandelbaum und beobachtet die Ameisen, die den Stamm hochkrabbeln. Er spürt den warmen Wind und sieht seine Mutter auf sich zulaufen, in einem gestreiften Hemd, mit einem großen Strohhut auf dem Kopf. André steigt vom Baum, Hilde

André, Fränkel und Hilde am Strand

nimmt ihn in die Arme, streichelt ihm über den Kopf, er zeigt ihr die Ameisen, dann fahren sie nach Frankreich. In diesem kleinen Film gibt es keine versuchte Kindesentführung und auch keinen Streit. Es gibt nur eine Mutter, die wiederkommt, und einen Vater, der später nicht mehr da ist.

Bevor sie aufbrechen, geht Hilde noch mal zu Fränkel, weil sie nicht im Unfrieden scheiden will. Sie hält seinen Kopf mit beiden Händen und blickt ihm in die traurig-spöttischen Augen. Vielleicht weiß Hilde, dass sie Fränkel nie wiedersehen wird. Diesen Mann, wegen dem sie ohne zu zögern ihre Heimat verließ. Zumindest rechnet sie wohl damit, dass sie sich in den Wirren der Geschichte für immer verlieren könnten. Sie will sich sein Gesicht einprägen, will ihn in ihrem Herzen mitnehmen.

In einem von Andrés Fotoalben ist eine Aufnahme vom Strand von Mallorca zu sehen, offensichtlich entstanden, nachdem sich Hilde und Fritz vorübergehend leidlich vertragen hatten. Man sieht Fränkel im Sand hockend, André in seinem Arm, daneben Hilde, den Blick zu Boden gerichtet. Es ist das letzte Bild einer Familie, die nie eine war.

LYON
Irmgard

Nach dem Familientag im Jardin du Luxembourg fährt Irmgard mit dem Zug nach Lyon, wo sie seit einem Jahr lebt, bei der Familie Gumbel, jüdischen Emigranten, die mit der Familie befreundet sind. Herr Gumbel war Professor für Mathematik in Heidelberg, seine Frau schreibt an einem Buch über vegetarische Küche. Die Gumbels sind früh gegangen und schafften es, ihr beträchtliches Vermögen in die Schweiz zu retten, weshalb sie in Lyon in einem großzügigen Haus leben und sich ein Dienstmädchen leisten können. Irmgard wird die Haustochter genannt, sie hat ein Zimmer unter dem Dach und sogar ein eigenes Bad, sie kocht, backt, näht und kümmert sich um den Sohn. Dafür hat sie freie Kost und Logis sowie ein großzügiges Taschengeld. Zudem darf sie an den Nachmittagen an die Universität gehen, wo sie sich zum Wintersemester 1934 in der juristischen Fakultät eingeschrieben hat. In ihren Papieren, die in dem alten Schrank in Hazor lagern, lag auch ihr französischer Studentenausweis, eine hellbraune Klappkarte, auf der vermerkt ist, dass Mademoiselle Léo unter der Matrikelnummer 997 die ersten beiden Semester an der Faculté de Droit de Lyon absolviert hat. Welch eine Genugtuung ihr das bereitet haben muss, nach ihrem Rauswurf in Berlin nun endlich wieder eine richtige Studentin zu sein.

Die Gumbels sind ihr mehr Eltern als Dienstherren, sie behandeln Irmgard mit großer Herzlichkeit und vertrauen ihr das Haus an, wenn sie in die Sommerfrische nach Nizza fahren. Ein einziges Foto existiert aus dieser Zeit, es zeigt Irmgard in einer Kittelschürze vor der geöffneten Flügeltür des Esszimmers. Sie hat die Hände vor dem Bauch gefaltet und wirkt wie eine Dienerin, die auf die Ankunft der Herrschaften wartet. Die selbstbewusste Energie, die sie noch auf den Berliner Fotos verströmte, scheint verloren zu sein.

Mit viel Wehmut kommt Irmgard von dem Pariser Familientreffen zurück. Normalerweise soll sie schon eine Woche später zu Hans nach Holland aufbrechen. Ihre Koffer sind gepackt, alles ist vorbereitet, aber wenn sie in sich hineinhorcht, dann spürt sie noch immer keine Gewissheit. Dabei schlägt sie sich doch nun schon so lange mit dieser Frage herum, mehr als ein Jahr lang, um genau zu sein. Fast jeden Tag bekam sie einen Brief von Hans aus Amsterdam. Er erzählte ihr, was er gerade machte und dachte, seine Briefe waren lang und voller Wärme. Sie antwortete eher kurz und auch nicht jeden Tag. Leider sind die Briefe irgendwann verschwunden, die Reise nach Palästina haben sie noch überstanden, aber dann, bei einem der Umzüge, wurden sie wohl aus Versehen weggeworfen. Irmgards Tochter Michal kann sich noch an die Briefe ihres Vaters erinnern, die auf dünnem Luftpostpapier geschrieben waren, in winziger Schrift, um ja keinen Platz

Irmgard, 1935

zu verschwenden. Hans warb um Irmgard, er wusste, dass sie zweifelte, dass sie schwankte.

Und weil man in Briefen eben nicht alles sagen kann, fuhr Hans sogar einmal nach Lyon, als die Gumbels gerade im Urlaub waren. Sie hatten das große Haus für sich, redeten viel, über ihr Leben, über die Zukunft. Am Abend vor seiner Rückreise nach Holland zog Hans ein weißes Hemd an und kniete vor Irmgard nieder. Sie fühlte sich überrumpelt von seinem Heiratsantrag, bat um Bedenkzeit. Hans sagte, sie solle nicht allzu lange nachdenken, weil er bald nach Palästina wolle und sie vor der Heirat noch zum Judentum konvertieren müsse. Irmgard erschrak. Zum

Judentum konvertieren? Warum denn das? Hans erklärte, es gehe gar nicht um die Religion, sondern darum, ein richtiger Jude zu sein. »Wir können nicht nach Palästina gehen und so tun, als würde es unsere Wurzeln nicht geben.« Hans sagt, er sei Hitler mittlerweile sogar dankbar, dass er ihm gezeigt habe, wer er wirklich ist. »Hitler will, dass ich ein Jude bin, also bin ich ein Jude!«, rief er. Und wieder war Irmgard erschrocken.

Als die Gumbels zurück waren, erzählte Irmgard von ihren Nöten. Sollte sie Hans nach Palästina folgen? In Frankreich bleiben? Die Gumbels sagten, Irmgard könne bei ihnen bleiben, solange sie wolle, sie würden für sie sorgen und sie wie eine Tochter behandeln. Irmgards Entscheidung solle nicht aus wirtschaftlicher Not erwachsen, sondern aus freiem Willen, aus Überzeugung, im besten Fall sogar aus Liebe.

Irmgard spürte die ganze Zeit, dass sie an der womöglich wichtigsten Wegscheide ihres Lebens stand. Eine Entscheidung, in welche Richtung auch immer, wäre später kaum zu korrigieren. Wenn sie bei den Gumbels bliebe und ihr Jurastudium in Frankreich beendete, würde sie Hans wohl niemals wiedersehen. Wenn sie mit ihm nach Palästina ginge, gäbe es auf absehbare Zeit keinen Weg zurück. Sie hatte das Gefühl, aus sich selbst heraus nicht die Kraft für eine solche Entscheidung zu haben, sie wartete auf ein Zeichen, irgendeinen Wink des Schicksals. Und dann kam ein Brief ihrer Mutter aus Berlin. Die Mutter kannte Irmgards Dilemma, sie riet ihr, die Bibelsprüche zu lesen, die sie ihr vor der Abfahrt mitgegeben hatte. *Lies vor allem den ersten Spruch,* schrieb sie. Der lautete:

Und ob ich schon wanderte im finsteren Tal
Fürchte ich kein Unglück
Denn du bist bei mir

Und dann hatte die Mutter noch einen Rat, der für die ungläubige Irmgard womöglich hilfreicher war als jeder Bibelspruch. Sie schrieb: *Folge deinem Herzen, verlaß dich darauf, es wird dich in dein Leben führen.* Noch am selben Abend schrieb Irmgard einen Brief an den Rabbi von Lyon: *Ich bin Protestantin, aber meine Großeltern waren Juden. Ich bin Deutsche und mußte aus politischen Gründen meine Heimat verlassen. Ich bin verlobt mit einem deutschen Juden, Hans Wittenberg, der Deutschland ebenfalls aus politischen Gründen verlassen mußte. Mein Verlobter hat sich dafür entschieden, nach Abschluß einer Tischlerlehre nach Palästina auszuwandern. Ich würde ihn gerne nach unserer Hochzeit begleiten und habe deshalb den Wunsch, den jüdischen Glauben anzunehmen.*

Der Brief ist auf den 16. September 1934 datiert, den Tag, an dem Irmgard sich endlich entschied.

Die Antwort des Rabbis, David-Edgard Sèches, erfolgte am 4. Februar 1935. Er erklärte, Mademoiselle Leo zu ihrem Glauben befragt zu haben und von ihren Antworten überzeugt zu sein. *Wir haben deshalb ihre Konversion in die Wege geleitet und geben ihr den Namen Ruth,* schrieb der Rabbi und wünschte der neuen Glaubensschwester *eine wunderbare Zukunft auf der heiligen Erde unserer Väter.*

Irmgard schrieb ihrer Mutter, sie habe beschlossen, diesen Glaubensübertritt nicht nur als bürokratische Formalie zu begreifen. *Ich nehme das ernst,* schrieb sie, *nicht weil ich nun auf einmal an himmlische Kräfte glaube, sondern weil ich*

Irmgard und Hans nach dem Heiratsantrag

nun wirklich eine Jüdin geworden bin, in dem Sinne, daß ich zu denen gehören möchte, die da drüben, auf der anderen Seite des Meeres, ein neues Leben beginnen. Jahrzehnte später, als Irmgard schon lange Nina heißt, wird sie sagen, dieser Kampf mit sich selbst in Lyon sei wie eine zweite Geburt gewesen. Wobei die Zweifel nicht verschwunden sind und sie noch Jahre später martern werden, als sie längst auf der anderen Seite des Meeres lebt.

Am 28. April 1935 macht sich Irmgard nach Amsterdam auf. Zwei Monate später heiratet sie Hans in einem Holzschuppen in Holland, sie verbringen die Hochzeitsnacht in einem Schlafsaal mit zwanzig Personen. Ziemlich genau zur gleichen Zeit verkündet Hilde per Brief ihrem Fränkel, dass sie nach Berlin zurückkehren wird, um endgültig die Scheidung einzureichen. Als hätten sie sich abgesprochen, die beiden Schwestern, mal eben die Rollen zu tauschen.

RUE MESLAY
Ilse

Am 3. Juli 1935 feiert Ilse ihren sechzehnten Geburtstag, in der kleinen Ladenwohnung in der Rue Meslay, in die sie ein paar Monate zuvor gezogen sind. Am frühen Morgen steht die Familie an ihrem Bett. Mit Kerzen in der Hand singen Wilhelm, Frieda, Gerhard und Edith die traditionellen Geburtstagslieder. Erst »Viel Glück und viel Segen«, dann den »Morgengruß« von Schubert. Ilse hört die tiefe Stimme des Vaters, der Bruder gibt mit seiner Blockflöte den heiteren Grundton vor, die Mutter singt ein wenig zu laut, die Schwester ein wenig zu hoch. Es ist also alles wie immer.

Und es ist nichts wie immer. Ilse sieht die abwesenden Augen des Vaters, dem selbst der heiterste Liedtext kein Lächeln aufs Gesicht zaubert. Sie sieht die schwieligen Hände der Mutter, die jetzt als Putzhilfe bei wohlhabenden Leuten arbeitet. Bei Leuten, die in Häusern wohnen, die ihrem Haus in Rheinsberg ähnlich sind.

Ach Rheinsberg! An ihren Geburtstagen war der Frühstückstisch dort bei gutem Wetter im Garten gedeckt, es gab Ilses Lieblingssahnetorte, von der sogar ihr Hund Flocki ein Stück haben durfte. Am Nachmittag kamen die Freunde zu Besuch, es gab Marmeladenkekse, Schokoladenkuchen und süßen Kakao. Dann wurden die Geschenke ausgepackt, und der Vater sagte mit dramatischer Stimme: »Nun, unsere Ilse hat uns leider ruiniert.« Und alle lachten, und Ilse probierte gleich das neue Kleid an oder schwang sich auf das neue Fahrrad. Am Abend spielte der Vater alle Klavierstücke, die Ilse sich wünschte, und jedes Mal, wenn sie einen Titel vorschlug, verbeugte sich Wilhelm und murmelte: »Sehr wohl, meine Gnädigste.«

An all das muss Ilse denken, an diesem ersten Geburtstagsmorgen im Exil. Sie blickt sich um in der engen Kammer, die ihr im flackernden Licht der Kerzen noch enger erscheint. Sie ist hier zusammen mit ihrer Schwester Edith untergebracht, ihre Kleider hängen an Nägeln an den Wänden. Neben der Tür steht ein gusseisernes Becken, in dem sich die ganze Familie wäscht. Daneben lehnt ein schwerer Klapptisch, den Gerhard und Wilhelm pünktlich um neunzehn Uhr zum Abendessen aufbauen, nachdem sie die Betten an die Wand geschoben haben. Die Eltern schlafen im Flur, abgetrennt nur durch einen Vorhang von Gerhards Bett. Der Flur ist wie ein dunkler Schlauch, der vor zum Ladenraum führt, in dem die Eltern die Buchhandlung eingerichtet haben, die sie seit Kurzem betreiben. Sie haben sie LIFA genannt, Librairie Française Allemande. Die Mutter sagt fast jeden Tag, man könne sich nicht beschweren, weil es doch vielen noch viel schlechter gehe.

Das weiß auch Ilse, aber es macht ihren Kummer nicht kleiner. Als sich die Eltern nach dem Geburtstagsständchen an die Bettkante setzen, um das große Mädchen zu umarmen, verkriecht sich Ilse unter der Decke, am liebsten würde sie für immer so liegen bleiben, in der wohligen Dunkelheit.

Aber irgendwann steht sie dann doch auf, weil am Nachmittag Onkel Alexander vorbeikommen will, was immer ein großes Ereignis ist. Alexander Joel ist ein Vetter des Vaters, ein fülliger, stets gut gelaunter Mann, mit einem Schnurrbart, dessen Spitzen steil nach oben ragen. Seine Familie ist schon vor langer Zeit nach Italien ausgewandert, dort wurden die Joels zu Bankiers, was ihnen Ansehen und Reichtum einbrachte. »Sie sind die einzigen in unserer ganzen Familie, die alles richtig gemacht haben«, pflegt der Vater zu sagen, und es klingt bewundernd und abschätzig zugleich.

Allerdings steigt seine Bewunderung, als Onkel Alexander die geflüchtete Familie in Paris unter seine Fittiche nimmt. Der Onkel ist zu dieser Zeit Aufsichtsratsvorsitzender des italienischen Cinzano-Konzerns und zugleich Generaldirektor von Perrier in Frankreich. Er lebt in einer Villa in Neuilly, fährt zu seinen Besuchen bei der armen Verwandtschaft im Rolls-Royce vor und lässt sich von einem livrierten Chauffeur aus dem Wagen helfen. Er zahlt die Miete für die Ladenwohnung und noch vieles andere mehr. Außerdem macht er gerne Geschenke, die allerdings für die Leos nicht immer einfach anzunehmen sind.

Da gastiert zum Beispiel eines Tages der berühmte italienische Dirigent Arturo Toscanini an der Pariser Oper. Onkel Alexander weiß, dass Wilhelm ein großer Musikliebhaber ist, und überreicht ihm beiläufig zwei Logenkarten. Die Billetts kosten mehr, als die Familie im ganzen Monat zur Verfügung hat. Außerdem sind für das Galakonzert Frack und festliches Abendkleid obligatorisch, ihre Garderobe aber haben die Eltern in Rheinsberg zurücklassen müssen. Das Ausleihen der Abendkleidung ist teuer. Tagelang diskutieren die Eltern, ob sie es wagen können, die Karten wieder zu verkaufen. Aber hatte Onkel Alexander nicht angedeutet, man könne sich in der Pause im Foyer sehen? Hat er womöglich Plätze in derselben Loge? Die Eltern leihen schließlich schweren Herzens die teure Garderobe. Ilses Vater wird später sagen: »Ich habe noch nie mit einem so schlechten Gewissen ein so herrliches Konzert gehört.«

Ilse bekommt an ihrem sechzehnten Geburtstag ein paar Seidenstrümpfe von Onkel Alexander geschenkt. Aller Kummer ist sofort vergessen, vor allem, als sie die neidischen Blicke ihrer Schwester bemerkt. Später wird sie großzügig mit Edith verabreden, die Strümpfe abwechselnd zu tragen. Wer ein Rendezvous hat, bekommt die Strümpfe. So werden es die Schwestern halten, bis sich irgendwann herausstellt, dass Edith deutlich mehr Verabredungen hat als Ilse. Nach einem ihrer amourösen Treffen kommt Edith mit zerrissenen Strümpfen nach Hause, was Ilse ihr noch sehr lange übel nimmt. Selbst als sie uns Jahrzehnte später von dieser Geschichte erzählt, schüttelt sie wütend den Kopf. »Seidenstrümpfe! Das muss man sich mal vorstellen!«

Die Buchhandlung in der Rue Meslay wirft kaum etwas ab, auch deshalb, weil Ilses Vater am liebsten alle Bücher behält und die wenigen Kunden, die in seinen Laden kommen, mit demonstrativ schlechter Laune vertreibt. Ilses Mutter, die sich um das Geschäftliche kümmert, verzweifelt immer wieder an der Geschäftsunfähigkeit ihres Mannes und schickt ihn irgendwann aus dem Laden. Wilhelm verdingt sich daraufhin als Wurstverkäufer bei einem Metzgermeister in der Straße. Aber als er mit seinen Würsten von Haus zu Haus zieht und die Leute ihn fragen, ob die Ware denn wirklich gut und frisch sei, antwortet Wilhelm, er habe die Würste nicht gekostet und ob sie frisch seien, das wage er zu bezweifeln. Damit gibt er zwar absolut wahrheitsgemäß Auskunft, schafft es allerdings nicht, auch nur eine einzige Wurst zu verkaufen. Schließlich jagt ihn auch der Metzgermeister wütend davon, und allen ist klar, dass Wilhelm für praktische Aufgaben nicht zu gebrauchen ist.

Dafür muss die Mutter noch öfter putzen gehen. Gerhard trägt ihr die schweren Wassereimer, wenn sie im vornehmen 16. Arrondissement die Stiegen schrubbt. Und auch die Töchter helfen mit, wenn die Mutter Näharbeiten für wohlhabende Damen übernimmt. Ilse ist geschickt beim Besticken von Nachthemden, ganze Abende sitzen die drei Frauen in der kleinen Kammer hinter dem Buchladen und nähen sich die Finger wund.

Tagsüber geht Ilse ihrer Ausbildung als Gebrauchsgrafikerin in der Kunstschule nach. Sie mag die Stunden in den Studienateliers, wenn sie Akte oder Blumen zeichnen, sie kann sich dann vollkommen in ihre Arbeit versenken, alles um sich herum vergessen, sogar ihren Kummer, keine Gymnasiastin mehr zu sein. Sonntags, wenn der Eintritt frei ist, geht sie mit einer Freundin in den Louvre, versucht Gemälde zu kopieren oder Skulpturen zu zeichnen. Die meisten ihrer Freunde kommen ebenfalls aus Emigrantenfamilien, sie leben in ähnlichen Verhältnissen. Ilse fühlt sich wohl mit ihnen, sie treffen sich mehrmals die Woche, gehen zusammen ins Kino, organisieren Bälle, diskutieren über Literatur oder Politik. Auch eine Theatergruppe gibt es. Ilse schreibt mit mehreren Freunden zusammen ein Stück darüber, wie ein deutsches, bürgerliches Gymnasium nach der Machtübernahme der Nazis seinen Geist verändert. Auch Ilses Erfahrungen aus dem Gymnasium in Hamburg fließen in das Stück ein, das beschreibt, wie viele kleine, fast unmerkliche Veränderungen am Ende etwas völlig Neues ergeben. Wie ein Wort oder ein Blick einen Menschen verändern. Was Angst und Begeisterung anrichten können.

Klaus Mann verspricht den jungen Leuten, das Stück zu inszenieren. Bei den Vorbesprechungen verliebt sich Ilse unsterblich in den schönen, jungen Schriftsteller, der nicht weit von der Buchhandlung der Eltern entfernt lebt. Aber dann hat Klaus Mann wohl doch Wichtigeres zu tun, jedenfalls taucht er nicht mehr auf. Stattdessen übernimmt die Schauspielerin Steffie Spira die Regie. Sie probt mit den jungen Leuten im Atelier einer befreundeten Bildhauerin. Als sie noch einen älteren Mann für die Rolle des Schuldirektors suchen, erklärt sich Ilses Vater bereit, den Part zu übernehmen. An einem Dezemberabend ist die Premiere, Ilse und Wilhelm stehen zusammen auf der erleuchteten Bühne, vor den versammelten deutschen Emigranten, die lachend und weinend dem Niedergang ihres geliebten Heimatlandes zusehen.

Später erzählte Ilse ihren Kindern, dies sei einer der schönsten Momente in diesen Pariser Jahren gewesen. Vor allem, weil sie Wilhelm wieder mal lebendig erlebte. Nach der Vorstellung war der kleine Raum hinter der Bühne von seinem dröhnenden Lachen erfüllt. Dieses Lachen, das Ilse im Rheinsberger Esszimmer so oft gehört hatte und das nun wie ein Nachhall aus einer vergangenen Zeit klang.

Steffie Spira hält nach der Premiere eine kleine Rede: »Wenn ich euch hier sehe«, sagt sie lächelnd zu den jugendlichen Schauspielern gewandt, »dann ist mir um Deutschland nicht bange.« Und sie rezitiert ein paar Zeilen aus einem Gedicht von Bertolt Brecht. Lob der Dialektik:

So, wie es ist, bleibt es nicht.
Wer noch lebt, sage nicht: niemals.

Steffie Spira war damals selbst noch eine junge Frau. Ich habe sie später oft im Theater gesehen, in der Volksbühne und im Berliner Ensemble. Aber der Auftritt, der mir am deutlichsten im Gedächtnis blieb, war ihre etwa dreiminütige Rede am 4. November 1989 auf dem Berliner Alexanderplatz, vor Hunderttausenden DDR-Bürgern, die an diesem Tag den maroden Staat ins Wanken brachten. Steffie Spira stand mit schlohweißem Haar auf der hastig zusammengezimmerten Bühne und rief: »1933 ging ich allein in ein fremdes Land. Ich nahm nichts mit. Aber im Kopf hatte ich einige Zeilen eines Gedichts von Bertolt Brecht.« Dann zitierte sie dieselben Zeilen wie im Dezember 1936 in Paris. Sie fügte noch hinzu: »Ich wünsche für meine Urenkel, dass sie aufwachsen ohne Fahnenappell, ohne Staatsbürgerkunde und dass keine Blauhemden mit Fackeln an den hohen Leuten vorübergehen!«

Ich stand damals auch auf dem Alexanderplatz, und es gab viele aufwühlende und kluge Reden. Aber diese Brecht-Zeilen, vorgetragen von dieser eigentlich so regimetreuen Schauspielerin, das war etwas Besonderes. Auch wenn ich da noch gar nicht wusste, wie sich in diesem Moment die Geschichten meiner Familie auf wundersame Weise berührten.

Es gibt ein Foto von Ilse, das sie Anfang 1937 am Pariser Boulevard Saint-Michel zeigt. Sie trägt über ihrer modischen Bubikopffrisur ein kokettes Béret, dazu einen eleganten Mantel, helle Handschuhe und ein schmales Damentäschchen. Fast nichts erinnert mehr an das Mädchen, das sie eben noch war, außer vielleicht ihre weichen braunen Augen, die wie immer staunend und fragend in die Welt schauen. Ihre Schwester Edith hat da einen ganz anderen Blick, mit dem sie alles bekommt, was sie will. Das schöne Leben wollen beide Schwestern, die guten Restaurants, die schicken Cafés, die Bars an der Seine, in denen getanzt wird. Dort können sie nur hin, wenn sie eingeladen werden. Darum kümmert sich Edith, die ein Talent dafür hat, Männer in den Wahnsinn zu treiben.

Edith erfindet zu jedem Rendezvous eine schöne Geschichte, die meistens davon handelt, dass sie Abkömmlinge eines deutschen Adelshauses sind oder die Kinder von amerikanischen Industriellen zu Besuch in Paris. Die französischen Männer sind entzückt, loben ihr gutes Französisch und versuchen, die Schwestern ihrem edlen Stande angemessen auszuführen. Am Ende des Rendezvous, nach Champagner und Austern und wildem Tanz, lassen sich die beiden von ihren Verehrern zum Hotel Ritz

Ilse, 1937

an der Place Vendôme kutschieren, verabschieden sich artig und versprechen ein erneutes Treffen am nächsten Tag, zu dem es dann allerdings nie kommt. Die Hotelpagen halten Ilse und Edith die Türen auf, die Schwestern gleiten wie selbstverständlich über den Marmorboden der Empfangshalle und verschwinden nur Minuten später kichernd durch den Hinterausgang in der Dunkelheit.

Ilse ist das alles wahnsinnig peinlich, sie kann eigentlich gar nicht lügen, ohne zu erröten. Auch mit Männern hat sie kaum Erfahrung, viel weniger jedenfalls als ihre kleine Schwester, die schon mit dreizehn die ersten Verehrer in der Gegend herumscheucht. Diese Ausflüge in die Welt des Luxus und des falschen Scheins sind für Ilse anstrengend, weil sie sich ständig überwinden muss. Und trotzdem genießt sie es sehr, wie sie noch Jahrzehnte später errötend gesteht. Ilse ist fasziniert von der Leichtigkeit, mit der Edith alles um sich herum verzaubert, manchmal ist sie sogar selbst drauf und dran, der Schwester ihre schönen Geschichten abzukaufen.

Irgendwann hat Edith die Idee, wirklich mal im Ritz zu logieren, und nicht wie üblich das Hotel über den Dienstbotenausgang zu verlassen. Aber da will Ilse nicht mehr mitmachen, auch wenn Edith schon einen guten Plan hat, wie es funktionieren könnte. »Du bist wahnsinnig«, sagt Ilse. »Ja, vielleicht, aber das ist ja gerade das Schöne«, sagt Edith. Und weil die ältere Schwester wirklich nicht mehr mitmachen will, nimmt Edith kurzerhand ihren Bruder Gerhard mit, der mit seinem kindlichen Charme jegliches Misstrauen schon im Keim zu ersticken weiß.

Die beiden marschieren also ins Ritz, stellen sich an der Rezeption als Prinz und Prinzessin von Hohenstein vor, die damit beauftragt sind, die Ankunft ihrer Eltern in wenigen Tagen vorzubereiten. Sie lassen sich die Präsidenten-Suite im obersten Stock zeigen, und Edith fragt den Manager, ob er denn wirklich nichts Größeres habe, ihr Vater möge keine engen Hotelzimmer. Das verdutzte Gesicht des Managers wird Gerhard und Edith noch Tage später zum Lachen bringen, wenn sie längst wieder in ihrer ungeheizten Kammer sitzen, am Ende des dunklen Flurs in der Rue Meslay.

Diese Geschichten klingen wie aus einem Schelmenroman. Als ich zum ersten Mal davon höre, kann ich es kaum glauben, dass diese wohlerzogenen Kinder die

Chuzpe für derartige Hochstapeleien hatten. Vielleicht hing das auch mit der aufgekratzten Weltuntergangsstimmung zusammen, die zu dieser Zeit in Emigrantenkreisen herrschte und die selbst schüchterne Menschen wie Ilse dazu drängte, das Leben in vollen Zügen zu genießen. Weil es schon bald zu Ende sein könnte.

Mich überraschen diese Geschichten aber vor allem deshalb, weil ich mich selbst wiedererkenne. Mich erinnert das alles an die letzten Jahre der DDR, als auch mir irgendwie klar wurde, dass es so nicht mehr lange weitergehen wird. Auch ich habe mich damals aus der Wirklichkeit geträumt. Ich bin mit einer Westzeitung durch Ostberlin gelaufen und habe so getan, als wäre ich ein Besucher von der anderen Seite. Das erhöhte meine Erfolgschancen bei den Ost-Mädchen ungemein, die mich manchmal noch bis zum Grenzübergang Friedrichstraße begleiteten, wo wir uns wild knutschend verabschiedeten, bevor ich vorne die Treppe zum Kontrollgebäude hochging und hinten über eine andere Treppe heimlich in der Ostberliner Nacht verschwand.

Und selbst wenn man sich nicht vollends wegträumt, gibt es diesen Hang in unserer Familie, sich die Realität zumindest ein wenig zurechtzulegen, Geschichten auszuschmücken, zu übertreiben. Wenn mein Großvater Gerhard in seinem gemütlichen Wohnzimmer in Berlin-Friedrichshagen saß und erzählte, zeterte meine Großmutter oft: »Aber Gerhard, so war das doch gar nicht.« Dann lächelte er verschmitzt und sagte: »Aber es hätte so sein können …vielleicht sogar müssen.« Das macht die Übermittlung von historischen Fakten natürlich nicht leichter.

Später hat dann auch Ilse ihre erste Liebesaffäre, mit einem ihrer Lehrer an der Kunstschule. Der Mann ist Maler, ein Emigrant aus Berlin, zwanzig Jahre älter, verheiratet. Ilse verbringt viele Abende mit ihm, sie zeichnen zusammen, der Maler erklärt ihr die Kunst und die Welt. Sie liegen auf dem mit Kissen gepolsterten Podium, auf dem sonst die Aktmodelle posieren. Sie trinken Rotwein, rauchen filterlose Zigaretten, hören Jazzmusik oder werfen Farbe gegen eine Leinwand. Ilse findet das alles unglaublich romantisch und verrucht. Irgendwann lieben sie sich auch, Ilse wird sofort schwanger. Der Maler besteht auf einer Abtreibung, er schickt sie zu einem Gynäkologen aus München, der den Abbruch in seiner Wohnung im 11. Arrondissement vornimmt. Edith begleitet die Schwester, die blass und mit gebrochenem Herzen an ihrem Arm zurück nach Hause wankt.

Auch davon werden die Eltern nie erfahren. Ilse zieht sich erst einmal zurück, will sich nicht mehr amüsieren, hält die Geschichte mit dem Maler sogar für eine Art Bestrafung ihrer Kapriolen mit Edith. Sie will jetzt wieder seriös und ernsthaft werden und beschließt, neben ihrer Arbeit als Zeichnerin an der Abendschule das Abitur nachzuholen.

Womöglich hat Ilses Stimmungswechsel auch ein wenig mit der politischen Gesamtlage zu tun, die sich in dieser Zeit überraschend positiv entwickelt. Auf einmal ist nämlich erneut Hoffnung da, dass der faschistische Spuk doch wieder verschwinden könnte. In Spanien tobt der Kampf der Internationalen Brigaden, in der Sowjetunion wird der Kommunismus errichtet und in Frankreich vereinen sich zum ersten Mal in der Geschichte Sozialisten und Kommunisten zu einer Volksfront-Regierung unter der Führung von Léon Blum. Ilses Eltern haben sich schon lange den Sozialisten angeschlossen, am 1. Mai demonstriert nun die ganze Familie auf der Avenue de la République. Ilse wird Mitglied der Roten Falken, hört Vorträge über die Geschichte der Arbeiterbewegung und singt aus voller Kehle die Kampflieder der Entrechteten.

Etliche dieser Vorträge finden in Wilhelms und Friedas Buchhandlung statt. Das Geschäft mit den Büchern haben sie allerdings aufgegeben, dafür gibt es hier nun Lesungen und Veranstaltungen. Wilhelm ist ehrenamtlicher Justiziar des Schutzverbandes Deutscher Schriftsteller geworden, weshalb sich die Mitglieder regelmäßig in der Rue Meslay treffen. Die Librairie Française Allemande wird zu einem der wichtigsten Treffpunkte der deutschen Exilanten. Ilse erinnert sich an einen väterlich-freundlichen Heinrich Mann, von dem sie eine Porträtskizze zeichnet, die sie ihm als Geschenk überreicht. Arthur Koestler, der gerade völlig mittellos aus Spanien zurückgekommen ist, flirtet ungelenk mit Edith und wird von ihr ignoriert.

Egon Erwin Kisch führt den Leo-Kindern Zauberkunststücke vor, er lässt Münzen und Streichholzschachteln verschwinden und blitzartig an ungeahnten Stellen wieder auftauchen. Außerdem leitet Kisch Geschichtskurse für die Emigrantenkinder. Er erzählt so packend von der Französischen Revolution, dass Ilse später schwören könnte, sie sei selbst dabei gewesen. Kisch fährt mit seinen Schülern nach Versailles, er zeigt ihnen die Schauplätze der Revolution, geht mit ihnen die Straßen entlang, durch die damals die aufgebrachten Pariser Marktweiber marschierten, um vor dem Schloss mit ihren Hungerschreien Marie-Antoinette erschauern zu lassen.

Einmal hält auch Fritz Fränkel einen Vortrag. Hildes Ex-Mann ist gerade aus Spanien zurückgekehrt, wo er als Arzt in den Internationalen Brigaden die blutige Schlacht um Madrid erlebte. Sein Vortrag beeindruckt Ilse tief. Der Mann mit den wirren Haaren und dem spöttischen Blick berichtet von dem Schrecken und der unerträglichen Gewalt, die in dieser ungleichen Schlacht herrschen, in der sich Franco-Truppen, Hitlers und Mussolinis Verbände und ein bunt zusammengewürfeltes Freiwilligenheer gegenüberstehen. Ilse erinnert sich an die ruhige, warme Stimme, mit der Fränkel erzählte, wie es in dem Feldlazarett zuging, das unter seiner Leitung stand. Fränkels Vortrag wird später in einer Emigrantenzeitschrift dokumentiert, die ich in einem Archiv in Paris finde: *Man operiert während der Luftangriffe inmitten von Verwundeten, die vor Schmerzen schreien, und Sterbenden, die im Todeskampf stöhnen. Häufig mangelt es an Material, doch niemals mangelt es an Selbstlosigkeit und Opfergeist. (...) Ich bin Arzt und als solcher habe ich schon manche schrecklichen Wunden und viel menschlichen Jammer gesehen. Das Erschütterndste aber habe ich erst in Madrid gesehen. Das waren die armen, unschuldigen Kinder, die, noch zu jung, um die Welt zu begreifen, schon die furchtbarsten Wunden durch die Fliegerbomben Hitlers erleiden müssen.*

Am Schluss seines Vortrags ruft Fränkel die Emigranten zur Solidarität auf. »Wartet nicht, bis die Front zu euch kommt, sondern geht selbst an die Front!« Nach Fränkels Vortrag melden sich spontan Männer und Frauen als Freiwillige für die Brigaden. Ilse beginnt zusätzlich zur Abendschule einen Erste-Hilfe-Kurs, um sich alsbald als Krankenschwester in Spanien zu melden. Als sie Fränkel von ihrem Vorhaben erzählt, streichelt der ihr traurig lächelnd über die Wange. »Meine Kleene, man muss schon ein wenig erwachsen sein, um das auszuhalten«, sagt er. Aber so will Ilse sich nicht behandeln lassen. »Ich bin nicht mehr klein!«, sagt sie. »Schon lange nicht mehr!«

Nach den Vorträgen setzt sich der Vater oft noch ein wenig an das Klavier, das ihm eine in der Nähe wohnende ältere Dame überlassen hat. Wilhelm spielt Lieder von Hugo Wolf, Auszüge aus Klaviersonaten. Am Ende singen sie stehend und mit geballten Fäusten die Internationale.

Aber diese kämpferische, hoffnungsvolle Zeit währt nicht lange. Im April 1938 tritt die französische Volksfrontregierung ab und wird von einer konservativen Regierung ersetzt, die es sich unter anderem zur Aufgabe macht, die mittellosen Emigranten aus dem Land zu werfen. Auch Wilhelm erhält einen Ausweisungsbescheid, den er mithilfe einflussreicher Bekannter aussetzen kann. Aber er muss von nun an einmal im Monat zur Polizeipräfektur, um die Aufenthaltsgenehmigung für sich und seine Familie verlängern zu lassen. Wenn Ilse Zeit hat, begleitet sie den Vater, sie sitzen stundenlang in den zugigen Gängen der Präfektur, jedes Mal mit der Angst im Bauch, keine Verlängerung mehr zu bekommen. Zur Beruhigung erzählen sie einander Geschichten, die meistens von einer Familie handeln, die in einem herrlichen Haus nahe eines herrlichen Sees lebt, dessen Wasser im Sommer herrlich grün leuchtet.

Im Juni 1939 absolviert Ilse an der Abendschule ihre letzten Abiturprüfungen und scheitert ausgerechnet im Deutschexamen. Der Prüfer versteht sie nicht, weil sie zu hastig spricht, außerdem kennt sie wie die meisten Muttersprachler die theoretischen Grundlagen der eigenen Grammatik nicht besonders gut. Warum sollte sie denn auch die Regeln kennen, wenn sie doch weiß, wie es richtig ist? Ilse soll die Prüfung im Herbst wiederholen, aber da wird es für sie schon zu spät sein.

Am 1. September 1939 greift Hitler Polen an, zwei Tage später erklären Frankreich und Großbritannien dem Deutschen Reich den Krieg. Das hat furchtbare Konsequenzen für die deutschen Emigranten, die von nun an von den französischen Behörden als »feindliche Ausländer« betrachtet werden. Am 7. September lässt die Regierung in ganz Frankreich Anschläge an die Hauswände kleben, auf denen steht: »Männliche, feindliche Ausländer zwischen 17 und 55 Jahren haben sich mit Wollsachen, Waschsachen und Verpflegung an Sammelpunkten zu melden.«

Zehntausende deutsche Emigranten, die allermeisten Juden oder Kommunisten, werden so innerhalb von wenigen Monaten in Lagern zusammengepfercht. Als die deutsche Armee in Frankreich einmarschiert und den Norden und Westen besetzt, sitzen die Emigranten in der Falle. Viele jüdische Gefangene werden später mit emsiger Hilfe der französischen Verwaltung und Polizei in die Vernichtungslager deportiert. Das wurde in Frankreich lange vergessen. Ich erinnere mich, dass mein Großvater Gerhard einmal auf seine bitter-ironische Weise sagte, dass die Franzosen natürlich alle im Widerstand gewesen seien. »Die meisten waren bloß so gut getarnt, dass niemand es je bemerkte.«

Einer der Sammelpunkte für die »feindlichen Ausländer« ist das Fußballstadion von Colombes. Wilhelm erscheint dort im Sommeranzug und leichten Halbschuhen, weil er aus irgendeinem Grund denkt, das alles könne doch nicht lange dauern. Zehn Tage lang müssen sie in dem Stadion ausharren, dann geht es mit Zügen ins Internierungslager Les Milles im südfranzösischen Aix-en-Provence.

Zum zweiten Mal ist der Vater nun in einem Lager verschwunden. Ilse kann kaum schlafen vor Sorge, sie weiß doch, wie labil und schwach Wilhelm geworden ist. Am Abend baut sie mit Edith und Gerhard in der Kammer in der Rue Meslay ein Matratzenlager. Auch die Mutter schläft mit ihnen zusammen dort. Sie liegen dicht beieinander, halten sich an den Händen, und zum ersten Mal seit Jahren spricht die Mutter ein Nachtgebet, wie sie es immer getan hat, als die Kinder noch klein waren.

Eine Woche später kommen am frühen Morgen französische Gendarmen in die Buchhandlung und beschlagnahmen die Bücher. Die Mutter fragt, ob denn jetzt Goethe und Schiller auch schon zu Staatsfeinden erklärt wurden. Die Gendarmen verstehen die Frage nicht. Versammlungen jeglicher Art in der Buchhandlung sind von nun an verboten.

Im Mai werden auch die volljährigen deutschen Emigrantinnen aufgerufen, sich mit maximal dreißig Kilo Gepäck pro Person im Pariser Vélodrome d'Hiver, der Winterradrennbahn, einzufinden. Die Mutter ist von der Bestimmung ausgenommen, weil sie sich um den noch minderjährigen Gerhard kümmern muss. Ilse und Edith aber stehen am 15. Mai 1940 pünktlich um sechs Uhr morgens mit ihren Rucksäcken vor der mit einem Glasdach überzogenen Radrennbahn in der Nähe des Eiffelturms. Um sie herum warten Hunderte andere Frauen fröstelnd in der Morgendämmerung. Neben Ilse schnattert eine Gruppe junger Frauen munter miteinander, Witze werden erzählt, Zigaretten machen die Runde. Ilse kommt es vor wie in einem der Ferienlager der Roten Falken. Sie sagt zu Edith, es werde sicher nicht so schlimm. Dann öffnen sich die schweren Tore, bewaffnete Soldaten treten heraus und drängen die Mädchen in das Stadion.

Dort sind schon viele andere Frauen, die in den Logen, auf den Gängen und den Tribünen sitzen, ihre Koffer und Rucksäcke neben sich. Viele sind völlig unpassend gekleidet, tragen kurze Röcke und Stöckelschuhe, haben weder Waschzeug noch Decken. Jede Frau bekommt eine Konservendose mit eingelegten grünen Bohnen, die für die nächsten Tage reichen muss. Ilse und Edith suchen sich einen Platz auf der Nordtribüne, wo sie sich mit ihrem Gepäck und zwei Strohsäcken einrichten.

Die Nächte sind kurz, in der Halle wird das Licht nicht gelöscht, außerdem kehrt nie wirklich Ruhe ein, mittlerweile sind mehr als zweitausend Frauen hier versammelt, man hört Geflüster, Gelächter, Schnarchen und Stöhnen. Die Strohsäcke sind bretthart. Hinzu kommt die Angst vor dem Fliegeralarm, von dem sich die meisten Pariser schon nicht mehr aus der Ruhe bringen lassen. Hier in der Halle aber ist es anders, unter diesem riesigen Glasdach, das selbst durch die Druckwellen weit entfernter Detonationen bersten und auf sie herabfallen kann.

Vor den Tribünen stehen Wassereimer, in denen sich die Frauen das Gesicht und die Hände waschen dürfen. Mehr ist nicht erlaubt. Nach vier Tagen reicht es einigen Frauen, sie ziehen sich nackt aus und waschen sich am ganzen Körper, egal, wie sehr die Soldaten dagegen protestieren.

Schlimmer aber als die äußeren Umstände ist die Verzweiflung, die sich breitmacht. Die fürchterlichsten Gerüchte kursieren, es heißt, manche Transporte würden zur deutschen Grenze gebracht und die Gefangenen direkt der Gestapo übergeben. Andere erzählen von wochenlangen Irrfahrten in geschlossenen Viehwaggons, ohne Wasser und Nahrung. Edith, deren Optimismus und Lebensfreude an normalen Tagen nicht zu schlagen ist, sackt in sich zusammen und muss immer öfter von Ilse getröstet werden. Eines Tages heißt es, junge Frauen, die noch ausstehende Prüfungen zu absolvieren haben, würden umgehend freigelassen. Beschwingt melden sich Ilse und Edith beim nächsten Wachtposten, weil sie ja beide kurz vor dem Abitur stehen. Aber der Soldat hat nichts von einer solchen Regelung gehört und scheucht die Schwestern mit barschen Worten in die Halle zurück.

Edith beginnt zu weinen und hört gar nicht wieder auf. Und Ilse, der auch nicht besser zumute ist, muss wieder trösten und gut zureden, schließlich ist sie ja die Ältere.

Am 22. Mai 1940 werden sie in Autobussen, auf denen »Service des Réfugiés« (zu deutsch Flüchtlingshilfe) steht, zum Güterbahnhof der Gare d'Austerlitz gebracht. Bis zum Abend dauert es, bis die über zweitausend Frauen in verschiedenen Zügen untergebracht sind. Nicht in Viehwaggons, wie befürchtet, aber viele Gefangene müssen auf den Gängen sitzen, weil es nicht genügend Plätze gibt. Dann werden die Türen plombiert, und als die Nacht hereinbricht, setzen sich die Züge ohne Licht in Bewegung. Niemand sagt, wohin es geht. In den Süden, heißt es. Immer wieder bleibt der Zug stundenlang stehen, meistens nachts, sodass die Frauen nicht erkennen können, wo sie gerade sind.

Sobald sie in die Bahnhöfe größerer Städte einfahren, wird auch dort das Licht abgedreht. Von den Bewachern erfahren die Frauen, dies alles geschehe zu ihrem Schutz, weil das französische Volk zu Recht die Deutschen hasse und Angriffe nicht auszuschließen seien, wenn jemand von ihrer Anwesenheit erführe.

Ilse versucht zu schlafen, was soll sie auch anderes tun, aber Edith bleibt wach, will sich nicht in ihr Schicksal fügen, weint stumm vor sich hin. Nach zwei Tagen ist die Reise beendet, der Zug hält in dem wunderschönen Städtchen Oloron-Sainte-Marie, am Fuße der Pyrenäen. Von dort werden sie in Lastwagen in das Internierungslager Gurs gebracht, ein mit Stacheldraht und Wachtürmen umgrenztes Barackendorf in der Ebene von Mauzac. Dieser Ort wird Ilse ihr ganzes Leben lang verfolgen. Dieser Ort des Todes und des neuen Lebens, das hier auf wundersame Weise entstehen wird.

LUDWIGSFELDE

Hilde und André

Als Hilde und ihr Sohn André am Abend des 17. November 1935 in Ludwigsfelde ankommen, bedeckt eine knöchelhohe Schicht makellos weißen Pulverschnees die Straßen und Wege der kleinen Stadt im Süden von Berlin. André erinnert sich an das knirschende Geräusch der Schuhe, die im Schnee einsinken. Auf der Zugfahrt hat Hilde ihrem Sohn von Deutschland erzählt, diesem Land, in dem er geboren wurde und aus dem sie dann so überhastet verschwinden mussten. Sie erzählt ihm nichts von der Scheidung, die sie in Berlin einreichen will. Auch von ihrer Idee, nach England auszuwandern, soll André erst erfahren, wenn sie das Visum haben. André versteht sowieso noch nicht besonders viel von dem, was um ihn herum passiert. Er ist fünf Jahre alt, er sieht nur den Schnee und ist beeindruckt, wie hell, aufgeräumt und kalt es hier ist.

In Ludwigsfelde lebt seit ein paar Jahren Hildes Mutter. Sie wohnt in einem kleinen Holzbungalow, umgeben von einem Garten, in dem Fliederbüsche und Kirschbäume wachsen. Seit Hilde und Irmgard nach Frankreich gegangen sind und Fritz im Konzentrationslager eingesperrt ist, lebt sie dort allein. In Ludwigsfelde gilt Frau Doktor Leo als respektable Kriegswitwe, sie hat den Nachbarn davon erzählt, wie ihr Erich im Ersten Weltkrieg für das Vaterland starb. Niemand hier weiß, dass sie Jüdin ist.

Das ist neben dem Schnee eine von Andrés ersten Erinnerungen: Großmutters Geheimnisse. Schon am Abend ihrer Ankunft erklärt sie ihm die Regeln, die es in Ludwigsfelde zu beachten gilt. »Wenn dich jemand fragt, wer du bist, dann sagst du: der Enkel von Frau Doktor Leo, mehr nicht«, sagt die Oma und blickt ihn mit ihren ruhigen, dunklen Augen an. »Kein Wort über Onkel Fritz, der im Konzentrationslager sitzt. Kein Wort darüber, dass wir jüdisch sind.« André weiß weder, was ein Konzentrationslager ist, noch, was es bedeutet, jüdisch zu sein. Er spürt nur, dass es irgendwie wichtig ist, dass die Großmutter und die Mutter vor etwas Angst haben.

»Ich war auch ein bisschen stolz, dass ich auf einmal Dinge wusste, die nicht jeder weiß«, sagt Onkel André mit verschmitztem Blick, der ihn wie einen Jungen wirken lässt. Seit dem frühen Morgen sitzt er nun schon in dem großen Ohrensessel in seinem Wohnzimmer und erzählt. Gegen Mittag werden wir zwei Stunden Pause machen, dann reden wir weiter, bis es dunkel wird. Seit drei Tagen geht das jetzt so, und je länger André erzählt, desto tiefer scheint er in seiner Kindheit zu versinken. Ihm fallen auf einmal Geschichten ein, die er selbst schon vergessen hatte und deren Bilder nun wieder klar und deutlich vor ihm stehen.

Wenn André englisch spricht, dann schwingt da etwas Fremdes mit, eine winzige Tonverschiebung, die sich in seine britische Sprachmelodie mischt. Wenn er deutsch spricht, hört man den Berliner Jungen, so als ob er nie weg gewesen wäre. Ist es nicht seltsam, dass die ersten Jahre immer die prägendsten bleiben? Von seinen 86 Lebensjahren hat André 80 in Großbritannien verbracht und ist trotzdem nie ein richtiger Brite geworden. »Man ist Brite, man kann es, glaube ich, gar nicht werden«, sagt er mit halb belustigter, halb trauriger Stimme. »Wie es auch unmöglich ist, nicht mehr Deutscher zu sein, nur weil man als Kind dort weggehen musste.«

Bevor ich von Berlin losfuhr, fragte ich André, was ich ihm mitbringen solle. Er sagte, eine Teewurst wäre schön. In England gebe es diese Delikatesse aus irgendwelchen Gründen nicht, obwohl hier doch so viel Tee getrunken werde. André sagte, in Ludwigsfelde habe ihm die Großmutter manchmal ein Teewurstbrot geschmiert, und er fand es herrlicher als alles, was er bis dahin gegessen hatte.

Nicht weit von Oma Katerinas kleinem Holzhaus entfernt wohnen die Nachbarsjungen Peter und Manfred, die im selben Alter wie André sind und sich über den neuen Spielkameraden freuen. Die Jungs sind den ganzen Tag unterwegs, laufen über die Felder in den nahen Kiefernwald, wo sie Höhlen bauen, Verstecke für ihre Schätze anlegen und sich, mit Holzgewehren bewaffnet, wilde Schießereien mit einer imaginären Räuberbande liefern. Manchmal graben sie auf dem Feld heimlich Kartoffeln aus, machen ein Feuer am Waldrand und backen ihr Diebesgut in der Glut. Noch heute verzieht André genießerisch das Gesicht, wenn er vom Geschmack der verkohlten Kartoffelhaut erzählt, vom warmen, sämigen Fruchtfleisch, das langsam im Mund zergeht.

Einmal werden sie vom Bauern erwischt, der sie an den Ohren packt und nach Hause zieht. Die Großmutter sagt streng, man stehle den anderen nicht die Früchte ihrer Arbeit. Und wenn der Wald abbrenne, dann könne niemand mehr darin spielen. Peter und Manfred werden von ihrem Vater mit dem Ledergürtel verprügelt und sind verwundert, dass André so glimpflich davonkommt. Sie fragen ihn, wo denn eigentlich sein Vater sei, und André sagt, der wohne weit weg, an einem Strand. Peter und Manfred fragen, ob sie mal mitkommen dürfen zu seinem Vater, und André sagt, das sei eine gute Idee, er werde die Mutter danach fragen.

Wobei Hilde anscheinend in jener Zeit keine große Rolle in Andrés Leben spielt. Er sagt, in seiner Erinnerung sei immer nur die Großmutter da gewesen. Hilde arbeitet als Sekretärin in einem Ingenieurbüro in Berlin, sie kommt nur am Wochenende raus nach Ludwigsfelde. Sie erklärt ihrem Sohn, sie bräuchten das Geld, das sie verdiene, für das Visum nach England. André weiß nicht, was ein Visum ist oder wo England liegt, aber er ist daran gewöhnt, mit Erwachsenen zusammenzuleben, die über Dinge sprechen, von denen er keine Ahnung hat. Die Sache mit dem Visum scheint seine Mutter sehr zu beschäftigen, weshalb André sie manchmal fragt, ob sie denn das Visum nun schon bekommen habe. »Nein«, sagt die Mutter dann, »aber sicher ganz bald, die Engländer werden doch auf einen Jungen wie dich nicht verzichten wollen.«

André erzählt Peter und Manfred von dieser schwierigen Visumssache. England, das weiß Manfred, gehört nicht zu Deutschland. Er zeichnet mit einem Stock einen großen Kreis in den feuchten Sand. »Das ist Deutschland«, sagt er. Dann zeichnet er kleine Kreise drumherum. »Und das sind unsere Feinde.« Peter meint, André hätte sich bestimmt verhört, und es gehe nicht um ein Visum, sondern um ein Museum. Er selbst war schon mal mit seiner Tante in einem Museum in Berlin, dort gab es ausgestopfte Tiere und auch das Skelett eines Dinosauriers, das höher war als der Kirchturm von Ludwigsfelde. André ist froh, dass er nun Bescheid weiß. Als er zwei Jahre später mit Hilde das Schiff nach Dover besteigt, wird er Ausschau nach dem Dinosaurierskelett halten, es aber nie erblicken.

Im Sommer geht André mit seinen Freunden baden. Sie laufen zu einer nahe gelegenen Kiesgrube, und wenn sie vom kalten Wasser blaue Lippen haben, legen sie sich in den warmen Sand und rollen sich so lange herum, bis ihre Haut ganz vom Sand bedeckt ist. Sie graben Löcher, errichten Sandburgen. Zu Hause im Garten bauen sie sogar ein richtiges kleines Haus, aus Ziegelsteinen, Matsch und einem Dach aus Rhabarberkraut.

Es gibt ein Foto der stolzen Baumeister, im Fundament ihrer Rhabarberhütte. Peter und Manfred, und zwischen ihnen der kleine, schmale André. Ein solcher Stolz und eine solche Freude liegen in seinen Augen! Es ist nicht verwunderlich, dass er die Zeit in Luwigsfelde noch heute als eine der schönsten seines Lebens empfindet. Es gibt auch noch viele andere Fotos, die meisten von Hilde aufgenommen, die sich gerade eine Leica gekauft hat und Fotografin werden möchte. Man sieht André mit der Großmutter an der Wasserpumpe hinter dem Haus. Oder im Licht der untergehenden Sonne an einem Kirschbaum, der kaum

André, Sommer 1936

größer ist als er selbst, aber schon jede Menge Früchte trägt. Man sieht André mit Holzbausteinen spielen, mit einem kleinen Schiff in einer rostigen Badewanne, am Gartentisch sitzend ein großes Stück Apfelkuchen verputzen. Man sieht vor allem immer wieder seine Augen, die verwundert zu fragen scheinen, ob er all dieses Glück hier wirklich verdient hat.

Das ist das Deutschland, das André in seinem Herzen mitnehmen wird. Die saftigen Wiesen von Ludwigsfelde, der Geruch des Kiefernharzes, der warme Sand auf seinem nackten Körper. In diesem Deutschland gibt es keine Nazis und keine Gefahr. Es gibt nur die Kühe auf der Koppel am Waldesrand und ein paar Enten, die gemächlich im

Dorfteich umherschwimmen. Und Peter und Manfred, die Freunde für immer.

Ein Jahr nach seiner Ankunft in Ludwigsfelde wird André eingeschult, und natürlich sind auch die Freunde in seiner Klasse. Morgens gehen sie zusammen los, den breiten Feldweg Richtung Wald, bis zur neuen Autobahn, die gerade gebaut wird. Sie überqueren die grauen Fahrstreifen, von denen Peter sagt, es seien die modernsten auf der ganzen Welt. Peter weiß das von seinem Vater, der sich auskennt mit solchen Dingen. Auf der anderen Seite der Autobahn steht die Schule, ein lang gezogener Flachbau aus Holz, vor dem an einem hohen Mast eine Hakenkreuzfahne flattert.

André mag die Schule, er hat schon immer gerne neue Dinge gelernt, und es gibt einen Lehrer, der ihnen kleine Geschichten erzählt, die von den Schülern später wiedererzählt werden müssen. André ist noch so klein, dass der Lehrer ihm erlaubt, sich auf seinen Stuhl zu stellen, wenn er spricht, damit die anderen ihn gut verstehen können. In seinen Schulbüchern sind Bilder von großen blonden blauäugigen Kindern, er zeigt seiner Großmutter die Bilder und sagt, er würde gern auch eines Tages so aussehen. Die Großmutter streichelt ihm über den Kopf und sagt, sie möge ihn genau so, wie er sei.

Onkel André steht aus seinem Ohrensessel auf und holt einen Schuhkarton aus seinem Büro, in dem er alle möglichen Briefe und Dokumente aufgehoben hat. Er findet sein altes Schreibheft der Ludwigsfelder Volksschule aus dem Jahre 1936. Es sind seine ersten Schreibversuche, in altdeutscher Fraktur, in der sogar Kinderschrift ernst und streng erscheint. Unter den Satz: *Zu Ostern zünden wir ein Feuer an,* den der kleine André fehlerlos zwischen die Schreiblinien gezwängt hat, steht mit rotem Stift der Kommentar des Lehrers: *Schrift!*

André kann sich nicht daran erinnern, dass in der Schule über Politik geredet wurde. Manchmal gibt es morgens einen Fahnenappell, sie stehen vor der Schule, die Hakenkreuzfahne wird in die Höhe gezogen und sie singen ein paar Lieder. Einmal dürfen sie früher gehen, weil es heißt, der Führer fahre gegen Mittag mit dem Zug durch Ludwigsfelde. So rennen sie zum Bahnhof, die Kinder stellen sich an den Bahnsteigen auf, und irgendwann kommt ein Zug herangebraust, der nicht von einer Dampflok gezogen wird, sondern von einer modernen Diesellok, die so schnell fährt, dass man die einzelnen Wagenfenster kaum erkennen kann. Sie recken trotzdem alle die Arme in die Höhe, schreien »Heil Hitler!«, und dann ist der Führer auch schon wieder weg.

Peter und Manfred finden es lustig, die Erwachsenen, die ihnen auf den Gehsteigen entgegenkommen, mit »Heil Hitler!« zu begrüßen, weil die Erwachsenen dann immer zurückgrüßen müssen. Auch André findet das lustig, und so laufen die drei Knirpse so manchen Nachmittag durch Ludwigsfelde und lassen mit ihren hellen Kinderstimmen den Führer hochleben. Davon erzählt André zu Hause nichts. Hat er gespürt, dass die Großmutter ihre Spiele nicht lustig finden würde? »Ich weiß es nicht«, sagt André. »Wir haben wahrscheinlich eher gespürt, dass die Erwachsenen Angst hatten, einen Fehler zu machen. Kinder merken so etwas. Ich bin nicht mal sicher, ob ich damals wirklich wusste, wer Hitler war.«

Im Frühjahr 1938 wird Hilde vom Bürgermeister von Ludwigsfelde einbestellt. Ihr wird nicht gesagt, worum es in dem Gespräch gehen soll. Hat jemand herausgefunden, dass sie Juden sind? Oder dass Hilde und André nach England gehen wollen? Gefährden Hilde und André mit ihrer Anwesenheit nicht die Sicherheit von Oma Katerina, die hier bisher ungestört leben konnte?

Es stellt sich heraus, dass jemand beobachtet hat, wie Hilde im Zug von Berlin nach Ludwigsfelde saß und aus dem Fenster den nahen Wald fotografierte. Der Bürgermeister fragt, warum sie so etwas tue. Hilde sagt, sie wolle Fotografin werden und der Wald dort habe so interessant ausgesehen. »Tun Sie das nie wieder!«, sagt der Bürgermeister. Später erfährt Hilde von dem Flugzeugmotorenwerk, das gerade von Daimler-Benz in diesem Wald gebaut wird. Sie begreift, dass man sie für eine Spionin hielt. Hilde muss dem Bürgermeister ihre Filme geben, der sagt, er werde alles an die entsprechenden Stellen weiterleiten und ein gutes Wort für sie einlegen, weil sie ja schließlich die Tochter von Frau Doktor Leo sei.

Nach diesem Erlebnis bemüht sich Hilde umso mehr um ein Visum. Sie weiß jetzt, wie schnell man in diesen Zeiten unter Verdacht geraten kann. Wie bedroht hat sich Hilde gefühlt? Was bekam sie mit von der Diskriminierung und der antisemitischen Propaganda, die immer stärker wurden? Von heute aus gesehen erscheint die Gefahr so offensichtlich. Aber wie war das damals, wie ernst nahm Hilde das alles? André meint, seine Mutter habe immer ein sehr gutes Gespür für Gefahr gehabt. Sie wusste, was ihrem Bruder Fritz passiert ist, sie sah die Judensterne an den Schaufensterscheiben, sie hörte die Hetzreden im Radio. André sagt, sie habe sich wohl nicht unmittelbar bedroht gefühlt, aber ihr war klar, dass es für Juden in Deutschland immer schwieriger werden würde. »Wobei Hilde selbst sich ja gar nicht als Jüdin sah. Sie war immer wieder erstaunt, wenn andere sie so nannten.«

An einem Freitagabend kommt Hilde nach Ludwigsfelde, sie nimmt André in die Arme, wirbelt ihn herum und ruft: »Wir haben das Visum!« André erinnert sich vor allem deshalb an diesen Tag, weil Hilde ihn nicht so häufig in die Arme nahm. Eigentlich nie, sagt er, außer wenn Fotos gemacht wurden. Das Visum hat Hilde bekommen, weil sie über eine Quäkerorganisation eine englische Familie ausfindig gemacht hat, die bereit ist, Mutter und Sohn aufzunehmen. Dafür soll Hilde als Hausmädchen in der Familie arbeiten. »Wir werden schon bald eine große Reise über das Meer machen«, sagt Hilde. »Du wirst sehen, es wird dir gefallen.«

André spürt, wie er auf einmal traurig wird, vielleicht versteht er erst jetzt, dass er seine kleine, glückliche Welt in Ludwigsfelde schon bald verlieren wird. Dass er diese große Reise ohne Peter und Manfred antreten muss und auch seine Großmutter nicht mitkommen kann.

Er steigt auf den Dachboden des Bungalows seiner Großmutter. Auf der Seite, die zum Garten zeigt, gibt es ein Fenster, auf dessen Brüstung man sich setzen kann. Er hat von hier oben einen schönen Blick über die Felder, bis zum Waldrand. Hier kommt er her, wenn er für sich sein will, wenn er Zeit zum Träumen oder Nachdenken braucht. Er versucht sich vorzustellen, wie es wohl sein wird auf der anderen Seite des Meeres. Ob es dort auch Fichtenwälder gibt und Freunde, mit denen man spielen kann? André öffnet das Dachfenster und singt laut in die kühle Herbstluft, ein Lied, das er sich gerade ausgedacht hat. Das Lied handelt von einem Jungen, der mit dem Schiff nach England fährt.

Onkel André lacht, wenn er heute an diesen Moment zurückdenkt. Er sagt, er wisse nicht mehr, warum er in diesem Moment unbedingt singen musste. Vielleicht half es ihm dabei, die Verwirrung und Traurigkeit loszuwerden. Sie einfach nach draußen zu schreien. Er erinnert sich nur noch an die Dunkelheit, die sich langsam über die Felder legte, an die kühle Luft, die er in seine Lunge sog, an den hohen Klang der eigenen Stimme, die ihm an diesem Abend noch dünner als sonst erschien.

Im Frühjahr 1938 ist es dann so weit. André beginnt gar nicht erst das neue Schulhalbjahr, Hilde kündigt ihre Arbeit in Berlin, sie packen ihre Sachen. Hilde sagt, sie würden nur das mitnehmen, was sie auch tragen können. André muss einen großen Teil seines Spielzeugs in Ludwigsfelde lassen. Die Holzbausteine und das Feuerwehrauto bekommt Manfred, die Stofftiere und die Bücher gehen an Peter. Die Freunde fragen, warum er denn unbedingt nach England gehen müsse. André sagt, seine Mutter werde dort eine berühmte Fotografin. Außerdem sei es im Winter in England sehr gemütlich. Hat Hilde ihm das erzählt?

André erinnert sich nicht an die Verabschiedung, weder von den Freunden noch von der Großmutter, die noch drei

Jahre in Ludwigsfelde leben wird, bevor sie im März 1941 im Städtischen Krankenhaus von Buch verstirbt.

Hilde und André gehen gerade noch zur rechten Zeit. Ein halbes Jahr später kommt die Reichspogromnacht, Zehntausende Juden werden in Konzentrationslager gesperrt. Jüdische Kinder dürfen nun nicht mehr mit arischen Kindern zur Schule gehen oder von arischen Lehrern unterrichtet werden. All das bleibt Hilde und André erspart.

Am 12. Mai fahren sie mit dem Schiff von Hamburg nach Calais, von dort setzen sie drei Tage später mit der Fähre nach Dover über. Hilde trägt zwei Koffer, André eine Reisetasche und einen kleinen Rucksack. Die See ist aufgewühlt, Hilde ist schon auf der Fahrt nach Calais seekrank geworden und sitzt blass und entkräftet auf dem Oberdeck. André hält ihre Hand, spricht ihr Mut zu. Diese Rolle des Beschützers ist ungewohnt, aber nicht unangenehm. Die Mutter erzählt von den Engländern, von ihrem Humor, ihrem tadellosen, gentlemanhaften Benehmen und dem steten Hang zum Teetrinken. Auch vom König erzählt Hilde, einem würdigen alten Mann, der in einem Schloss in London residiert.

Kurz bevor sie Dover erreichen, beugt sich Hilde zu André hinunter und sagt: »Von jetzt an werden wir nie wieder deutsch miteinander sprechen, weil ein neues Leben beginnt.« Onkel André sagt, Hilde habe sich meistens an diese Ankündigung gehalten. Obwohl sie das Englische anfangs nur mäßig beherrschte und André gar nicht, war dies fortan die Sprache, in der sie sich mit ihrem Sohn unterhielt. André erinnert sich, dass Hilde mit anderen sehr wohl deutsch sprach, aber nicht mit ihm. »Ich glaube, sie wollte mir klarmachen, dass es kein Zurück geben wird«, sagt er.

Sie kommen bei den Abrahams unter, einer reichen jüdischen Familie, die in Rickmansworth, westlich von London, in einer schlossartigen Villa lebt, die von einem Park umgeben ist. Als André das schmiedeeiserne Tor passiert und den frisch geharkten Kiesweg zum Herrenhaus hochläuft, fragt er Hilde, ob hier der König wohnt. Hilde lacht und sagt, in England lebten sogar die Juden in solchen Häusern.

Hilde und André beziehen eine Dienstmädchenkammer, die sich neben der großen Küche im Souterrain befindet. Der Koch ist ein dicker, freundlicher Mann. Er hebt André in die Höhe und ruft, der Junge wiege ja nicht mehr als ein halbes Hähnchen und müsse dringend mehr essen. Sofort holt er ihm ein Stück kalten Braten und macht dazu noch Bratkartoffeln mit Speck. »Zwei Monate bei uns, und du wirst so aussehen wie ich«, sagt der Koch und lacht schallend. Eine Gouvernante, die schon in Deutschland gearbeitet hat, übersetzt für André und Hilde.

Auch Miss Abrahams findet, André sei viel zu dünn. Sie verordnet ihm jeden Morgen ein großes Glas Milch. Außerdem will sie von Hilde wissen, in welchen Häusern sie bereits als Dienstmädchen gearbeitet habe. Hilde sagt, sie sei Schauspielerin, aber wenn es nötig sei, könne sie auch ein Dienstmädchen spielen. Miss Abrahams schüttelt besorgt den Kopf. Jetzt hatte sie eine Schauspielerin aus Berlin, die ihre Wäsche machen soll, womit hat sie das verdient?

André geht in die Dorfschule, der Lehrer stellt sich mit ihm vor die Klasse und bittet André, ein paar Worte auf Deutsch zu sagen. »Ihr habt großes Glück«, sagt der Lehrer zu den anderen Kindern, »dass ihr jetzt jemanden bei euch habt, der schon mal in einem anderen Land gelebt hat.« Die anderen blicken André böse an. In den ersten Wochen soll er ganz vorne sitzen, damit er so viel wie möglich mitbekommt. Der Lehrer ruft André oft auf und lobt ihn jedes Mal überschwänglich.

Je mehr der Lehrer sich um André kümmert, desto feindlicher wird die Stimmung der Mitschüler. Sie ziehen ihn in den Pausen an den Haaren und rufen ihm Beschimpfungen zu, die er nicht versteht. Wenn André weint, lachen sie aus voller Kehle. »Ich war erstaunt über so viel Feindseligkeit«, sagt Onkel André. »Ich meine, wir kannten uns doch gar nicht. Aber ich war eben das einzige fremde Kind in der Schule, das machte sie offenbar wütend.«

Er hat Angst davor, in die Schule zu gehen, im Unterricht sitzt er mit gesenktem Kopf, und wenn der Lehrer eine Frage stellt, zuckt er nur stumm mit den Schultern. Irgendwann findet auch der Lehrer den Neuen seltsam, André soll sich nach hinten setzen. Das passt ihm gut, in der letzten Reihe hat er eine ganze Bank für sich, hier ist er unbeobachtet, kann ein wenig träumen. Von seinem Vater, der mit ihm am Strand Sandburgen baut. Von seiner Mutter, die ihn zurück nach Deutschland bringt. Er stellt sich vor, wie es wäre, jetzt in der Schule in Ludwigsfelde zu sein, wo sie in den Pausen immer Fangen oder Fußball gespielt haben. Einmal wollte ihn ein Junge aus der höheren Klasse ärgern, aber da waren sofort Peter und Manfred da und stellten sich schützend vor ihn. Ach, könnten die beiden doch hier sein!

André erzählt Hilde von seinen Problemen, aber sie hört ihm kaum zu, gibt ihm höchstens mal einen ermunternden Klaps auf den Hinterkopf und sagt, der Anfang sei eben für alle schwer. Wahrscheinlich ist sie gerade zu sehr mit ihren eigenen Problemen beschäftigt. Schon nach kurzer Zeit als Dienstmädchen im Hause der Abrahams weiß Hilde, dass sie das nicht lange durchhalten wird. Sie hat sich noch nie für Haushaltsfragen interessiert, sie hat keinen besonders ausgeprägten Sinn für Ordnung oder Sauberkeit, sie kann nicht kochen und hat auch noch nie gebügelt. Das alles könnte sie sicherlich lernen, wenn es ihr nicht so komplett egal wäre.

Oder war das ihre Art, sich gegen den sozialen Abstieg zu wehren? Als Kind hatte sie selbst noch in einem Haus mit Personal gelebt. Ihre Eltern hatten zwei Kindermädchen, eine Köchin und eine Haushälterin. Bis der Vater starb, die Wirtschaftskrise kam, die Nazis die Macht übernahmen.

Abends sitzt das Personal des Hauses beim Essen versammelt in der Küche. Der dicke Koch macht Witze, und die erste Zimmerdame erzählt Anekdoten aus den Herrenhäusern, in denen sie ihr Leben lang gearbeitet hat. André mag diese Abende, er versteht mittlerweile schon so gut Englisch, dass er den Geschichten der anderen folgen kann. Hilde tut sich schwerer, sie sitzt meist schweigend da. Manchmal übersetzt André für sie, das sind die einzigen Momente, in denen er mit der Mutter deutsch sprechen darf. Er findet es nicht schlecht, etwas besser zu können als seine Mutter, und gleichzeitig ist es ihm unangenehm.

Der Koch hat fast immer eine kleine Überraschung für André, mal einen knusprig gebratenen Hühnerflügel, mal ein Stück Schokoladenkuchen. André erzählt dem Koch die Geschichte von Hänsel und Gretel, die von der Hexe in einem Käfig gemästet werden. »Du meinst, ich bin eine deutsche Hexe?«, fragt der Koch. »So wie deine Mutter?« Alle lachen und sehen Hilde an, die von André wissen will, worum es gerade geht. Der erzählt seiner Mutter eine leicht veränderte Version des Gesprächs. Eine, bei der auch Hilde mitlachen kann.

Die anderen aus der Dienerschaft mögen André gern. Diesen schmalen, aufmerksamen Jungen, der manchmal schon so erwachsen wirkt. Er ist das einzige Kind, das in den Gesindekammern lebt, weshalb er von allen nach Kräften verwöhnt wird. Am meisten mag er John, den Chauffeur, der ihn manchmal mitnimmt in dem chromverzierten Automobil mit den hellbraunen Ledersitzen, in dem sonst nur die Herrschaften reisen. Auch mit den Gärtnern versteht sich André prächtig, sie haben ihm eine Ecke im Park gezeigt, in der er sich eine Höhle bauen darf, so wie in Ludwigsfelde. Einmal findet André auf der Wiese einen Fußball, mit dem er ein bisschen herumspielt. Da kommen zwei Neffen von Miss Abrahams aus dem Herrenhaus, sie nehmen ihm den Ball weg und sagen, das Kind einer Dienerin habe nicht das Recht, ihr Spielzeug zu benutzen.

Eines Morgens wird André schon sehr früh von Hilde geweckt. »Wir gehen weg«, flüstert sie. »Ich glaube, das ist für uns beide besser so.« Sie packen ihre Sachen, der dicke Koch bereitet ihnen ein letztes Frühstück zu. André verabschiedet sich von allen, seine Mutter winkt nur kurz in die Runde. John, der Chauffeur, fährt die beiden zum Bahnhof, leider nur mit dem Kastenwagen und nicht mit der verchromten Limousine.

Hilde mietet ein kleines Zimmer in London, mit einem Bett, einem Gaskocher und einem Waschbecken. Sie übernimmt Sekretärinnenjobs, fertigt auch kleine Übersetzungen an und spielt in einer Emigranten-Theatergruppe. Ihre Jobs sind illegal, das Visum erlaubt ausdrücklich nur die Arbeit als Dienstmädchen. Wird Hilde erwischt, droht ihnen beiden die Abschiebung nach Deutschland. Sie tut es trotzdem. Hauptsache, nicht mehr in diesem Herrenhaus arbeiten. Hauptsache, Theater spielen.

Weil sie neben ihrer Arbeit keine Zeit hat, sich um André zu kümmern, muss sie ihren Sohn woanders unterbringen. Hilde bittet eine Organisation für obdachlose Kinder um Hilfe. So kommt André zu den Coldens, einer Pfarrersfamilie, die in einem kleinen Backsteinhaus südlich von London lebt. Bei den Coldens darf nicht laut gesprochen werden, weil der Pfarrer, ein schmächtiger Mann, sehr geräuschempfindlich ist. Das Essen wird schweigend eingenommen, nur das Klappern des Bestecks ist zu hören und das Pendel der großen Standuhr, die mit einem Gong um 8 Uhr 30 das Zubettgehen befiehlt.

Die ganze Zeit wird geflüstert, und André lernt, sich fast geräuschlos in dem Haus zu bewegen, indem er den knarrenden Dielen ausweicht und die Türen mit äußerster Vorsicht zuzieht. Die Familie hat nicht viel Geld, und als André einmal zu viel Toilettenpapier benutzt, schimpft die

Pfarrersfrau mit ihm. Er macht aus Versehen ins Bett, als die Pfarrersfrau ihm das feuchte Laken unter die Nase hält, sagt André, er habe nur geschwitzt. Von nun an macht er fast jede Nacht ins Bett. Er fühlt sich allein, weint lautlos unter der Bettdecke, ruft in Gedanken seine Mutter herbei.

Wenn er Hilde sieht, sagt er nichts. Weil sie ja schon genug Probleme hat und er ihr Leben nicht noch komplizierter machen will. Dafür beschwert sich die Pfarrersfrau bei Hilde über ihren schwierigen Sohn.

So kommt André nach Shoreham, an die Südküste, in eine Internatsschule. Er ist jetzt acht Jahre alt und beschließt, sich anzustrengen, zu den Besten zu gehören und den anderen zu helfen. So hofft er, die Sympathien der Lehrer und Schüler zu gewinnen. Aber der Lehrer wundert sich nur, dass ein Junge in seinem Alter immer noch nicht ordentlich lesen und schreiben kann. Wieder muss André ganz hinten sitzen, wieder hat er niemanden, mit dem er befreundet ist. Er beginnt, sich daran zu gewöhnen, denkt, es sei vermutlich nicht besonders interessant, mit einem wie ihm zu tun zu haben. Ein hölzernes Schaukelpferd geht kaputt, der Lehrer fragt, wer das war. Die anderen Schüler zeigen auf ihn, obwohl André noch nie auf diesem Pferd gesessen hat. Der Lehrer bestellt Hilde ein, sagt, es sei besser, wenn André die Anstalt verlasse.

So kommt André nach Brighton, ebenfalls an der Südküste, nicht weit von Shoreham entfernt. Dort lebt die Familie Henders, die einer protestantischen Sekte angehört, die all jene als unrein betrachtet, die nicht zu ihr gehören. Die Familie Henders nimmt Flüchtlingskinder auf, um sie zu missionieren. Es gibt noch einen anderen Jungen, Jakob, der mit seinen Eltern aus Wien geflüchtet ist. Und es gibt William, den Sohn der Familie. Beide sind drei Jahre älter als André und lassen ihn von Anfang an spüren, dass sie ihn für einen Eindringling halten.

Die Eltern sind streng und fordern die bedingungslose Einhaltung der Familienregeln, die vor allem darin bestehen, keine unnötigen Kontakte mit Menschen zu haben, die nicht der Sekte angehören. Einmal geht André nach der Schule noch mit zu einem Klassenkameraden nach Hause, als das rauskommt, gibt es Ärger. An Sonntagen dürfen nur religiöse Texte gelesen werden. Es gibt auch ein Kartenspiel, in dem gewinnt, wer als Erster Fragen zur Bibel beantworten kann. Die anderen schätzen es überhaupt nicht, dass André schon nach kurzer Zeit der Beste in dem Spiel ist.

Der Henders-Sohn und der Gastbruder zwingen André zu sadistischen Sexspielen. André muss die Hose herunterziehen und mit entblößtem Penis auf allen vieren durch das Zimmer kriechen. Sie drohen André damit, ihn nackt auf der Straße auszusetzen, sollte er auf die Idee kommen, jemandem von diesen Quälereien zu erzählen. Wenn die Mutter Henders ihn zusammengekrümmt und schluchzend in einer Ecke des Hauses findet, sieht sie ihn ernst an und sagt, er solle sich zusammenreißen, weil Jungen doch nicht weinen.

Onkel Andrés Stimme wird immer leiser, während er diese Geschichten erzählt. »Selbst jetzt noch habe ich Schweißausbrüche, wenn ich an die beiden Jungs und ihre Drohungen denke«, sagt er. »Ich weiß, sie haben selbst unter dieser furchtbaren Erziehung gelitten, und sie haben jemanden gesucht, der noch schwächer war als sie. Aber das hat die Sache damals nicht leichter gemacht.« Onkel André trinkt einen Schluck Tee, in seinen Erinnerungen versunken. »Es war keine gute Zeit damals«, sagt er schließlich. »Einfach keine gute Zeit.«

Ich frage mich, wie André es geschafft hat, dieser Kindheit so scheinbar unbeschadet zu entkommen. Wie es ihm gelang, trotz all dieser Erfahrungen ein so freundlicher, lebenslustiger Mensch zu werden. Er sagt, die Zeiten waren eben so, es ging ums Überleben. Ob man dabei auch noch glücklich war, spielte keine große Rolle.

Und Hilde? Wie kann es sein, dass sie von alldem nichts mitbekam? Oder wollte sie nicht sehen, wie schlecht es ihrem Kind ging, weil ihr andere Dinge wichtiger waren? André zuckt mit den Schultern. »Ach, Hilde«, sagt er. »Sie wollte sicher nur das Beste, aber es hat eben nicht immer geklappt.«

Onkel André blickt zu den hohen Wohnzimmerfenstern, durch die gerade die letzten Strahlen der Abendsonne fallen. »Ich habe gelernt, die Dinge so zu akzeptieren, wie sie sind«, sagt er. »Das funktioniert meistens ganz gut.« Sein Blick wandert zur Wand über dem Kamin, dort hängt die Kandinsky-Lithografie, die sein Vater Ende der 20er-Jahre in Berlin von dem Maler selbst als Bezahlung dafür bekam, dass er Kandinskys Schwester von einem Nervenleiden erlöste. Fritz Fränkel sagte einmal, dieses Bild wirke auf ihn wie eine große, schöne Gedankenverwirrung. Schwarze, rote und blaue Fenster, Augen und seltsam verbogene Strichfiguren stürzen wie in einem Luftstrudel ineinander. Dieses Bild gehört zu den wenigen

Dingen, die André von seinem Vater behalten hat. Hilde nahm es von Paris nach Ludwigsfelde mit und später dann nach London. Als sie dringend Geld brauchten, während des Krieges, hätte sie den Kandinsky beinahe verkauft. Aber dann dachte sie, wie gut es doch wäre, noch etwas von ihrem Fritz bei sich zu haben. Und sei es auch nur eine schöne Gedankenverwirrung.

André sitzt oft vor dem Kamin und betrachtet dieses Bild. Er sagt, es mache ihm deutlich, wie kompliziert das Leben sei. Und wie schön. »Schau dir diese ganzen Möglichkeiten an«, sagt er. »Du kannst nur die schwarzen Fenster sehen, die dich in die Tiefe ziehen. Oder du siehst die farbigen Ballons, die dich in die Höhe steigen lassen.« Manchmal versucht er sich vorzustellen, was wohl sein Vater in diesem Bild gesehen hat. »Ich würde gerne mit ihm reden, manchmal, das könnte lustig sein.«

André kramt in einem der Kartons, in dem er die alten Papiere und Fotos aufbewahrt, zieht einen Umschlag hervor und reicht ihn mir. Es ist ein Brief von Fritz Fränkel, geschrieben am 24. August 1939 in Paris, Rue Dombasle Nummer 10, wo er seit Hildes Weggang mit Walter Benjamin in einer Männer-WG wohnt. Fränkel schreibt:

Lieber André, wenn du hier bist, werde ich dir viele ulkige Geschichten erzählen. Vielleicht kannst du schon schwimmen, dann solltest du einfach über den Kanal schwimmen. Wenn nicht, mußt du eben auf den Stampfer warten. Sei sehr umarmt, dein Azi.

André sagt, er habe den Vater immer Azi genannt, als er noch nicht Vati sagen konnte. Fränkel habe den Namen lustig gefunden und behalten. Als er später zusammen mit Walter Benjamin versucht, über die Pyrenäen nach Spanien zu flüchten und sich für die Kommunikation mit den Schleppern einen Decknamen zulegen soll, nennt er sich Jean Azi.

In dem Brief an André sind auch ein paar Worte an Hilde gerichtet. Fränkel schreibt: *Ich bin sehr froh, daß der Junge sich bei den Leuten wohlfühlt. Ich hoffe also auf bald.* Er teilt noch mit, er gehe davon aus, dass es nicht zum Krieg kommen werde, er noch länger in Paris bleiben und man sich möglicherweise schon bald besuchen könne. Fränkels weltpolitische Prognose ist vermutlich bereits obsolet, bevor Hilde seinen Brief überhaupt in die Hände bekommt. Am 1. September 1939 beginnt der Zweite Weltkrieg.

Drei Tage später sitzt der achtjährige André mit der Familie Henders in Brighton beim Mittagessen, als der britische Premierminister Neville Chamberlain im Radio verkündet: »Dieses Land ist nun im Krieg mit Deutschland!« Sofort nach der Radioansprache ertönen überall im Königreich die Fliegeralarmsirenen. Der Henders-Sohn kriecht vor Angst unter den schweren Esstisch. André schaut aus dem Fenster und versucht im bleigrauen Himmel die feindlichen Flugzeuge zu erkennen. Er versteht nicht wirklich, was das alles bedeutet, aber er denkt, es sei von nun an wohl noch wichtiger, seine deutsche Herkunft zu verschweigen. »Das habe ich von Anfang an gelernt«, sagt er, »nie zu sagen, wer ich wirklich bin.«

Aus der Kiste mit den alten Papieren zieht Onkel André Briefe, die er als Kind an seine Mutter schrieb. Vergilbtes Papier, krakelige Tintenschrift, viel weicher und wilder als die Frakturschriftübungen aus Ludwigsfelde. Der erste Brief stammt aus Shoreham an der Südküste. André schreibt im Februar 1938: *Dear Mutti, die sea ist sehr nahe. Es donnert immer, wenn eine Welle anstößt. Ich habe die Möven schon gesehen. Gruss und Kuss von André*

Im Mai 1939 schreibt André aus Brighton: *Liebe Mutti, ich hofe du canst comen, die term endet on wednesday. Ich warte ser auf die fart zu London. Gruss und Kuss von André*

Im September 1939 schreibt er seinen letzten Brief aus Brighton: *Dear mother, I am having a lovely time here. What is your new job like? I hope you like it. This morning I went to the beach with the people up-stairs in their car. It has been very nice wether here. Love and kiss from André*

Es gibt noch viele solcher Briefe, der letzte stammt von Oktober 1940. Mit jedem Monat wird Andrés Englisch besser, verschwindet das Deutsche mehr und mehr aus seinen Gedanken. Wollte man dokumentieren, wie Integration funktioniert, wie ein Kind innerhalb von wenigen Jahren komplett die Sprache und Kultur wechseln kann, dann genügt es, diese zerfledderten Karten und Briefe zu lesen. Am Anfang schreibt ein deutsches Kind, am Ende ein englischer Teenager. Die Trennung von Hilde beschleunigt Andrés kulturellen Neustart natürlich, so hat die ganze Sache zumindest einen Vorteil.

Diese Briefe sind übrigens auch Dokumente einer perfekten Verstellung. André erwähnt kein einziges negatives Erlebnis, nicht den leisesten Kummer, keine einzige Träne. Die Stimmung ist stets bestens, das Wetter hervorragend, das Essen fantastisch. Die Familien, in denen er lebt, sind durchgehend nett. Wenn die Mutter keine Zeit hat, ist es überhaupt kein Problem. Falls sie doch Zeit haben sollte, wäre es natürlich auch schön. In seinen Briefen ist André das pflegeleichteste und positivste Kind auf der ganzen Welt. Vielleicht sollte man mit den Vorwürfen gegen Hilde vorsichtiger sein. André machte es ihr leicht, die Wahrheit nicht zur Kenntnis zu nehmen.

Im März 1940 schreibt Hilde ihrem Sohn eher beiläufig, sie habe nun wieder geheiratet, der Mann heiße Louis McLean, und sie habe seinen Namen angenommen, weshalb nun auch André nicht nur in englischer Schreibschrift korrespondiert, sondern dazu noch einen schottischen Nachnamen bekommt. Im Sommer 1940 beziehen Hilde und ihr neuer Ehemann ein Haus in Stafford in den Midlands. Hilde fragt André, ob er nicht bei ihnen wohnen wolle. *Oder bist du nun schon so an deine Gastfamilie gewöhnt, daß du gar nicht mehr anders leben willst?* Sie scheint wirklich keine Ahnung zu haben, wie es André geht.

Für André wird die nun kommende Zeit die schönste seit seiner Ankunft in England sein. Endlich kann er bei seiner Mutter wohnen, auch wenn da dieser Mann ist, der seltsame Manieren hat, viel trinkt und wenig spricht. Hilde lernte Louis McLean bei der Flüchtlingsorganisation in London kennen, für die sie als Sekretärin arbeitete. Er kümmerte sich um den Transport der Möbel von vermögenden Flüchtlingen, die noch ihren gesamten Hausrat nach England bringen konnten. Seine Familie stammt aus den schottischen Highlands. Er ist das Gegenteil von Fritz Fränkel: Nicht besonders gebildet, nicht besonders diskussionsfreudig, aber dafür eine treue Seele. Immer da, wenn man ihn braucht.

Hilde und Louis mochten sich von Anfang an, hatten wohl auch eine kleine Affäre miteinander, aber eigentlich nichts Ernstes. In ihren Erinnerungen schreibt Hilde: *Als der Krieg ausbrach, schlug Louis McLean vor, daß wir heiraten, weil ich so sofort Engländerin werde. Er wollte auch alle Verantwortung für André übernehmen.*

Keine große Liebe also, eher ein praktisches Verhältnis.

In dem Haus in Stafford hat André sogar ein eigenes Zimmer. Er ist so stolz darauf, dass er die ersten Nächte vor Aufregung kaum schlafen kann. Er besucht die Edward VI Grammar School, wo er zu seinem Erstaunen nicht gemobbt wird, auch die Lehrer mögen ihn. Auf seinem ersten Zeugnis steht, er habe in allen Fächern sehr gute Leistungen gezeigt. Besorgniserregend sei allein seine körperliche Verfassung, stellt der Schularzt fest, seine Größe und sein Gewicht lägen mehr als 30 Prozent unter dem Durchschnitt der gleichaltrigen Schulkameraden. Es wird empfohlen, André kalorienhaltige Nahrung zukommen zu lassen, die zudem genügend Kohlenhydrate enthält.

Das Beste in Stafford aber sind die Pfadfinder, mit denen André zweimal die Woche durch die Gegend zieht. Sie unternehmen große Wanderungen, lernen, sich ohne Kompass und Karte im Wald zu orientieren. Sie machen Feuer, halten mit Teig bestrichene Stöcker in die Flammen, um später das knusprige Brot vom Holz zu knabbern. André mag die Birkenwälder und die kleinen Bäche, er beobachtet Vögel und Wildschweine. Er liebt die Natur, die ihm so viel herrlicher und interessanter erscheint als die von Menschen geschaffene Zivilisation. Bei den Pfadfindern absolviert er auch einen Erste-Hilfe-Kurs, und als er eines Tages auf dem Weg zur Schule sieht, wie ein Mädchen auf der Straße von einem Lastwagen erfasst wird, eilt er hinzu, hält das Mädchen in den Armen, sieht das Blut, das aus ihrem Mund und aus den Augen fließt, rennt zum nahe gelegenen Krankenhaus und meldet den Ärzten einen Schädelbasisbruch. Später wäscht er in der Schultoilette das Blut von seinen Handschuhen und erzählt niemandem von seinem Erlebnis.

England bereitet sich auf einen Krieg mit Deutschland vor, in der Schule hört André von Hitler und seinen grausigen Kumpanen, die alles Erhabene und Schöne in der Welt zerstören wollen. Der Geschichtslehrer erklärt, in diesem Krieg entscheide sich, ob die Welt in Zukunft von mordlustigen Krautfressern beherrscht werde oder von kultivierten Menschen wie den Engländern. Der Lehrer sagt auch, er würde den Kindern gerne mal einen Deutschen zeigen, denn die Bösartigkeit dieser Leute sei so offensichtlich, dass sie ihnen aus dem Gesicht springe. André würde sich am liebsten in Luft auflösen. Sieht man ihm an, dass er aus Deutschland kommt? Ist das vielleicht der Grund, warum er oft so schlecht behandelt wird? André erinnert sich, wie er in Ludwigsfelde auf dem Bahnsteig stand und den durchreisenden Führer mit dem Hitlergruß empfing. Das ist ihm jetzt wirklich unangenehm, und er hofft, dass niemand je davon erfährt. Zum Glück hat er nun diesen schottischen Namen, der nicht nur seine deutsche Herkunft bemäntelt, sondern auch dabei hilft, seinen Akzent zu erklären. Aber auch davon erzählt André zu Hause nichts. Aus irgendeinem Grund denkt er, es gehöre sich nicht, andere mit seinen Problemen zu belästigen. Selbst wenn diese anderen seine Familie sind.

Louis McLean bekommt einen neuen Job in einem Unternehmen, das Start- und Landebahnen für die Luftwaffe baut. Er ist jetzt so eine Art Vorarbeiter und verdient ein ordentliches Gehalt, das Hilde ihm am Zahltag abnimmt. Sonntags sitzen sie im Garten hinter dem Haus und essen gegrilltes Huhn, das Hilde am Freitag beim Fleischer gekauft hat. André genießt die Ruhe, die Beständigkeit. Zum ersten Mal, seit er denken kann, hat er ein richtiges Zuhause.

Aber das beschauliche Glück währt nicht lange. Anderthalb Jahre später wird Louis McLean zu einem neuen Bauprojekt geschickt, einer Airforce-Landebahn in der Nähe von Nottingham. Die Familie zieht mit, sie wohnen etwas außerhalb der Stadt, in einer Minenarbeitersiedlung. Nottingham ist von großen Kohleflözen umgeben, jeden Abend sieht André die Kumpels mit schwarzen Gesichtern und brennenden Grubenlampen auf ihren Fahrrädern heimkehren. André spielt Fußball mit den Kindern der Kohlekumpels, sie erzählen ihm von den tiefen Stollen, in die ihre Väter jeden Tag einfahren. André stellt es sich spannend vor, in so einem Berg zu arbeiten, ständig neue Gänge zu entdecken und eine Lampe am Helm zu tragen. Außerdem würde ihm nie wieder kalt sein, weil er ja jedes Mal ein bisschen Kohle aus dem Berg mitnehmen könnte, für den großen, eisernen Ofen, der bei ihnen in der Küche steht. Eines Abends verkündet er Hilde, er wolle später auch mal Kohlekumpel werden. Hilde lacht, sie sagt, so einen wie ihn könnten die Bergleute sicher gebrauchen, weil er mit seinem kleinen Körper durch jede Ritze käme.

Ein paar Monate später, in der Nacht des 8. Mai 1941, heulen in Nottingham die Sirenen. Fliegeralarm. André, Hilde und Louis laufen in den Keller, kauern zwischen Kartoffelkisten und Kohlebündeln und hören schon bald die ersten fernen Bombeneinschläge wie das Grollen eines aufziehenden Gewitters. Bei jeder Detonation spüren sie die Erde unter sich erzittern. Hilde greift beruhigend nach Andrés Hand, aber der findet das alles vor allem interessant. Er fühlt sich erstaunlich sicher in diesem muffigen Kartoffelkeller, eingezwängt zwischen Mutter und Stiefvater, im Schein zweier Kerzen, deren warmes Licht den kleinen Raum erfüllt. André sagt, es klinge gewiss ein wenig seltsam, aber er habe sich in diesem Moment sehr geborgen gefühlt. Das ändert sich, als die Bomben näher kommen, als der Mörtel von der Decke fällt, als sie das metallische Brummen der Flugzeugpropeller hören, die wie riesige Insekten über Nottingham kreisen. »Klar hatte ich dann auch Angst«, sagt Onkel André, »aber vor allem war ich fasziniert von diesen riesigen Kräften, die auf einmal um uns herum wirkten. Man spürte, wie sich die Bomben in die Erde fraßen, man fühlte die Druckwellen, die dabei entstanden. So etwas hatte ich einfach noch nie erlebt.«

Als die deutschen Bomber abgezogen sind, kehrt die Familie in ihr Haus zurück. André blickt aus seinem Fenster, er sieht in der Ferne brennende Häuser, weiße Asche regnet vom dunklen Himmel herab. Am nächsten Morgen geht er zu Fuß zur Schule, weil kein Bus mehr fährt. Er sieht die Häuserskelette, die qualmenden Schutthaufen, die verkohlten Balken, die zerborstenen Mauern, die

Krater in den Straßen. Auf den Gehwegen liegen Feuerwehrschläuche, es riecht nach verbranntem Holz. Krankenautos fahren an ihm vorbei, versuchen in dem Chaos voranzukommen.

In der Schule erfährt André, ein nahe liegender Schutzbunker sei in der Nacht getroffen worden, alle hundert Menschen, die sich dorthin geflüchtet hatten, sind tot. Er hört von Mitschülern, die an diesem Morgen nicht erschienen sind, von zwei Lehrern, die man noch nicht gesehen hat. Er beginnt zu begreifen, was es bedeutet, in einem Krieg zu sein. Ein Mitschüler sagt, die Deutschen würden dafür büßen. Kein Einziger von denen dürfe überleben. André denkt an Peter und Manfred, er denkt an seine Großmutter. Er ist sich nicht sicher, wie er sich den Kriegsverlauf wünscht, auf welcher Seite er jetzt eigentlich steht. Für die anderen ist die Sache so klar. André denkt, am besten wäre es wahrscheinlich, wenn gar keiner sterben müsste. Darüber spricht er jetzt doch mal mit seiner Mutter, die ihm erklärt, dass der Großmutter und Peter und Manfred nichts passieren werde, genauso wenig wie ihnen. Das beruhigt ihn erst mal, auch wenn er sich natürlich fragt, woher die Mutter das alles weiß.

Das Leben geht dann einfach weiter, schon bald sind die Bomben und die Toten vergessen, nur die Ruinen in den Straßen erinnern noch daran, dass Krieg ist. André hört im Radio von schweren Bombenangriffen auf London und Städte an der Südküste. Er denkt an den dicken Koch und an John, den Chauffeur, in Miss Abrahams Haus. Er denkt an die Pfarrersfamilie in Sutton und die Familie Henders in Brighton. Er hofft, dass ihnen allen nichts passiert ist.

Nur dem grässlichen Henders-Sohn und seinem fiesen Freund wünscht er das nicht, weshalb er aber auch gleich ein schlechtes Gewissen bekommt, weil man als Christ doch sogar seine Feinde lieben soll.

André hört auch eine Rede von Winston Churchill, dem Premierminister, der sagt, England werde die Deutschen besiegen. Dieser Krieg werde gewonnen, weil er gewonnen werden müsse. Churchill sagt, von jetzt an stehe auch Amerika an ihrer Seite und es sei nur noch eine Frage der Zeit, bis die Nazis vernichtet seien.

Und dann geschieht etwas, was Andrés Leben eine neue Wendung gibt. Etwas, was ihn bis heute daran zweifeln lässt, ob sein religiöser Unglaube auch nur annähernd gerechtfertigt ist. Onkel André selbst würde sicherlich nicht von einem Wunder sprechen, das wäre ihm zu unwissenschaftlich. Aber als eine glückliche Fügung würde er es wohl schon bezeichnen, dass er Ende Dezember 1941 zum Weihnachtsfest in das Haus des Reverend Howard Mathias eingeladen wird. Der Geistliche nimmt jedes Weihnachten ein jüdisches Flüchtlingskind in seinem Hause auf, vielleicht weil er sich daran erinnert, dass Jesus ja auch ein Judenkind war.

Jedenfalls kommt André am Weihnachtsmorgen mit einem kleinen Handkoffer am Bahnhof in Cossington an, einem Dorf, nicht weit von Nottingham entfernt. Der Reverend und seine Frau wohnen in einem großen Haus, gleich neben der Kirche. Sie zeigen André sein Zimmer, das sogar eine eigene Badewanne hat. André sagt, er habe sich sofort zu Hause gefühlt. Er weiß nicht, ob es vor allem an der freundlichen Wärme lag, die von diesem kinderlosen Pfarrerehepaar ausging, oder an dem großen Bücherregal im Wohnzimmer, oder an dem Tigerfell, das im Treppenhaus an der Wand hing. Vielleicht war es auch die Köchin, die diese wunderbaren Kuchen buk, oder die unverheiratete Schwester des Reverend, die André später Tante Emily nennen wird.

Bei ihrem ersten gemeinsamen Mittagessen fragt der Reverend, was André denn gerade lese, und ehe André noch nach einer Antwort suchen kann, legt der Geistliche schon ein Buch vor ihn auf den Tisch. Das sei zwar keine besonders weihnachtliche Geschichte, sagt er, aber dafür eine sehr spannende. André liest den Titel, es sind die Abenteuer von Tom Sawyer und Huckleberry Finn. Schon während des Essens beginnt er zu lesen, und er kann gar nicht wieder aufhören, so lustig und ergreifend findet er diese Geschichte. Der Rest der Woche vergeht wie im Fluge, André erinnert sich an Schneeballschlachten mit dem Reverend und seiner Frau im Kirchgarten, an das Oratorium von Bach am ersten Weihnachtsfeiertag, an den Schweinefleisch-Pie, das Lamm-Stew und die Kalbspastete mit Äpfeln.

Der Reverend und seine Familie behandeln ihn wie einen richtigen Erwachsenen, fragen nach seiner Meinung, denken über seine Ideen nach, schlagen ihm vor, dieses und jenes in Erwägung zu ziehen. Als André am Ende dieser Woche wieder am Bahnhof von Cossington steht, hat er das Gefühl, ein anderer Mensch geworden zu sein.

Von nun an wird André regelmäßig nach Cossington eingeladen, er verbringt dort die Wochenenden und einen Teil seiner Ferien. Irgendwann fragt der Reverend ihn, ob er nicht Lust hätte, die Schule zu wechseln. Er kenne da eine sehr gute Einrichtung, das Christ's Hospital in Südengland. Ein Jungeninternat, im 16. Jahrhundert gegründet, und bis heute eine der besten Schulen des Landes. Zwei Bedingungen gilt es zu erfüllen, um dort aufgenommen zu werden: Man muss aus einer bedürftigen Familie stammen und eine schwere Aufnahmeprüfung bestehen.

Der Reverend kennt eine pensionierte Lehrerin, die André an den Wochenenden Nachhilfe in Mathematik, Englisch und Geschichte gibt. Im Frühsommer fährt André mit Hilde zur Aufnahmeprüfung. Er muss unter anderem einen Aufsatz schreiben, in dem es um die Bedeutung der moralischen Werte im menschlichen Handeln geht. André schreibt über einen Arzt, der wegen seiner politischen Überzeugungen im Gefängnis sitzt und lieber die Unfreiheit in Kauf nimmt, als seine Meinung zu ändern. Er erwähnt mit keinem Wort, dass dieser Arzt sein Vater ist. Hat André damals wirklich geglaubt, sein Vater sitze im Gefängnis? Vielleicht hat diese Erklärung es ihm leichter gemacht, die Abwesenheit zu ertragen.

Auf jeden Fall besteht André die Aufnahmeprüfung mit Bravour, er feiert diesen Erfolg mit Hilde in einem Teehaus, in dem er geröstete Brötchen mit Orangenkonfitüre serviert bekommt. Er erhält ein Stipendium, fast alle Kosten werden von der Schule übernommen, einschließlich Kleidung, Bücher und Verpflegung.

Zu Beginn des neuen Schuljahres fährt André mit dem Zug von Nottingham nach London. Dort steigt er in der Victoria Station in den »Housey Special« um, einen kleinen Bummelzug, der über Sutton und Horsham direkt nach

Christ's Hospital fährt. André sitzt am Fenster, er sieht draußen die Weizen- und Zuckerrübenfelder vorübergleiten. Er spürt, wie sein Herz klopft, er weiß, dass eine aufregende Zeit beginnt. Es ist der 5. September 1942, und André ist elf Jahre alt.

GELOBTES LAND

Nina und Hanan

Am Abend des 14. Juli 1936 findet auf der Schafweide des zionistischen Werkdorfs Nieuwesluis, in der Nähe von Amsterdam, eine recht eigentümliche Zeremonie statt. Jüdische Flüchtlinge aus Deutschland, die hier seit einem Jahr in verschiedenen bäuerlichen und handwerklichen Berufen ausgebildet wurden, stehen in einem großen Kreis auf der Wiese. Die Frauen und Männer tragen derbe Arbeitskleidung, halten sich an den Händen und singen ein Lied, das vom neuen, herrlichen Leben in Eretz Israel handelt. Dann hält der Leiter des Werkdorfs eine Rede. Er sagt, eine lange Vorbereitung gehe zu Ende, es sei nun an der Zeit, die Alija, den Weg nach Hause, anzutreten.

Nacheinander bekommen sie ihre Urkunden überreicht, auf denen neben ihren neuen Berufen auch ihre neuen Namen stehen. Weil ja nun bald, auf der anderen Seite des Meeres, auch ein neues Leben beginnen soll. Als Irmgard und Hans an der Reihe sind, sagt der Werkdorfleiter, die beiden hätten bereits gezeigt, wie es gelingen kann, der jüdischen Sache zum Erfolg zu verhelfen. Dabei deutet er auf das Baby, das in Irmgards Armen schläft. »Ihr habt euer Kind Hanna genannt, das bedeutet Gnade. Und ihr selbst habt euch Nina und Hanan genannt. Ich wünsche euch ein schönes Leben!«

Zwei Tage später verlassen Nina, die Feldarbeiterin, und Hanan, der Zimmermann, die Niederlande. Doch bevor sie in Triest das Schiff besteigen, das sie nach Haifa bringen wird, fahren sie nach Berlin, um sich von ihren Eltern zu verabschieden. In Ninas Papieren finde ich die polizeiliche Anmeldung, ein hellbraunes Formular, das auf den 22. Juli 1936 datiert ist. Es wird vermerkt, dass sie in Berlin-Wilmersdorf, in der Kaiserallee 45a wohnen, bei Hanans Vater Viktor, der in den zwei Jahren, in denen sie sich nicht gesehen haben, stark gealtert ist.

Hanan versucht den Vater zu überreden, sie nach Palästina zu begleiten, aber der will nicht. »Warum soll ich da in der Wüste hocken, mit diesen Leuten, mit denen ich nichts zu tun habe?«, ruft Viktor Wittenberg, der berühmte Anwalt und Notar, der selbst jetzt noch, da er schon recht schwerhörig ist, jeden Tag auf seinem Flügel Sonaten von Strawinsky und Schubert spielt. Viktor hält das Judentum vor allem für ein intellektuelles und kulturelles Phänomen. Er macht sich über die Zionisten lustig, die mit aller Macht in Eretz Israel einen jüdischen Staat errichten wollen. Und nun ist auch noch sein Sohn bei dieser Bewegung dabei! Sein Sohn, der die Kanzlei am Kurfürstendamm übernehmen sollte und der nun lächerlicherweise Zimmermann geworden ist.

Hanan erträgt den Spott des Vaters, er hat es vermutlich nicht anders erwartet. Nina und er nutzen die Tage, um die Papiere zu besorgen, die sie für die Ausreise benötigen. So muss Hanan noch zum Wehrmeldeamt, das ihm am

24. Juli 1936 bescheinigt, dass »gegen die Auswanderung des Hans Wittenberg nach Palästina von militärischer Seite keine Bedenken bestehen«. Die Steuerbehörde muss die Schuldenfreiheit versichern, die Bank die Auflösung der Konten bestätigen, das Standesamt den Wegfall der Meldeadresse beurkunden. Noch herrscht Ordnung in Deutschland, auch bei der Judenvertreibung.

Am 25. Juli fahren sie nach Ludwigsfelde, zu Ninas Mutter Katerina, und zu Hilde und ihrem Sohn André, die hier seit einem halben Jahr wohnen und auf ihr Visum für England warten. Nina und Hilde halten sich lange wortlos an den Händen, die beiden Schwestern haben sich seit dem Tag im Jardin du Luxembourg nicht gesehen. »Du bist dick geworden«, ruft Hilde. »Du bist alt geworden«, ruft Nina. Dann versuchen sie sich wie früher gegenseitig in den Po zu kneifen, rennen kreischend hintereinander her wie zwei Schulmädchen, die nie vom Erwachsenenleben gehört haben.

Zur Feier des Tages hat Katerina ihren berühmten Apfelkuchen gebacken. Und natürlich bewundern alle das neueste Mitglied der Familie, die kleine Hanna, die meistens friedlich in ihrem Kinderwagen schläft. Am Nachmittag sitzen sie draußen im Garten in der Sonne und erzählen, und wer sie vom Gartenzaun aus beobachtet, käme wohl nicht auf die Idee, dass diese Familie sich schon am nächsten Tag für unbestimmte Zeit voneinander verabschieden muss.

Es gibt ein Foto von diesem Tag, aufgenommen auf dem Balkon des Hauses. Katerina sitzt strahlend da, mit Strohhut und gestreiftem Sommerkleid, ihre Enkeltochter Hanna auf dem Schoß. Links neben ihr steht Nina, den

Arm um die Schultern der Mutter gelegt, um ein Lächeln bemüht. Auf der anderen Seite steht Hanan, in viel zu großen, viel zu warmen Sachen, mit traurig-ernsten Augen, die verraten, dass er längst woanders ist.

Es ist eines der Fotos, das heute in fast jedem Haus der israelischen Verwandtschaft hängt. Das Dokument des Abschieds, der für Katerina ein Abschied für immer sein wird. Meist hängt neben diesem Foto eine gerahmte Kopie der Kohlezeichnung, mit der ein junger Maler Nina verewigte, als sie sechzehn Jahre alt war und noch Irmgard hieß. Sie wirkt auf diesem Bild sehr weich, ja geradezu ätherisch. Ihre Töchter meinen, sie sehe aus wie ein Engel, ihr Sohn Yussef nennt sie schlicht »die Madonna«. Auch bei uns zu Hause hängt diese Kohlezeichnung im Wohnzimmer. Manchmal betrachte ich Nina, wenn ich auf dem Sofa liege, und freue mich, dass meine jüngste Tochter ihren Namen trägt. Wobei das mit dem Namen ein Zufall ist, wenn es so etwas wie Zufälle überhaupt gibt.

Am 27. Juli 1936 verlassen Nina, Hanan und die kleine Hanna Berlin. Auf dem Formular der polizeilichen Abmeldung steht unter neuer Wohnort: Palästina. Nina will nicht, dass ihre Mutter mit zum Bahnhof kommt, sie findet, es sei auch so schon schwer genug. Dafür steht Hanans Vater Viktor zum Abschied auf dem Bahnsteig. Er übergibt seinem Sohn ein Geschenk für die Enkeltochter, ein in Leder gebundenes Exemplar von Goethes »Faust« und einen Brief, den sie lesen soll, sobald sie es selbst vermag. Die kleine Hanna solle wissen, dass sie da in der Ferne noch einen Großvater habe, sagt Viktor, dann bricht ihm die Stimme.

Nina, Katerina, Hanna und Hanan in Ludwigsfelde, 1936

Ich habe den Brief in Ninas Papieren in Hazor gefunden. Ich weiß nicht, ob Hanna ihn lesen konnte, weil sie ja nie Deutsch gelernt hat. Der alte Viktor hat ihn auf seiner Schreibmaschine getippt, auf Durchschlagpapier, eng beschrieben:

Liebe kleine Hanna,

obwohl so gewaltsame Judaisierung nicht ganz nach dem Herzen des alten Schreibers ist, hofft er Dir an dem Tag eine kleine Freude zu bereiten, an dem Du an die Gründung Deiner Schulbibliothek im gelobten Lande gehen wirst. Du wirst Dir dann von Deinem Vater erzählen lassen, in welchem Wirrwarr der Gefühle und Ge-

danken ihr einst im Jahr des Heiles 1936 den Ahnherrn zurückgelassen habt, als einen fast unverbesserlichen Aschkenasi, und, pfui, pfui, pfui Assimilanten.

Vielleicht hat er sich bis zu jenem Tage – oh wie weitsichtig – damit abgefunden, daß Du eine Art Neujüdin wirst, der wenigstens die Zwischen- und Durchgangsform der Zionistin erspart geblieben ist. Denn der Zionist, das ist der absolut affreuse Menschentypus.

Wirst Du je die Sprachen Süd- und Westeuropas kennenlernen, kleine Hanna? Welche Sorgen den alten Humanisten aus Berlin einst bewegt haben, fragst Du, kleine Hanna. Und wie konnte die Wahl zwischen Panke und Jordan, zwischen »Unter den Linden« und »Unter den Zedern des Libanon« je irgendwem schwerfallen?

Beaucoup de sentiments! Une vie pleine de bonheur et d'humanité! Et enfin un peu de mémoire du veillard de Berlin.

V. W.

Ich habe diesen Brief jetzt schon so oft gelesen, und trotzdem überfällt mich jedes Mal die tiefe Traurigkeit, die in diesen Zeilen steckt. Wie enttäuscht der alte, stolze Viktor Wittenberg ist, weil alles vergeblich war. Das Bemühen seiner Eltern, die aus Polen kamen, in Berlin Fuß zu fassen. Sein eigenes Bemühen, in dieser neuen Heimat so kultiviert und angepasst und erfolgreich wie möglich zu sein. Alles für die Katz, sein Intellekt, sein Feinsinn, sein exzellenter Ruf als Anwalt und Notar. Sein Logenplatz in der Staatsoper. Weil er am Ende eben doch wieder nur der Jude ist.

Und während der Alte noch davon träumt, dass diese Nazi-Banausen schon bald wieder verschwinden, packt der Sohn seine Sachen und geht. Dorthin, wo angeblich alles begann, wo man sich als Jude nicht zu verstecken braucht. Und schlimmer noch, der Sohn nimmt das Judentum wirklich für sich an, erklärt es gar zu seinem Kern und sich selbst zu einem Kämpfer für die zionistische Sache. Er will lieber ein stolzer Zimmermann als ein gebrochener Anwalt sein.

Noch in der Nacht vor ihrer Abreise versuchen sich Vater und Sohn gegenseitig zu überzeugen. Hanan bittet Viktor erneut, endlich die Augen zu öffnen, die Gefahr zu erkennen und mit ihnen zu gehen. Und Viktor? Der fleht sie an, noch ein wenig zu warten, weil sich doch möglicherweise schon bald alles aufklären wird.

Die junge Familie steigt in den Zug, sie winken Viktor zu, der in den Dampfschwaden der Lokomotive verschwindet. Sie fahren über Prag und Wien, wo Hanan Verwandte hat, zehn Tage später kommen sie nach Triest.

Die Abfahrt des Schiffes verzögert sich, weil es Probleme mit dem Motor gibt. Nina schreibt Postkarten an die Mutter, die sie nie abschickt. Eine dieser Postkarten ist erhalten geblieben, eine verblasste Aufnahme vom Triester Hafen, in dem kleine und große Segelboote liegen. Nina schreibt:

Liebe Mami, es dauert nun hoffentlich nicht mehr lange, bis wir endlich ablegen können. Hannele geht es gut, sie hat nur Probleme mit der Verdauung, aber das wird schon. Ich selbst weiß nicht, was ich denken soll. Ich weiß auch nicht, ob ich mich freuen soll. Wir fahren ja nur weg, weil wir nichts Besseres haben.

Die Reise dauert mehrere Tage, das Meer ist unruhig, und Hanan wird schon am ersten Tag seekrank. Sie reisen in der dritten Klasse, schlafen in winzigen Verschlägen, die sich neben dem Maschinenraum befinden. Die Wände vibrieren, es riecht nach Diesel, sie bekommen kaum Luft. Die Einzige, die das alles nicht zu stören scheint, ist die kleine Hanna, die meistens schläft.

Eines Morgens dröhnt das Schiffshorn mehrmals hintereinander, Nina und Hanan hören Schreie und Rufe und beeilen sich, die steilen Leitern zum Oberdeck hinaufzuklettern. Die Passagiere drängen sich an der Steuerbordseite, wo man in der Ferne im dunstigen Morgenlicht die Küste Palästinas erblicken kann. Es gibt ein Foto von diesem Morgen, man sieht müde Gesichter, die fröhlich, aber nicht ausgelassen sind. Manche blicken auch ernst oder skeptisch in die Kamera. Oben links am Bildrand ist Nina etwas unscharf zu sehen, wie so oft übt sie sich in einem unverbindlichen Lächeln.

Ich frage mich, ob sie auch nur die geringste Ahnung davon hatten, was sie in Palästina erwartete. Hatte ihnen jemand im holländischen Ausbildungslager erzählt, wie heiß und trocken es dort sein würde? Dass es Wassertoiletten und Duschen nur in den Villen der britischen Mandatsverwaltung gab? Dass die Frauen verschleiert herumliefen, die Männer Kopftücher trugen, dass es keine Bürgersteige, keine Straßenbeleuchtung, keine Kanalisation, keinen Strom und nur wenige Brunnen gab? Was für ein Schock muss das gewesen sein, als die Berliner Bürgerkinder an diesem Morgen das gelobte Land betraten.

Das Schiff ankert draußen in der Bucht, in schmalen Barken rudern Araber heran, die Passagiere und Gepäck an Land bringen sollen. Erst gegen Mittag sind Nina und Hanan an der Reihe, die Sonne brennt, Hannele schreit, die Araber rufen etwas, das sie nicht verstehen. Die letzten Meter bis zum Ufer waten sie durchs Wasser, sie sehen Palmen, Esel, Kamele. Eine Gruppe arabischer Frauen betrachtet neugierig ihr Baby, die weiße Haut, die hellen Locken. Sie haben einen großen Korb, den sie Nina schenken, damit sie Hannele hineinlegen kann. Ein Mann nimmt sein Kopftuch ab und knüpft es als Sonnenschutz an den Henkel des Korbes. So werden sie empfangen in der neuen Welt, durch die sie die ersten Tage wie besinnungslos wanken, weil es so viel Fremdes und Seltsames zu sehen, zu riechen und zu hören gibt.

Nina wird sich später vor allem an den Geruch erinnern, der ihr entgegenschlug, als sie in Haifa an Land gingen. Diese Mischung aus gedörrtem Fisch, Fäkalien, Kardamom und Orangen. Sie schwankt in diesen ersten Tagen zwischen Euphorie und Mutlosigkeit. Sie fühlt sich müde, ausgeliefert und komplett überfordert.

Hanan versucht ihr Mut zu machen, spielt den weltgewandten Kenner und macht Witze, aber sie merkt schnell, dass er genauso verloren ist wie sie. Denn nicht nur ihre Hirne versagen vor der Übermacht der Eindrücke, auch ihre Körper rebellieren. Das ungewohnte Essen, die Hitze, das unabgekochte Brunnenwasser strecken Nina nieder, am Abend des dritten Tages in Haifa kauert sie zitternd und weinend im Sanitätszelt. Ein alter Doktor erklärt Hanan, seine Frau habe nichts Ernstes, es sei nur manchmal so, dass der Körper nach einer langen Reise schon angekommen sei, aber die Seele noch nicht.

Am vierten Tag fahren sie los, zu ihrem neuen Zuhause, dem Kibbuz Beit HaShita in der Jesreel-Ebene, die sich von der Bucht von Haifa bis zum Jordan zieht. Die zionistische Vereinigung, die Hanan und Nina in dem niederländischen Werkdorf ausgebildet hat, bestimmt, wer wohin geht. Beit HaShita, der Kibbuz, der erst acht Jahre zuvor von 17 jungen Leuten aus Tel Aviv gegründet wurde und in dem mittlerweile um die 200 Menschen leben, braucht dringend Verstärkung. Die Jeckes, wie die deutschen Juden von den Israelis genannt werden, sind als Kibbuzniks begehrt, weil sie als gebildet und modern gelten. Und obwohl man sie wegen ihrer Effizienz, ihrer Korrektheit und Ordnungsliebe verspottet, weiß man doch mittlerweile, wie wichtig solche Tugenden beim Aufbau neuer Gemeinwesen sind.

Nina und Hanan steigen zusammen mit einem Dutzend anderer Exilanten auf einen Wagen, der von zwei Pferden gezogen wird. Ihr Gepäck wird von Maultieren getragen, die gemächlich durch die Hitze trotten. Die holprige Pflasterstraße führt an einer Eisenbahnlinie entlang durch das Tal. Sie kommen an Baumwollfeldern vorbei, die bis zu den Hängen der galiläischen Berge reichen. Die weißen Faserknäuel, die aus den trockenen Stielen sprießen, ähneln aus der Ferne einer Schneelandschaft. Später sehen sie Getreidefelder und Olivenhaine, sie erreichen den Fluss Kischon, der sich durch das Tal windet und sein bräunliches Wasser gemächlich Richtung Meer fließen lässt. Vom Fluss zweigen schmale Bewässerungskanäle ab, die zu Gurken- und Tomatenfeldern führen und auch die Aprikosen- und Orangenplantagen mitversorgen, die in der Talsohle auf geschwungenen Terrassen angelegt sind.

Am Straßenrand treiben Feldarbeiter Esel voran, die auf ihren Rücken in großen Säcken die Ernte davontragen.

In den Feldern stehen Pflücker, die die Früchte des Tals in Körben sammeln und dabei schwermütige Lieder singen, zu deren Rhythmus sie sich über die Pflanzen beugen. Nina wird später sagen, dieses Tal sei ihr wie das Paradies erschienen, wie eine verzauberte, liebliche Welt, die im Schutze der zerklüfteten Gebirgskämme jedem Menschen das Gefühl gab, willkommen zu sein.

Wobei dieses Tal nicht immer so lieblich war. In dem Sommer, in dem Nina, Hanan und die kleine Hanna in Galiläa ankommen, ist es nicht einmal 15 Jahre her, dass die ersten jüdischen Siedler damit begannen, den verwilderten, von Felsbrocken übersäten Talgrund urbar zu machen. Der Boden war von zähem, dornigem Gestrüpp überwuchert, und dort, wo jetzt die Obstbäume wachsen, gab es Sümpfe, in denen sich Mücken vermehrten, die den Malaria-Erreger im ganzen Tal verbreiteten. Die jüdischen Arbeitsbrigaden legten die Sümpfe trocken, bauten Wege, Straßen und Kanäle, bewaldeten die Berge. Sie gruben Terrassen in die Hänge und pflügten den schweren, lehmigen Boden. Sie trotzten der Natur jeden Quadratmeter ab und sorgten dafür, dass dieses Tal bis heute zu den fruchtbarsten Flecken in ganz Israel zählt. Denn das war anfangs die Idee der jüdischen Siedler: nicht anderen etwas wegzunehmen, sondern sich das Land selbst zu erobern, es durch harte Arbeit in Besitz zu nehmen.

Gegen Abend erreichen die Neuankömmlinge Beit HaShita, sie werden bereits erwartet. Als Nina, Hanan und die anderen vom Wagen steigen, schließen die Kibbuzniks sie in die Arme, als wären sie seit Langem vermisste Verwandte. Der Kibbuz befindet sich auf einer Anhöhe, neben den Ruinen eines verlassenen arabischen Dorfes, von dem nur ein Haus unzerstört blieb, das nun als Scheune genutzt wird.

Um die Dorfruinen stehen weiße Zelte. Nina, Hanan und ihre Tochter bekommen ein Zelt zugewiesen, in dem eine Kerosinlampe hängt. Es gibt drei Feldbetten, auf denen Strohsäcke und graue Armeedecken liegen. Neben jedem Bett steht eine Gemüsekiste, die als Toilette genutzt wird. Der Boden ist mit weißen Kieseln bedeckt, und um jedes Zelt ist ein Graben gezogen, der den Regen auffangen soll, der spätestens im Herbst fallen wird. Die Zelte sind mit Schnüren und Metallheringen im Boden verankert. Der Kibbuznik, der Nina und Hanan alles erklärt, sagt, die Schnüre müssten jeden Morgen und jeden Abend neu gespannt werden, weil sonst der Wind, der oft scharf durch das Tal fege, alles mit sich nehme.

Im Zelt liegen auch ein Gewehr und eine Schachtel mit Patronen. Der Kibbuznik erklärt, wie das Gewehr gereinigt, geladen und abgefeuert wird. Nina und Hanan müssen sofort üben, sie schießen auf Obstkisten, die an Bäume gebunden sind, das ist die erste Aufgabe, die sie in ihrem neuen Zuhause absolvieren.

Beim Abendessen sitzt der Kibbuz um ein großes Lagerfeuer versammelt. Es gibt Hirsesuppe mit Kichererbsen und dazu ein seltsames Weißbrot, das die anderen Pita nennen. Einer der Kibbuzältesten, ein Jecke, der schon seit Jahren dabei ist, heißt die Neuen willkommen. Er erzählt ihnen ein wenig von der Geschichte des Kibbuz, der zu den ersten in ganz Palästina gehört und gerade von einer tiefer gelegenen Wasserquelle hierher umgezogen ist, weil es auf der Anhöhe sicherer ist. Die Neuen erfahren von arabischen Kämpfern, die immer wieder den Kibbuz angreifen. »Wir stehen hier an vorderster Front«, sagt der Kibbuzälteste. »Wer damit nicht klarkommt, der kann jederzeit woanders hingehen.«

Sie erfahren, dass dieses Tal nicht nur besonders fruchtbar ist, sondern auch eine große strategische Bedeutung hat. Es ist die einzige Verbindung zwischen Meer und Jordan, die nicht durch das Gebirge führt. Wer das Tal kontrolliert, der hat ganz Galiläa im Griff, weshalb genau hier so viele historische Schlachten stattfanden, die das Schicksal Israels entschieden. Der Kibbuzälteste deutet auf den zerfurchten Kamm des Berges Gilboa, der gegenüber in der Abendsonne leuchtet. Er erzählt von Saul, dem ersten König Israels, der dort auf dem Gipfel zusammen mit seinem Sohn Jonathan getötet wurde, als das Heer der Israeliten von den Philistern aufgerieben wurde.

Er erzählt auch von Gideon, dem Sohn des Joasch, dem Gott durch einen Engel den Auftrag gab, die Israeliten vom Joch der Midianiter zu befreien. Diese Geschichte aus dem Alten Testament soll sich unterhalb des Berges zugetragen haben, an einer Quelle, zu der Gideon seine Krieger führte, bevor er siegreich gegen die Midianiten ins Feld zog. »An dieser Quelle«, sagt der Kibbuzälteste, »trennte Gideon die Mutigen von den Verzagten, das heißt, er entschied, wer gerüstet war, seinem Volk zu dienen, und wer nicht.« Der Kibbuzälteste macht eine Pause, blickt jeden Einzelnen der Neuankömmlinge an, betrachtet ihre Gesichter im tanzenden Lagerfeuerlicht. »Ihr werdet sehen, es ist nicht immer einfach, hier zu leben, aber es ist auch eine Ehre und eine der wichtigsten Aufgaben, die es für die jüdische Sache zu erfüllen gilt.«

Diesen ersten Abend in Beit HaShita wird Nina nicht vergessen. Es sei eine seltsame Mischung von Gefühlen gewesen, die sie plötzlich befiel, wird sie später ihren Kindern erzählen. Sie spürt eine große Beklommenheit, aber auch ein wenig Stolz. Sie hat Angst und will trotzdem mutig sein.

Der Kibbuzälteste erklärt, sie, die neuen Juden, hätten das Tal nicht blutig erbeutet, sondern rechtmäßig erworben. Der jüdische Nationalfonds habe seit 1901 damit begonnen, Flächen im Tal zu kaufen, und trotzdem solle kein einziger Araber von seinem Hof vertrieben werden, wenn er friedlich gesinnt sei. »Wir wollen die Fehler der Vergangenheit nicht wiederholen«, sagt der Kibbuzälteste. »Wir wollen nicht mit Gewalt siegen, sondern mit Schlauheit und Humanität. Aber wir werden uns auch zu verteidigen wissen, wenn jemand uns ans Leben will.« Er erinnert an die letzte blutige Schlacht in diesem Tal, als die Engländer 1918 die Eroberung Palästinas abschlossen. »Ihr seht, alles hat sich hier entschieden, was auch bedeutet, dass sich hier alles entscheiden wird.«

In diesem Punkt wird der Kibbuzälteste übrigens recht behalten. Was leider nie in Erfüllung gehen wird, ist der Sieg der Schlauheit und der Humanität. Schon bald nach Ninas und Hanans Ankunft im Tal wird das Blutvergießen beginnen – und nicht mehr aufhören.

Aber erst einmal werden sich die Neuankömmlinge an das Leben im Kibbuz gewöhnen müssen. Es beginnt damit, dass sie die Sachen, die sie mitgebracht haben, in einer Hütte abgeben sollen, die hier von allen das »Lagerhaus A«

genannt wird. Nina ist höchst besorgt, als sie im Lagerhaus ihre Koffer auspacken soll. Die Kibbuzniks werfen alles auf einen großen Haufen, auch das beigefarbene Sommerkleid, das die Familie Gumbel ihr zum Abschied in Lyon geschenkt hat, die wollene Leibwäsche, die ihr die Mutter für die kalten Monate gekauft hat, Hanans neuen Staubmantel, den er sich extra für die Reise besorgt hat, ihren seidenen Morgenrock, in dem sie so gerne ihr Frühstück zu sich nahm, die guten Baumwollwindeln für Hannele. Alles das ist auf einmal verschwunden.

Dafür bekommen sie nun jeden Freitag ein Kleiderpaket überreicht. Pro Person eine Hose, ein Hemd, ein Unterhemd, zwei paar Strümpfe. Nina sind die Sachen zu klein, Hanan viel zu groß. Die Frauen im Lagerhaus A geben ihnen Stricke, mit denen sie die Hosen festbinden können. Nina weint, sie versteht das alles nicht. Wie kann es sein, dass man hier nicht mal seine eigene Unterwäsche haben darf? Die Frauen lächeln verständnisvoll. Sie sagen, es sei am Anfang sicher schwer, aber man gewöhne sich schnell daran, dass es in Beit HaShita keinen Privatbesitz gebe. Alles gehöre allen, jeder sei für jeden verantwortlich. »Ihr werdet sehen«, sagen die Frauen, »wie euch das befreit, wie es euch helfen wird, euch auf das Wesentliche zu konzentrieren.«

Nina arbeitet anfangs im Kinderhaus, so kann sie sich gleichzeitig um Hannele kümmern. Die geräumige Holzhütte in der Mitte des Kibbuz ist das erste Gebäude, das sie hier in Beit HaShita gebaut haben. Das Kinderhaus ist eine Erfindung der Kibbuzniks, um die bürgerlichen Familienstrukturen zu überwinden und eine Gemeinschaft zu werden, die wie eine einzige, große Familie funktioniert. Die Idee ist, dass die Kinder getrennt von den Eltern leben und nur am Nachmittag ein paar Stunden mit ihnen verbringen. Die Kinder sollen in dem Geist groß werden, dass sie selbstständige, großartige Menschen sind, die keiner Bevormundung durch Eltern bedürfen und nur dem Kibbuz verpflichtet sind. Sogar die Namen der Kinder werden nicht von den Eltern ausgesucht, sondern vom Kibbuz vergeben. Und die Eltern werden von den Kindern nicht Mama und Papa genannt, sondern mit ihren Vornamen angesprochen.

Im Grunde führen die Kinder ihr eigenes Leben, sie schlafen und essen im Kinderhaus, gehen dort zur Schule, machen ihre Hausaufgaben, spielen miteinander. Sie bilden eine Gemeinschaft, von der die Kibbuzniks hoffen, dass sie eines Tages noch viel stärker und schöner sein wird als ihre eigene, da sie selbst ja noch in den alten Strukturen aufwachsen mussten. Die Kinder sollen hart und unerschrocken sein. Sie dürfen sich nur mit kaltem Wasser waschen, schlafen auf Holzbrettern, weil das angeblich den Rücken stärkt, und müssen essen, was auf den Teller kommt, weil es sonst gar nichts zu essen gibt.

Für Nina ist das alles sehr überraschend. Wenn sie nachts Aufsicht im Schlafsaal hat, hört sie die Kinder weinen und nach ihren Eltern rufen. Einmal, als ein kleiner Junge sich gar nicht wieder beruhigen will, bringt sie ihn zum Zelt seiner Eltern. Die herrschen Nina an, was sie sich einbilde, ihren Sohn zu verzärteln, der einmal ein starker Arbeiter und Kämpfer werden soll. Nina muss das weinende Kind in den Schlafsaal zurückbringen und bekommt vom Kibbuzrat am nächsten Tag einen Tadel ausgesprochen, weil sie die ehernen Regeln der Gemeinschaft verletzt hat.

Sorgen macht sich Nina auch um ihre eigene Tochter, die doch noch so klein ist. Solange sie Hannele stillt, legt der Kibbuzrat fest, darf das Kind bei ihr im Zelt schlafen. Nina beschließt, Hannele nie mehr von ihrer Brust zu lassen. Gleichzeitig hat sie ein schlechtes Gewissen, sie fragt sich, ob sie selbst womöglich viel zu egoistisch und rückwärtsgewandt ist. Sie denkt an die anderen Frauen, die im Kinderhaus arbeiten und morgens mit einem Lachen in den Schlafsaal stürmen und rufen: »So, ihr kleinen Arbeiter, steht auf! Geht in die Welt! Findet eure Zukunft!«

Hanan findet, sie dürften sich nicht den Ideen der anderen verschließen. »Wer etwas Neues schaffen will«, sagt er, »der muss auch neue Wege gehen.« Er selbst tritt erst einmal beim Arbeitsleiter des Kibbuz an, der seinen schmalen Körper abschätzig mustert. Hanan sagt, er sei Zimmermann, da lacht der Arbeitsleiter: »Du bist mir ein echter Jecke. Das Einzige, was dein Körper tragen kann, ist dein Kopf!« Damit ist klar, dass körperliche Arbeit für Hanan nicht infrage kommt, so schwach und ungeschickt, wie er ist. Allerdings suchen sie gerade jemanden, der sich um die Buchführung kümmert. Der das Geld verwaltet, das sie durch den Getreide-, Gemüse-, Honig- und Milchverkauf einnehmen und für Kerosin, Treibstoff, Hanfseile, Werkzeug und Waffen wieder ausgeben.

Außerdem wird Hanan der Signal-Mannschaft zugeordnet, das sind die Männer, die vom Dach der Scheune aus mit den drei umliegenden Kibbuzen kommunizieren. Tagsüber mit Flaggenzeichen, nachts mit Taschenlampen.

Es gibt verschiedene Signalcodes, die in einer langen Tabelle aufgeführt sind und mit denen man sich gegenseitig über alles Mögliche informieren kann. Zum Beispiel, ob es kranke Tiere im Kibbuz gibt. Ob man zu wenig Wasser hat. Ob mit Besuchern zu rechnen ist. Und natürlich gibt es auch Alarmsignale, falls ein Kibbuz angegriffen wird oder einer sonstigen Gefahr ausgesetzt ist.

Hanan nimmt seine Aufgaben sehr ernst, er versucht ein transparentes Kassensystem zu entwickeln, das es ihm jederzeit erlaubt, den aktuellen Stand der Finanzen zu ermitteln. Sein Problem ist, dass er kein Hebräisch spricht. Außerdem hat er das Gefühl, dass die anderen ihm selbst dann nicht alles sagen würden, wenn er sie denn verstehen könnte. Hanan bemerkt schnell, dass in diesem Kibbuz zwar alle gleich sein sollen, dass es aber schon ein paar Leute gibt, die noch ein bisschen gleicher sind.

Im Grunde ist die Hierarchie recht klar: Ganz oben im Ansehen stehen die Tzabars, die israelischen Juden, die hier geboren wurden, die sich in den Wäldern und Bergen auskennen, deren Körper muskulös sind, die schießen können, die wissen, wie man Vieh auf die Weide treibt, wie man einen Traktor fährt und Orangen erntet. Dann kommen die Jeckes, die lesen und schreiben können, die sich mit Konzepten und Plänen auskennen, und die, wenn sie denn endlich Hebräisch gelernt haben, auch recht kluge Sachen zu sagen haben. Und schließlich, ganz am Ende, kommen die polnischen und russischen Juden, die keine Bildung haben, aber oft hervorragende Feldarbeiter sind.

Das Leben ist hart in den ersten Jahren in Beit HaShita, vor allem im Sommer, wenn der Wind abflaut und die Temperatur schon am Vormittag auf über 40 Grad steigt. Auf der Anhöhe, auf der sich der Kibbuz befindet, wächst kein einziger Baum, kein einziger Strauch, der ein wenig Schatten bieten würde. Nichts scheint gedeihen zu wollen auf diesem roten schweren Boden, nur mächtige Basaltfelsen ragen drohend in den Himmel. Selbst die Nächte sind heiß, weshalb die Kibbuzniks manchmal Wasser in die Zelte gießen und sich nackt in den feuchten Kies legen, um ein wenig Abkühlung zu finden.

Vielleicht liegt es an dem Wasser, das die Mücken anlockt, jedenfalls bricht am Ende des Sommers eine Malaria-Epidemie aus. Dutzende Erwachsene und Kinder liegen mit hohem Fieber in ihren Zelten, innerhalb von wenigen Tagen fallen sie in eine Art Delirium, man hört sie nachts stöhnen und schreien. Zwei Frauen und ein Säugling sterben, der Kibbuz schafft Moskitonetze an, unter denen die nächtliche Hitze noch unerträglicher wird.

Am schwersten ist es für die Neuankömmlinge, deren Körper noch nicht an das extreme Klima gewöhnt sind. Nina und Hanan finden kaum Schlaf in diesen ersten Wochen, ihre Haut ist von der Sonne verbrannt, ihre Füße und Beine sind wund von den Disteln und Dornenbüschen, durch die der Weg zur Wasserquelle führt. Die Natur ist hier so anders als zu Hause, so unwirtlich und feindlich. Statt saftigem Gras und weichem Moos gibt es Stechgräser, spitze Flechten, Kakteennadeln und scharfkantige Steine.

Hinzu kommt das schlechte Essen. Es gibt meistens nur hartes, salzloses Brot, Öl und Zucker, manchmal ein Ei, manchmal eine Messerspitze Konfitüre. Die eigene Ernte ist noch so bescheiden, dass man das meiste verkaufen muss, um dafür Treibstoff, Saatgut und Medikamente zu erstehen. Die meisten Kibbuzniks arbeiten im Steinbruch, auf den Feldern oder im Hausbau, sie rackern bis zu zwölf Stunden am Tag und scheinen eine schier unerschöpfliche Energie in sich zu tragen.

Nach ihren regulären Arbeitsschichten schaffen alle zusammen an den Projekten, die vom Kibbuz als besonders wichtig angesehen werden. Als Nina und Hanan ankommen, wird gerade am Fundament des ersten Viehstalls gebaut. Mit bloßen Händen hebeln sie Steine aus dem Boden, in Säcken schaffen sie Erde heran, mit Findlingen stampfen sie die Erde fest. Als die erste Grundmauer steht, halten sie sich an den Händen und tanzen um ihr neues Bauwerk herum. Nina wird später sagen, es sei ein so großartiges Gefühl gewesen, gemeinsam aus dem Nichts etwas zu erschaffen. Auch Hanan ist froh, mitanpacken zu können. Er spürt, wie seine Arme kräftiger werden, wie die Anstrengung ihn zäher und zufriedener macht. Die beiden lassen sich mitreißen vom Elan und von der Begeisterung der anderen, sie haben das Leben noch nie in dieser Härte und mit dieser Intensität gespürt. Und bald haben auch die Neuen das Gefühl, es gebe für ihren Willen keine Grenzen mehr.

Es gibt Fotos aus den Anfangsjahren, auf denen diese schier unglaubliche Energie sichtbar wird. Die jungen Männer mit sonnengebräunten, sehnigen Oberkörpern, die mit ihren Sensen das Korn schneiden. Die Frauen in kurzärmligen Kakiblusen und mit Gewehren auf dem Rücken, die stolz in die Abendsonne marschieren. Man spürt ihre Kraft, ihr Selbstbewusstsein. Und man kann sich kaum mehr vorstellen, dass ihre Eltern, die sie in Europa zurückließen, kleine Händler in einem Schtetl waren oder Thoragelehrte im Ghetto oder Anwälte in Berlin.

Es scheint so, als hätten diese Waisenkinder beschlossen, nie wieder schwach zu sein. Nie wieder Opfer zu sein. Sich nie wieder vertreiben oder umbringen zu lassen. Sich nie wieder irgendwo anders einzufügen. Sondern nun endlich ihr eigenes Land zu erobern, ihren eigenen Staat zu errichten, in dem sie für immer das Sagen haben, in dem jeder Jude frei und stolz leben kann.

Sie sind vaterlos, mutterlos, gottlos. Sie allein bestimmen, was sie sein werden. Sie wurden aus ihrer Heimat vertrieben und erfinden sich nun selbst eine neue. In diesem Tal, das eine biblische Geschichte hat und das zur Wiege des modernen Israel geworden ist, weil die Nachkommen von Abraham, Isaak und Jakob, die einst dieses Land bewohnten, zurückgekehrt sind. Als neue Juden, die bereit sind, die Welt aus den Angeln zu heben.

Natürlich sind sie nicht ständig von dieser Euphorie beseelt. Nina wird sich oft am Ende ihrer Kräfte fühlen, am Ende ihres Willens. Sie wird sich nach dem leichten, schönen Leben sehnen, nach Kleidern, Musik, einer Tasse Kaffee bei Möhring am Kurfürstendamm, dem Apfelkuchen ihrer Mutter, dem kühlen Wind, der an einem Septembermorgen durch die Berliner Straßen zieht, nach Schuhen mit Absätzen und dem Parfüm, das sie von ihrer Mutter zum 18. Geburtstag geschenkt bekam. Alle diese Dinge eben, die einem echten Kibbuznik eigentlich nichts mehr bedeuten dürften, die aber doch so verführerisch und angenehm sein können.

Dann kommt der Winter, wütende Winde heulen durch das Tal, Regen fällt über den galiläischen Bergen, das Wasser jagt in Sturzbächen die Hänge hinab. Die weißen Zelte werden umgerissen, die Fundamente des halb fertigen Rinderstalls unterspült, die mühsam angelegten Felder ertrinken in den braunen Fluten. Es ist, als holte sich die Natur zurück, was ihr gerade abgerungen wurde.

Der ganze Kibbuz versinkt im Schlamm, und da es noch keine gepflasterten Wege gibt, versinken auch die Menschen, wenn sie es wagen, ihre Zelte und Hütten zu verlassen. Bis zu den Knien steht Nina im Modder, wenn sie morgens zum Kinderhaus hinübergeht, und jeder hat nur ein Paar Schuhe, die in diesen Monaten nie sauber zu kriegen sind. Alles ist feucht und klamm, und war es bisher die Hitze, die sie leiden ließ, so ist es nun die Kälte, die sich überall einnistet. Die kleine Hanna, die gerade laufen gelernt hat, muss jetzt draußen immer auf den Schultern getragen werden, ein halbes Jahr lang geht das so, und als dann irgendwann der Frühling kommt, hat das Hannele schon fast wieder vergessen, dass es eigentlich auf eigenen Beinen gehen kann.

Der Winter ist für die Stimmung der Kibbuzniks eine echte Prüfung. In den langen Nächten wird viel gesungen. Volkslieder, Revolutionslieder, chassidische Lieder. Sie führen kleine Theaterstücke auf, die von schönen Prinzen und lieblichen Prinzessinnen handeln, die von einem bösen Zauberer in ein fremdes Land verbannt werden, das sich aber letztlich als herrliches Feenreich erweist. Ein Kibbuznik, der aus Moldawien stammt, hat seine Violine mitgebracht, und so manche Nacht schallen die wehmütigen Sätze von Dvořáks Romanzen durch das Tal.

Sie kramen schon fast vergessene Bücher aus ihren Koffern hervor, die sie sich nun gegenseitig ausleihen, vorsichtig darauf bedacht, die zerlesenen Exemplare so schonend wie möglich zu behandeln. Sie lesen Dostojewski, Marx, Kropotkin, Hamsun und auch das in Leder gebundene Goethe-Buch, das der alte Viktor seiner Hannele mit auf den Weg gab. In dem Zelt neben Nina und Hanan wohnt ein Mann aus Schlesien, der früher in einer Buchbinderei gearbeitet hat und aus Stroh Papier machen kann. Von ihm bekommt Hanan immer mal wieder einen schönen Papierbogen geschenkt, auf dem er seine Gedanken und Beobachtungen notiert.

Es gibt Liebesaffären, auch zwischen Kibbuzniks, die eigentlich schon vergeben sind. Babys werden geboren. Es wird sogar mal die Frage diskutiert, ob nicht die kräftigsten Tzabars und die schlauesten Jeckes die Frauen reihum schwängern sollten, um ihre Gene möglichst weit zu verbreiten und so das neue Volk Israels noch kräftiger und schlauer werden zu lassen. Auffällig ist, dass vor allem die Tzabars und die Jeckes für diesen Plan sind, den sie selbstverständlich vor allem aus revolutionären Gründen für sinnvoll erachten.

Manchen Genossen setzt die triste Einsamkeit dieser dunklen Monate so sehr zu, dass sie sich das Leben nehmen. Den einen finden sie in seinem Zelt, vom Schrot seiner Flinte zerrissen, ein anderer erhängt sich an einem knorrigen Mandelbaum. Einmal wird auch eine schöne Frau gefunden, von einem eifersüchtigen Liebhaber den Felsen hinuntergeworfen.

Für alle anderen gibt es nur die Möglichkeit, immer weiterzumachen. Das ist womöglich der größte Kraftquell dieser neuen Gemeinschaft: das Wissen, dass es kein Zurück gibt. Dass keine wirkliche Alternative zum Leben in diesem Tal existiert. Wo sollten sie denn hin? Nach Europa zurück, das gerade im Krieg versinkt? Ins restliche Palästina, wo die arabische Bevölkerung immer vehementer gegen die Juden kämpft? Nach Amerika, für das man nur ein Visum bekommt, wenn man reiche Bürgen vorweisen kann?

Hanan wird später einmal sagen, dass es keinen besseren Platz für sie gab als den, an dem sie sich gerade befanden. Auch deshalb, weil dieser Kibbuz der einzige Ort ist, an dem die europäischen Waisenkinder eine neue Familie finden können.

Oft kommt es zu Kämpfen mit Bauern aus den nahe liegenden arabischen Dörfern, die verhindern wollen, dass immer mehr Juden sich im Tal niederlassen. Sechs bis acht Kibbuzniks sind jede Nacht zur Wache eingeteilt, sie sitzen in kleinen Baumhäusern, von denen aus sie das Gelände überblicken können. Als Hanan eines Nachts Wache hält, sieht er plötzlich bewaffnete Männer den Hang hochschleichen. Sie entdecken ihn nicht, weil er oben im Baum zwischen den dichten Ästen verborgen ist. Hanan ist vor Schreck wie erstarrt, eigentlich soll er im Fall eines Angriffs den anderen Wachposten mit seiner Taschenlampe ein Lichtsignal geben. Aber er hat Angst, gesehen zu werden, und wartet, bis die Angreifer hinter einer Erdwelle verschwunden sind.

Jetzt gibt er sein Signal. Von ihren Verstecken in den Bäumen herab eröffnen die anderen das Feuer auf die Angreifer, die ihrerseits wild um sich schießen. Einer der Araber flüchtet den Hang hinunter und legt sich direkt unter Hanans Baum in eine Senke. Hanan richtet seine Waffe auf den Mann, der nicht mehr als zehn Meter von ihm entfernt ist. Sein Herz pocht, sein Atem geht viel zu schnell, seine Hand zittert. Wenn er jetzt schießt, denkt Hanan, wird er den Mann sicher verfehlen. Er versucht, sich zu beruhigen, wird aber nur noch aufgeregter. Schließlich setzt er die Waffe ab. Mittlerweile sind andere Kibbuzniks herbeigeeilt und vertreiben zusammen mit den Wachen die Angreifer. Der Mann, der unter Hanans Baum liegt, springt auf und eilt davon.

Am nächsten Tag erzählt Hanan Nina von dieser Nacht, in der er sich wie ein Versager fühlte. Er sagt, wenn alle solche Angsthasen wären wie er, dann hätte der Kibbuz keine Chance. Nina beruhigt ihn, sie sagt, jeder habe eben seine Stärken und Schwächen. »Aber meine Schwächen können andere das Leben kosten!«, ruft Hanan. Er ist verzweifelt, fühlt sich unbrauchbar für ihre große, gemeinsame Sache. Er geht zum Sicherheitschef des Kibbuz, erzählt ihm von seinem Problem. Der tätschelt Hanan beruhigend die Wange und sagt, das sei doch alles gar nicht schlimm, weil er eine andere Aufgabe für ihn habe.

Am Abend soll Hanan in den Rinderstall kommen, den sie vor ein paar Monaten fertiggebaut haben. Dort erwartet ihn der Sicherheitschef zusammen mit einem anderen Mann, den Hanan bis dahin noch nie gesehen hat. Es ist ein Offizier der Hagana, der jüdischen Untergrundarmee, der Hanan viele Fragen stellt, bis er ihn endlich in ein Geheimnis einweiht, das nur wenige im Kibbuz zu kennen scheinen. Hanan erfährt, dass die Hagana Waffen und Sprengstoff im Kibbuz versteckt. Die meisten Waffen liegen in Erdlöchern im Wald, andere sind hier im Rinderstall hinter Strohballen versteckt, sogar im Kinderhaus sind unter dem Dielenboden Karabiner und Munition verborgen. Der Sicherheitschef erklärt, sie seien gerade dabei, ein neues Waffenversteck zu bauen, unter dem Betonfundament der Bäckerei. Eine Art Bunker, tief in der Erde, sechs mal drei Meter groß. Sie bräuchten jemanden, der über die Waffenbestände Buch führt, der dafür sorgt, dass die Gewehre in bestimmten Zeitabständen von zwei anderen Kibbuzniks geölt und gereinigt werden. »Wir müssen bereit sein für den Tag, an dem unsere Armee den entscheidenden Kampf führen wird«, sagt der Hagana-Offizier. Er sagt, Hanan dürfe mit niemandem darüber sprechen, auch nicht mit seiner Frau. Hanan fragt, warum sie gerade ihn für diese Aufgabe ausgewählt haben. »Weil du Angst hast, das ist gut«, sagt der Hagana-Offizier. »Angst macht vorsichtig.«

Der neue Waffenbunker wird von Hagana-Soldaten gebaut, die abends im Schutze der Dunkelheit durch eine Bodenklappe in der Backstube in die Tiefe hinabsteigen. Sogar Strom und ein Ventilationssystem wird es hier unten geben, eine Stahltür mit einem Hydrauliksystem ist hinter einer Betonschalung verborgen und erlaubt den Zugang zur Waffenkammer.

Viele Tage und Wochen wird Hanan in diesem Bunker verbringen. Er wird lange Listen anfertigen, auf denen jede Waffe mit einer Registriernummer, dem Kaliber und dem aktuellen Wartungsstand vermerkt ist. Feucht und warm ist es unter der Backstube, und Hanan wird sich wie ein Maulwurf fühlen, wenn er wieder an das Tageslicht zurückkehrt und die Augen im Sonnenlicht schmerzen. Und zugleich wird er sehr stolz sein, weil sie ihm, dem schmächtigen Jecke, der nicht den Mut hat, ein Gewehr auf einen Araber abzufeuern, ein großes Geheimnis anvertraut haben.

Offiziell ist er in der Zeit, in der er unten im Bunker sitzt, zusammen mit dem Sicherheitschef auf Erkundungsgängen. Weder Nina noch sonst jemand darf erfahren, was er wirklich macht, erst sehr viel später, als sie längst in einen anderen Kibbuz gezogen sind und der Waffenbunker nicht mehr existiert, wird Hanan von seiner geheimen Mission in Beit HaShita erzählen.

Im November 1939 ist Viktor Wittenberg zu Besuch, ja, ganz recht, Hanans Vater, der stets so zornig gegen den Zionismus gewettert hat, kommt in das Zionistencamp. Ausdrücklich nur, um sich das mal anzusehen. Zuvor hat Hanan dem Vater fast jeden Monat einen Brief geschrieben, hat ihm vom Leben im Kibbuz erzählt, ihm auch nicht die Widrigkeiten und Härten verschwiegen. Der Vater hat ihm zurückgeschrieben, wobei ich mich frage, wie die Post durch die Jesreel-Ebene bis nach Beit HaShita gelangt ist.

Hanan und Nina erfahren, dass die Diskriminierung der Juden in Deutschland immer schlimmer wird. Viktor hat ein Jahr zuvor endgültig seine Zulassung als Anwalt und Notar verloren. Er darf auch nicht mehr ins Kino, ins Theater oder in die Oper gehen. Nicht mal die städtische Bücherei darf er betreten, und als er neulich auf der Post war, hat ihn ein Schalterbeamter, den er seit Langem kennt, provozierend angebrüllt, seit wann denn Juden wie er die deutsche Post benutzen dürften. Viktor sagt, er halte es nicht mehr aus und wolle nun auch weggehen. Aber er kommt mit leichtem Gepäck, will keinesfalls den Anschein erwecken, er hätte sich bereits entschieden.

Es gibt Fotos von diesem Besuch. Man sieht Viktor im Anzug, mit weißem Hemd, Krawatte und unbewegtem Gesicht durch den moddrigen Kibbuz laufen, an der Hand die kleine Hanna. Er wirkt so würdevoll, als liefe er gerade den Kurfürstendamm entlang. Ein anderes Foto zeigt ihn mit Nina und Hanan vor ihrem Zelt. Auch hier ist Viktor ganz der alte Berliner Bourgeois, während Nina und sein Sohn in die groben Arbeitssachen der Kibbuzniks gehüllt sind. Man sieht den beiden die Anstrengungen des Lebens hier im Tal an. Hanan scheint noch dünner geworden zu sein, seine Hüften sind deutlich breiter als die Schultern, die Gesichtshaut spannt über den Wangenknochen. Nina dagegen wirkt drall und gut in Form, sie trägt die Haare jetzt kürzer als früher und bewahrt sich selbst in den schlichten Arbeitskleidern ihre natürliche Eleganz.

Nina und Hanan beschwören Viktor, bei ihnen zu bleiben. Sie sagen, das Leben hier sei sehr einfach und wohl auch oft beschwerlich, aber eben auch voller Wunder und Freude. Viktor bleibt eine Woche, er beobachtet die jungen Leute, die sich hier in den biblischen Bergen ein neues Leben aufbauen. Eines Abends sitzen sie zusammen in dem gerade neu gebauten Speiseraum, und Viktor sagt, er beneide sie darum, dass sie noch mal ganz von vorne anfangen können, aber für ihn sei das wohl nichts mehr.

Viktor, Hanna und Nina in Beit HaShita, 1939

Trotzdem will er hier bei ihnen leben, um bei seiner Familie zu sein und seine Enkeltochter heranwachsen zu sehen. Er will nur noch in Berlin seine Sachen zusammenpacken, ein paar Formalitäten erledigen.

Nina sagt, er solle besser gleich bleiben, sie könnten doch Freunde in Berlin bitten, die Sachen zu schicken. Aber Viktor schüttelt energisch den Kopf. Er sagt, er könne nicht einfach so wegbleiben wie ein Dieb auf der Flucht. »Es wird nicht lange dauern, in spätestens drei Monaten werde ich zurück sein. Genießt die Zeit, da ihr den Alten noch nicht auf dem Buckel habt«, sagt er, als sie sich voneinander verabschieden.

Als Hanan, der seinen Vater zum Schiff nach Haifa begleitet hat, drei Tage später in den Kibbuz zurückkehrt, erfährt er von einer neuen Welle von Überfällen. Die Araber beginnen damit, sich gegen die jüdischen Siedler im Tal zu organisieren, sie bilden paramilitärische Gruppen, die tagsüber Feldarbeiter überfallen und nachts Kornlager anzünden. Die Kibbuzniks verstärken ihre Sicherheitsmaßnahmen, in Beit HaShita wird cin Ausbildungscamp der Palmach, der Jugendorganisation der jüdischen Untergrundarmee, errichtet. Mehrere Dutzend Kämpfer sind nun ständig mit der Bewachung der Felder und Gebäude beschäftigt. Als ein Araber identifiziert wird, der zwei jüdische Feldarbeiter auf ihren Traktoren erstach, wird sein Haus in die Luft gesprengt. Als Antwort brennen die Araber zwei jüdische Häuser nieder und werden dafür mit der Zerstörung von zwei Moscheen bestraft. Aus anfänglichen Scharmützeln wird allmählich ein Bürgerkrieg.

Aber nicht nur die Araber bedrohen die Sicherheit der Kibbuzniks, spätestens seit dem Sommer 1941 bestimmt auch die große Weltkriegslage das Leben im Nahen Osten, weil die deutsche Gefahr sich von zwei Seiten nähert. Vom Süden her droht General Rommels Afrikakorps, dem es gelingt, den britischen Abwehrstellungen im libyschen Bengasi schwere Schläge zu versetzen. Zuvor hat bereits die den Deutschen hörige französische Vichy-Regierung die militärische Kontrolle in Syrien und dem Libanon übernommen, weshalb auch ein Einmarsch feindlicher Truppen aus dem Norden nicht auszuschließen ist.

Ein Notfallplan, der unter den Kibbuzniks schon lange diskutiert wird, tritt nun in Kraft. Im Falle einer deutschen Militärinvasion sollen alle in Palästina lebenden Juden auf den Berg Karmel in der Nähe von Haifa geführt werden.

Die jüdische Untergrundarmee ist dabei, Abwehrstellungen an den Berghängen auszubauen. In der Jesreel-Ebene treffen sich die Hagana-Kommandanten zu einer Krisensitzung, in der beschlossen wird, im Gebiet von Haifa Verstecke für Waffen, Trinkwasser und Proviant anzulegen, sowie auf dem Bergplateau Vorbereitungen für die Unterbringung von 100 000 Menschen zu treffen.

Als der Sicherheitschef von Beit HaShita den anderen Kibbuzniks im Speiseraum von dem Notfallplan berichtet, herrscht langes, besorgtes Schweigen. Dann steht einer der Kibbuzältesten auf und sagt, er werde sich nicht aus diesem Tal vertreiben lassen. »Wir werden kämpfen bis zum letzten Blutstropfen!«, ruft er. Nun springen auch die anderen von den Bänken, recken kämpferisch die Hände in die Luft. Gemeinsam rufen sie: »Bis zum letzten Blutstropfen! Bis zum letzten Blutstropfen!«

Nina wird später ihren Kindern von diesem Abend erzählen, an dem plötzlich allen klar wird, dass man hier nur überleben kann, wenn man sich wehrt. Dass man hier nur siegen wird, wenn man stärker ist als die anderen. Die Idee einer friedlichen Eroberung des Landes erweist sich als Illusion.

Und selbst als die Weltlage sich später erneut wendet, als der britische Feldmarschall Bernard Montgomery mit seiner Armee die deutschen Divisionen zum Rückzug zwingt und auch von Norden her keine Gefahr mehr droht, bleibt doch dieses Gefühl in den Herzen der Kibbuzniks, dass sie nur mit Stärke und Gewalt ihre Ziele erreichen können.

Hanan hat zu dieser Zeit noch ganz andere Sorgen, weil er schon lange nichts von seinem Vater gehört hat, der doch längst aus Deutschland zurück sein wollte. Bis heute ist nicht genau geklärt, was passiert ist. Ob Viktor zu lange zögerte, ob er sich gar noch mal umentschied. Jedenfalls dauerte es eine Ewigkeit, bis er seine Sachen in Berlin sortiert hatte, bis er wusste, was er mitnehmen wollte und was dableiben sollte, bis er das Visum für die Einreise nach Palästina bekam und sein Billett für die Schiffspassage kaufte.

Dann kamen eines morgens, im Januar 1942, die Polizisten in seine Wilmersdorfer Wohnung, beschlagnahmten seinen Pass, zerrissen sein Visum und händigten ihm den Deportationsbefehl nach Theresienstadt aus. Sie sagten, es gebe dort ein Altersheim für betagte Juden, in dem er einen ruhigen Lebensabend verbringen werde. Viktor schrieb seinem Sohn, teilte ihm die traurigen Neuigkeiten mit. Zwei Tage später wurde er zusammen mit 300 anderen Juden am Bahnhof Berlin-Grunewald in Viehwaggons gepfercht und abtransportiert.

Hanan und Nina haben nie erfahren, wie er gestorben ist, aber da Theresienstadt kein Vernichtungslager war, könnte es sein, dass Viktor dort an einer Krankheit starb. Oder an seiner Traurigkeit. Hanan bekam später von der Lagerleitung des KZ eine schriftliche Mitteilung über das Ableben seines Vaters übersandt. Beigefügt war eine Karteikarte, die bestätigte, dass Wittenberg V. Karl am 6. Mai 1943 im Krematorium von Theresienstadt eingeäschert worden war.

So hat der alte Viktor nicht mehr erlebt, wie seine Enkeltochter mit dem Lesen begann, wie Nina und Hanan weitere Kinder bekamen, wie der Kibbuz in der Jesreel-Ebene zur Wiege einer neuen Familie wurde.

GURS
Ilse

Ein halbes Jahr lebt Ilse nun schon in Gurs, dem Internierungslager am Fuße der Pyrenäen. Als sie mit ihrer Schwester Edith im Juni 1940 herkam, war es noch drückend heiß. Der Lehmboden, auf dem die hastig errichteten Baracken stehen, ist hart und rissig. Es gibt keinen Baum und kein Gras. Die Hitze verstärkt den Uringestank, der aus der verseuchten Erde aufsteigt. Riesige Schwärme von Fliegen und Mücken lassen den Gefangenen keine Ruhe. 20 000 Menschen sind hier in 300 Baracken zusammengepfercht. Das Lager besteht aus 13 Blöcken, die mit Buchstaben gekennzeichnet sind. Die Männer- und Frauenblöcke sind je 160 Meter lang und 90 Meter breit, jeder Block ist mit Stacheldrahtzäunen abgegrenzt. Wer von einem Block zum anderen will, braucht einen Passierschein. Die Übergänge werden von bewaffneten Gendarmen kontrolliert. Das Lager ist von einem weiteren Stacheldrahtzaun umgeben. Fluchtversuche werden hart geahndet. Gefangene, die außerhalb ihres Blocks aufgegriffen oder bei Fluchtvorbereitungen erwischt werden, kommen in eine Strafbaracke. Dort wird geprügelt, und es gibt kaum etwas zu essen. Ebenso wird bestraft, wer Brot stiehlt oder mutwillig Einrichtungsgegenstände zerstört.

Durch das Lager führt eine breite asphaltierte Straße, die von den Gefangenen ironisch »Avenue de la Liberté« genannt wird. Die Baracken sind aus rohen Brettern gezimmert und bieten weder Schutz vor Hitze noch vor Kälte. Es gibt keine Fenster, nur ein paar Luken im Dach, die bei schlechtem Wetter verschlossen sind. Eine Baracke ist 25 Meter lang und fünf Meter breit. Es gibt keinen Tisch, keinen Stuhl, keine Bank, keinen Nagel, kein Geschirr. Es gibt nur 60 Strohsäcke, die an den Längsseiten liegen, was bedeutet, dass jeder Gefangene etwa 75 Zentimeter Platz zum Schlafen hat.

Die Wasserstellen sind weit von den Baracken entfernt. Ein paar Wasserhähne über hölzernen Trögen, zwar überdacht, aber den Blicken und der Witterung ausgeliefert. Die Gefangenen stehen Schlange, sie treiben sich gegenseitig an, denn oft versiegt das Wasser plötzlich, weil der nahe gelegene Speicherturm leer ist. Das Lager war im April 1939 schnell und notdürftig gebaut worden, um die Flüchtlinge aus dem spanischen Bürgerkrieg aufzunehmen, unter ihnen viele Kämpfer der Internationalen Brigaden. Nie war von den französischen Behörden vorgesehen gewesen, hier solche Massen unterzubringen.

Das Schlimmste aber sind die Latrinen an den Außenseiten des Lagers, die von den Gefangenen »die Hochburg« genannt werden, weil auf einer Art Pfahlbau ein Steg zu den Aborten führt, die nicht mehr als Luken sind, unter denen Tonnen stehen, aus denen es vor allem im Sommer bestialisch stinkt. Einer der größten Schätze im Lager sind leere

Konservendosen. Die Gefangenen trinken daraus ihren Kaffee oder ihre Suppe. Wer zwei Dosen hat, kann sich nachts den unangenehmen Gang zur Hochburg ersparen.

Ich versuche mir vorzustellen, wie es Ilse und Edith ging, als sie in Gurs ankamen. Eben noch flanierten sie über die Pariser Boulevards, ließen sich in teure Restaurants ausführen, hörten dem Klavierspiel des Vaters zu oder dem Nachtgebet der Mutter. Nun sind sie auf einmal hier, in diesem »Vorhof zur Hölle«, wie Hannah Arendt, die ebenfalls in Gurs interniert war, später schrieb. Ilse wollte lange nicht über ihr Leben im Lager sprechen, erst viel später erzählte sie ihrer Tochter Susi von diesen Jahren, in denen sie das Gefühl für sich selbst verlor, in denen sie daran zu zweifeln begann, dass ein Mensch unbedingt etwas Gutes in sich tragen muss.

Fast alles, was ich über Ilses Zeit in Gurs weiß, habe ich von Susi erfahren, die in einem kleinen Bauernhaus in der Bourgogne lebt, umgeben von geschwungenem Weideland und weißen Charolais-Rindern, die hinter dichten Schlehenhecken grasen. Susi ist hierhergezogen, nachdem sie als Lehrerin in Österreich pensioniert wurde. Sie hat dieses geduckte Haus aus grob behauenen Steinen gekauft, an dessen Fassade ein Hagebuttenstrauch emporrankt. In dem kleinen Garten hinter dem Haus pflanzt sie Blumen und Gemüse. Susi ist eine rundliche Frau mit einem skeptischen Lächeln. Sie sagt, sie begreife erst jetzt, im reifen Alter, was es bedeute, mit einem Ort verwurzelt zu sein.

In Susis Wohnzimmer hängt ein Aquarell, das Ilse während eines Besuches hier gemalt hat. Ilse hat die neue Heimat ihrer Tochter mit warmen Erdtönen auf das Papier getupft. Die alte Eiche und der wilde Pflaumenbaum beugen sich beschützend über das spitze Ziegeldach. »Ilse war, glaube ich, ein bisschen neidisch auf mich, weil ich mich getraut habe wegzugehen«, sagt Susi. »Jetzt bin ich wieder da, wo ich einmal hergekommen bin.« Vor Jahren hat Susi ein Buch über ihre Familie geschrieben, es ist ein Versuch, ihr eigenes Leben zu begreifen. Susi hat das Lager Gurs nie gekannt, aber es ist in ihr, es ist der Beginn ihrer Existenz.

Ein halbes Jahr nach Ilses Ankunft in Gurs weht ein eisiger Wind von den Bergen herüber, es regnet oft. Die lehmige Erde, die im Sommer noch steinhart war, hat sich in Schlamm verwandelt, in dem man versinkt, wenn man von den Planken rutscht, die auf den Wegen liegen. Wer Gummistiefel hat, kann sich bei diesem Wetter hinauswagen, die anderen sind an den kalten Tagen in den Baracken gefangen, wo es dunkel und muffig ist, weil die Luken wegen der Kälte nicht geöffnet werden. In den Baracken gibt es einen Ofen, manchmal sogar zwei. Aber das Brennmaterial reicht nur für ein paar Stunden pro Tag, das Stroh und die Kleidung sind kalt und klamm.

Ilse arbeitet im Lager als Krankenschwester, was für sie den Vorteil hat, dass sie die ganze Zeit beschäftigt ist. So kommt sie gar nicht dazu, in schwarzen Gedanken zu versinken. Außerdem erhält sie größere Essensrationen und hat einen Passierschein für das gesamte Lager. Sie trägt eine französische Schwesterntracht und wird wegen ihres akzentfreien Französischs sogar vom Lagerarzt für eine Einheimische gehalten.

Ilses Schwester Edith kommt weniger gut zurecht. Sie hadert mit ihrem Schicksal, kann es noch immer nicht fassen, dass sie jetzt wirklich hier leben soll. Ende Oktober bekommen die Schwestern einen Brief von ihrem Bruder Gerhard. Der teilt in versteckten Anspielungen mit, er sei vor den vorrückenden deutschen Truppen aus Paris geflüchtet und befinde sich nun in Cannes, wo er unter falschem Namen im Grand Hotel in der Küche arbeite. »Mutti ist jetzt ganz allein in Paris, sie hört auch immer schlechter, ich mache mir Sorgen«, schreibt Gerhard.

Ilse und Edith beraten, was sie tun können. Sie haben von Löchern im Lagerzaun gehört, durch die man nachts schlüpfen kann. Edith sagt, sie werde die Flucht wagen und sich nach Paris durchschlagen. Hier in Gurs würde sie sowieso nur zugrunde gehen. Ilse überlegt, ob sie nicht besser zusammen flüchten. Aber für zwei reicht das Geld nicht, das sie noch vor ihrer Internierung in einem Mantelsaum versteckt haben. Außerdem, wenn sie beide erwischt werden, wird möglicherweise keine von ihnen überleben. Edith ist die geschicktere, vielleicht auch die mutigere der beiden Schwestern. Deshalb soll sie es alleine wagen, das besetzte Frankreich zu durchqueren, wo man sich nicht nur vor den deutschen Soldaten in Acht nehmen muss, sondern auch vor der französischen Zivilbevölkerung, die im Zweifelsfall keinen Unterschied macht zwischen deutschen Besatzern und deutschen Flüchtlingen.

Ich verstehe jetzt besser, was Ilse meint, wenn sie in ihren Erinnerungen schreibt, sie hätten sehr früh erwachsen werden müssen. Sie ist jetzt 21, Edith ist 20, Gerhard ist 17, und anstatt einfach zu leben, wie es andere in ihrem Alter tun, müssen sie Überlebenschancen abwägen, müssen Entscheidungen treffen, die alles verändern.

In einer mondlosen Nacht, Anfang November 1940, schleichen sich die Schwestern zum Lagerzaun. Edith hat sich erkundigt, wo die Chancen am besten sind, unter dem Stacheldraht hindurchzuschlüpfen. Sie finden eine Stelle, die Schwestern umarmen sich zum Abschied, dann macht sich Edith auf den Weg.

Sie wird es tatsächlich schaffen, zwei Wochen später ist Edith in Paris bei der Mutter, die ihren Augen nicht traut, als ihr Kind auf einmal vor der Tür steht. Und dann geschieht etwas Unglaubliches: Edith lernt im Winter in einem deutschen Offizierskasino den Wehrmachtsoberleutnant Hans Hermann Schauwecker kennen. Die beiden verlieben sich, und nur Wochen später zieht Edith zusammen mit ihrer Mutter in eine mondäne Besatzerwohnung in der Avenue Victor-Hugo.

Wie das passieren konnte? Darüber wird in der Familie bis heute gerätselt. Vielleicht ist es ein wenig so wie zu der Zeit, als Edith sich noch zusammen mit ihrer Schwester von wohlhabenden Gönnern aushalten ließ. Sie braucht den Luxus, die Seidenstrümpfe, das Parfüm, die schönen Kleider, den guten Wein. Und offenbar liebt sie diesen Hans Hermann wirklich. Weiß er, dass sie eine illegale Halbjüdin ist? Dass ihre Familie in Lagern sitzt? Weiß sie, dass er mit Anfang 20 in die NSDAP eintrat, dass sein Vater als Vorsitzender Richter am Volksgerichtshof arbeitet?

Wie seltsam zerrissen Ediths Leben gewesen sein muss. Am Morgen schickt sie Pakete mit Würsten und Schokolade in die Lager, in denen ihr Vater und ihre Schwester sitzen. Abends geht sie schick angezogen mit ihrem Hans Hermann ins deutsche Offizierskasino.

Später, als Hans Hermann an die Ostfront muss, wird sie als Verlobte eines deutschen Offiziers zusammen mit ihrer Mutter heim ins Reich nach Hamburg geschickt. Dort wird sie den restlichen Krieg über warten und hoffen, dass sowohl ihre Familie als auch ihr Hans Hermann lebendig zurückkehren.

Ilses Leben nimmt derweil ganz andere Züge an. Im Dezember 1940 bricht eine Ruhrepidemie im Lager aus. Die Infizierten haben hohes Fieber, starke Bauchschmerzen und blutigen Durchfall. Wegen der mangelnden Hygiene breitet sich die Krankheit mit rasender Geschwindigkeit aus.

In der Krankenbaracke wäscht Ilse den infizierten Frauen der Reihe nach den Hintern, weil die Erreger sich vor allem über den Durchfall verbreiten. Ilse trägt Gummihandschuhe, die mit der Zeit Löcher bekommen, weshalb sie ihre Hände regelmäßig in einer Chlorlösung badet. Da es keine Wechselsachen und auch keine Laken gibt, bleiben die halb bewusstlosen Frauen im schmutzigen Stroh liegen.

Jeden Tag sterben Dutzende Gefangene, sie werden außerhalb des Lagers in Gruben beerdigt, die mit Chlorkalk zugeschüttet werden. Ilse rennt hilflos in ihrer weißen Schwesterntracht zwischen den Patientinnen hin und her, die sie um einen Schluck Wasser oder einen letzten Händedruck anflehen. Einmal am Tag kommen die Männer vom Transportkommando und sammeln die Leichen ein, die sie auf Traktoranhängern fortschaffen. Ilse sieht die Leichenberge, riecht die Verwesung und ist eigentlich nur erstaunt darüber, dass sie selbst noch am Leben ist.

Der Tod, wird Ilse später sagen, sei für sie in den Tagen

und Wochen, in der die Ruhr in Gurs wütete, etwas Gewöhnliches geworden. Je mehr Tote es gibt, desto weniger Aufhebens wird um sie gemacht. Der einzelne Mensch hat keine Bedeutung mehr, er geht unter in der Masse der anderen. Ilse beobachtet mit fast emotionslosem Interesse, wie sie immer weiter abstumpft, wie das gestern noch unvorstellbar Grauenhafte ihr schon heute banal erscheint.

In dieser grausamen, hoffnungslosen Zeit taucht eines Tages Heinz auf. Ein schmaler Mann mit einer Habichtnase und wachen hellblauen Augen. Heinz ist ein Arzt aus Österreich, der ebenfalls in Gurs interniert ist und in einer der Krankenbaracken im Männerblock arbeitet. Im Auftrag der Lagerleitung soll er die hygienischen Bedingungen im Frauenlager inspizieren. Heinz kommt mit dem Fahrrad und macht erst mal einen Witz, den Ilse nicht versteht. Heinz lacht, Ilse wird rot. Heinz sagt, nur Engel und Krankenschwestern könnten so schön rot werden.

In ihrem Buch lässt Susi ihre Eltern von diesen ersten Begegnungen erzählen. Ilse sagt: »Ich konnte ihn zu Anfang nicht leiden, weil er über alles Witze gemacht hat. Ich habe mir lange Zeit eingeredet, ich hätte überhaupt nichts für ihn übrig und ich müsste mich nur deshalb öfter mit ihm treffen, um ihm klarzumachen, dass ich nichts Intimes mit ihm zu tun haben will.«

Heinz sagt: »Sie war ein bisserl schwer zu erobern, aber es ging schon. Ich war ein sehr hartnäckiger Mensch und habe viel mit Schmäh gearbeitet. Das hat sie im ersten Moment abgeschreckt, aber dann hat es ihr anscheinend doch gefallen.«

Ilse sagt: »Er war äußerst attraktiv. Es spielte überhaupt

keine Rolle, dass er so klein war. Sein ganzes Gehabe, seine lebhafte Art zu sprechen, seine Persönlichkeit. So dünn war er!«

Bei einem Konzert kommen sich Ilse und Heinz näher. Trotz allen Elends gibt es in Gurs nämlich ein Kulturleben. Viele der jüdischen Flüchtlinge aus Deutschland und Österreich sind Künstler, die mit Unterstützung der Lagerleitung politisches Kabarett, Chansonabende, Tanzdarbietungen, Theateraufführungen und eben auch Konzerte veranstalten. Während Heinz und Ilse in einer der Baracken die A-Dur-Sonate für Violine und Klavier von César Franck hören, halten sie sich an den Händen, zum Abschied bekommt Heinz sogar einen ersten, scheuen Kuss.

In den folgenden Tagen treffen sie sich immer wieder. Sie diskutieren über Philosophie, Mathematik, Politik und Literatur.

Heinz sagt: »Ich habe ziemlich bald zu ihr gesagt: ›Sie wären eigentlich die Frau, mit der ich leben könnte.‹ Ich habe natürlich schon gedacht, ich muss doch im Kopf verrückt sein, noch dazu wo es fast keine Aussichten auf irgendeine Zukunft gab. Trotz allem, ich fand, sie war die Frau, die man gerne haben kann, ein Leben lang.«

Ilse sagt: »Ich merkte, dass das Gegenteil von dem eintrat, was ich mir vorgenommen hatte. Er hörte nicht auf, sich für mich zu interessieren, und ich hatte immer mehr für ihn übrig. Da dachte ich, es hat doch keinen Zweck, sich was vorzumachen. Von einem Tag auf den anderen habe ich dann Ja gesagt.«

Der 8. August 1941 wird ihr offizieller Hochzeitstag, den sie bis zu ihrem Tod gemeinsam feiern. Ihre Ehe wird an diesem Tag von keinem Pastor, Rabbiner oder Standesbeamten beglaubigt. Ilse und Heinz, die ein paar Tage zuvor in die Kommunistische Partei des Lagers aufgenommen wurden, bitten die Genossen der Parteileitung um Zustimmung und feiern später in der Nähe des Wasserturms im hohen Gras ihren weltlichen Bund.

Ohne Heinz wäre Ilse sicherlich nie Kommunistin geworden. Sie war, denke ich, nicht politisch in dem Sinne, dass sie unbedingt eine feste ideologische Heimat gebraucht hätte. Heinz schon. Er suchte dringend eine neue Zugehörigkeit, nachdem er alles verloren hatte. Heinz wuchs in Wien in einer bürgerlichen jüdischen Familie auf, der Vater besaß eine kleine Schuhfabrik, die in den 20er-Jahren pleiteging. Heinz erlebte zuerst den privaten wirtschaftlichen Niedergang und später, nach dem Anschluss an das Nazi-Reich, das politische Desaster und die Judenverfolgung. In der Weihnachtsnacht 1938 flüchtete er nach Antwerpen, wo er zwei Jahre illegal lebte, bevor die Deutschen ihn verhafteten und nach Gurs brachten.

Erst im Lager lernte Heinz die ersten Genossen kennen, er fühlte sich ihnen nahe, weil auch sie gerade alles verloren hatten, sich aber anders als die meisten Juden für den Kampf gegen die Nazis entschieden. »Ich glaube, ich wollte auch meinen Stolz zurückhaben«, schrieb Heinz später. »Und es war klar, dass man dafür etwas tun musste.«

Es gibt ein Foto von Ilse und Heinz in Gurs, sie stehen vor der Krankenbaracke in der Sonne und lächeln in die Kamera. Ilse in ihrer weißen Schwesternuniform und der Haube mit dem roten Kreuz, die sie wie eine Nonne aussehen lassen. Heinz mit geöffnetem weißen Kittel, die

Ilse und Heinz in Gurs, 1941

Hände lässig in die Taschen gesteckt, ein Stethoskop um den Hals. Heinz ist acht Jahre älter als Ilse, er ist schon ein richtiger Mann, während sie noch immer mädchenhaft erscheint.

Mir fällt übrigens auf, dass Ilse, Nina und Hilde einen recht ähnlichen Männergeschmack haben. Wenn man sich anschaut, wen sie geheiratet haben, dann sind die Parallelen kaum zu übersehen: Sowohl Heinz als auch Hanan und selbst Fritz Fränkel sind klein, schmal und unsportlich. Außerdem sind sie witzig, haben großes Charisma und verfügen über beeindruckenden Intellekt.

Und, nicht zu vergessen, alle drei haben eine marxistische Grundüberzeugung und sind jüdischer Abstammung. Es sieht fast so aus, als hätte nur dieser eine Männertyp eine Chance bei den Leo-Frauen.

Ilses größter Kummer in den Wochen nach ihrer kommunistischen Hochzeit ist, dass sie Heinz nur so selten sehen kann. Sie arbeiten beide den ganzen Tag in verschiedenen Krankenbaracken, und auch ihre Unterkünfte sind durch Stacheldrahtzäune getrennt. Ilse hat keinen Passierschein mehr, Heinz besitzt zwar einen, aber er braucht jedes Mal einen offiziellen Grund, um Schwester Ilse zu besuchen. Mal bringt er Medikamente, mal holt er angeblich dringend benötigte Krankenpapiere. Aber selbst wenn sie sich sehen, sind sie nie allein. Manchmal verstecken sie sich im Medikamentenlager oder neben dem Leichenraum. Oder, wenn Ilse doch mal den Block wechseln darf, im Arztzimmer von Heinz.

Jede Minute, die sie miteinander verbringen, ist gezählt, jeder Augenblick ist kostbar, ihre Liebe ist stürmisch und hastig und immer von der Angst begleitet, es könnte schon bald alles vorbei sein. Es gibt einen Brief aus dieser Zeit, von Ilse an Heinz geschrieben. Susi hat den Brief nach dem Tod ihrer Eltern gefunden:

Mercredi.

Mon amour, gestern früh haben wir uns getrennt; ich will darüber nichts mehr sagen, denn es ist gar nicht notwendig. Und außerdem läßt sich das, was wir empfunden haben, nicht mit Worten ausdrücken, ich könnte es auch nicht. Jedenfalls bin ich noch nie so intensiv glücklich gewesen, trotzdem ich glaubte, glücklicher als bisher kann man schon nicht sein – unvergleichliche, unvergeßliche Stunden!

Von hier ist sonst nichts zu nennen; eine neue Schweizer Schwester ist angekommen, wodurch wir etwas weniger Arbeit haben werden. Und bei Dir? Ich liebe Dich, so sehr, wie ich nie geglaubt hätte, lieben zu können. ta biche

»Dein Reh«, so unterzeichnet sie diesen Liebesbrief. Heinz sagt: »Ja, ich habe sie so genannt. Ich weiß nicht, warum, es ist mir eines Tages so eingefallen. Sie hatte etwas Scheues. Ja, sie sah so aus, sogar später mit Susi im Arm schaute sie aus, als ob sie nicht bis drei zählen könnte.«

Ilse sagt: »Es war eine ganz große Liebe zwischen ihm und mir. Trotzdem habe ich immer das Gefühl gehabt, ich kann ihn nie so lieben wie er mich.«

In dieser Zeit verbreiten sich unter den Gefangenen in Gurs zum ersten Mal seit Langem gute Neuigkeiten. Offenbar gelingt es Hitler nicht, England zu besiegen. Zudem zeichnet sich ab, dass Amerika in den Krieg eintreten wird. Diese Nachrichten verändern die Stimmung im Lager, die Menschen schöpfen Hoffnung. Ilse sagt, die Gefangenen seien auf einmal wieder mit erhobenen Köpfen umhergelaufen, sie hätten einander angeschaut und manchmal sogar gelächelt.

Ein Problem bleibt die Versorgung, die Rationen werden immer kleiner. Zwei Scheiben Brot und ein halber Becher Wassersuppe täglich müssen für einen Erwachsenen reichen. Vor Ilses Krankenbaracke stehen die abgemagerten Menschen in langen Reihen, weil es sich herumgesprochen hat, dass Kranke mehr zu essen bekommen. Eine Schweizer Hilfsorganisation schafft Milch und Käse heran, die Extrarationen sollen an besonders Bedürftige verteilt werden. Heinz wird gebeten, zu entscheiden, wem am dringendsten geholfen werden muss. Hunderte Verhungernde stehen vor seiner Arztbaracke, aber die Milch und der Käse reichen nur für 30 Leute. Was für eine furchtbare Aufgabe! Heinz wird zum Herrscher über Leben und Tod.

Eines Tages kommt ein fehlgeleiteter Transport mit jüdischen Familien in Gurs an, die Kinder jeden Alters mitbringen. Bis dahin lebten in Gurs nur Erwachsene, weshalb man auf die Kinder nicht vorbereitet ist. In aller Eile wird ein Kindergarten eingerichtet und auch eine kleine Schule. Wie sich herausstellt, sind unter den Gefangenen etliche ehemalige Lehrer, die froh sind, wieder unterrichten zu können. Die Wachmannschaften besorgen Papier, Stifte und Bücher. Unter den Neuankömmlingen ist auch ein Rabbiner, der selbst vier Kinder hat und in seiner Baracke tagsüber Religionskurse abhält. Ilse begleitet mehrmals Kinder zu seinem Unterricht. In ihren Erinnerungen schreibt sie, der Rabbi sei sehr liebevoll und geduldig mit den Kindern umgegangen. Einmal hört sie ihn sagen: »Liebe Kinder, ich weiß, ihr müsst vieles entbehren, es geht uns allen schlecht. Aber seid nur weiter so tapfer, ihr werdet sehen, ihr werdet belohnt werden. Es werden für euch noch die schönsten Zeiten kommen, was für eine Ungerechtigkeit wäre das sonst!« Ilse sieht die Kinder andächtig nicken, der Rabbi wendet sich ab, ist offenbar plötzlich von den eigenen Gefühlen übermannt, und fügt mit gebrochener Stimme leise hinzu: »Gelacht hätt' ich, wenn diese schönen Zeiten niemals kommen.«

Ilse muss weinen, als sie Heinz am Abend davon erzählt. Und mehr als ein Jahr später muss sie noch viel mehr weinen, als sie erfährt, dass diese jüdischen Familien zu den ersten gehörten, die von Gurs in die Vernichtungslager deportiert wurden. Da waren Ilse und Heinz schon nicht mehr da, die schlimmsten Tage von Gurs kannten sie zum Glück nur aus Erzählungen. Die Deportationen begannen im August 1942. Mehr als 20 000 Menschen wurden von Gurs in das Sammellager Drancy gebracht, von wo die Transporte nach Auschwitz und Treblinka gingen. In Gurs selbst starben mehr als 1000 Menschen an Hunger, Krankheit und Entkräftung.

Ilse und Heinz überlebten, weil eine Organisation, die sich »Amitié Chrétienne« nannte, sie im November 1941 aus dem Lager holte. Die Organisation brachte Gruppen von bis zu 60 Internierten in kleinen Orten in der Nähe von Lyon unter und half damit, die völlig überfüllten Lager zu entlasten. Die Vichy-Regierung war mit der Verlegung der Gefangenen einverstanden, weil sie selbst von der Menge der Gefangenen überfordert war, die sich im Laufe des Krieges in Südfrankreich angesammelt hatten. Die einzige Bedingung war, keine Juden in diese Zentren aufzunehmen, weshalb ein Pfarrer der »Amitié Chrétienne« wochenlang damit beschäftigt war, die Juden aus Gurs zu taufen.

Ilse und Heinz waren ja bereits getauft, aber das wird nicht der Grund gewesen sein, warum sie zu den Auserwählten gehörten. Die christliche Organisation brauchte dringend Ärzte und Krankenschwestern, die sich um die aus dem Lager verlegten Internierten kümmern konnten, deshalb fiel die Wahl auf die beiden.

Der Abreisetag ist der 25. November 1941. Ilse notiert in ihr Tagebuch:

Ein Wagen der Kommandantur brachte unser Gepäck am Vorabend in die Garage am Lagereingang. Die Abfahrt war auf 5 Uhr morgens festgesetzt. Wir brachen um 4 Uhr auf, trotz der nächtlichen Stunde von ein paar Freunden begleitet. Dann wurde das Gepäck kontrolliert, und wir stiegen in einen mit einer Plane zugedeckten Lastwagen, in den kein Lichtschein drang. Wann sich der Schlagbaum hob und wir den Stacheldraht durchquerten, konnten wir nur vermuten.

Haben die beiden damals begriffen, welches Glück sie hatten? Dass der Verbleib in Gurs den sicheren Tod bedeutet hätte? Heinz sagt später, man habe zu dieser Zeit noch nichts von den Vernichtungslagern gewusst. Das hätte sich auch niemand vorstellen können. Sie seien einfach froh gewesen, nicht mehr hinter Stacheldraht zu sitzen, nicht bei jedem Schritt um Erlaubnis fragen zu müssen.

Sie kommen nach Chansaye, 60 Kilometer nördlich von Lyon. Dort sind sie in einem ehemaligen Hotel untergebracht und dürfen sich im Umkreis von fünf Kilometern frei bewegen. Sie haben sogar ein Zimmer für sich, was für die beiden der allergrößte Luxus ist. Ilse erinnert sich an die ersten Tage dort, an die Ruhe, an die Wärme in den Räumen. Plötzlich ist auch dieser beißende Geruch nicht mehr da, dieses Gemisch aus Chlor, schwelendem Feuerholz und offenen Latrinen. Ilse stellt verwundert fest, dass sie diesen Geruch schon gar nicht mehr bemerkt hatte. Dafür duftet es jetzt nach frischer Minze und Thymian, die in einem kleinen Gewächshaus im Garten wachsen. Ilse schreibt in ihrem Tagebuch, sie hätten in ihrer Freude beinahe vergessen, dass sie immer noch Internierte waren.

Dass die Gefahr noch lange nicht vorüber war. *Wie sehr doch das Glück von dem abhängt, was man gerade an Unglück erlebt hat. Die kleinsten Dinge erschienen uns auf einmal wie die größten Wunder.*

Kurze Zeit später merkt Ilse, dass sie schwanger ist. Beide wissen, dass es trotz der verbesserten Lebensbedingungen in Chansaye eigentlich nicht der Moment ist, um ein Kind zu bekommen. Trotzdem ist Ilse sofort klar, dass sie das Baby behalten will. Sie schreibt einen Brief an ihren Vater, in dem sie von einem kleinen Mädchen mit blonden Haaren und blauen Augen erzählt, das gerade in ihrem Leib heranwachse. Sie weiß schon alles, bevor sie überhaupt etwas wissen kann. War das Ilses Art, ihr Schicksal zu erzwingen? Dem Elend die Hoffnung entgegenzusetzen? *Wer ein Kind hat, der hat wohl auch eine Zukunft,* schreibt sie in dem Brief an den Vater.

Es kommt das Winterende, das Frühjahr. Sie genießen den Frieden, der sie umgibt, die frischen Eier, die sie einmal die Woche vom Bauern bekommen, die lauen Abende auf der kleinen Terrasse hinter dem Haus. Es ist zwar Krieg, aber davon merken sie hier wenig. Ilses Bauch wird immer größer, Heinz achtet peinlich genau auf die Ernährung der werdenden Mutter. Weil er manchmal auch die Leute im Dorf behandelt, bekommt er mal hier eine Wurst und mal da ein Töpfchen Schmalz zugesteckt. Der Hunger, der sich im Lager als ständiger Gast in ihren brennenden Mägen eingerichtet hatte, ist fast vergessen. Sie leben in ihrer kleinen Welt, versinken im unerwarteten Glück. Es gibt die Wiesen und Felder, die sich um das Dorf erstrecken, den Fluss, in dem Heinz Forellen fängt, den nahen Wald, in dem sie stundenlang spazieren gehen. Mehr wollen sie eigentlich gar nicht sehen, warum denn auch? Kann man die große, schreckliche Welt nicht einfach mal vergessen?

Nein. Kann man nicht. Denn es kommt der Sommer 1942, den man später in Frankreich auch den blutigen Sommer nennen wird, weil nun die große Jagd auf die Juden beginnt. Nicht nur aus den Lagern werden sie deportiert, in ganz Frankreich finden Razzien statt. Die französische Verwaltung und die Polizei arbeiten Hand in Hand mit den Deutschen. Frankreichs Regierungschef Pétain hofft, auf diese Weise das Wohlwollen der Nazis zu erlangen und somit auch schon bald wieder die Souveränität über die besetzten Gebiete. Französische Gendarmen durchkämmen die Städte und Dörfer, zerren im Morgengrauen Juden aus Wohnungen und Häusern, bewachen die Viehwaggons, in denen sie in den Tod geschickt werden.

So werden Ilse und Heinz aus ihren Träumen geschüttelt. Im August ist Ilse im neunten Monat schwanger. »Während der Schwangerschaft hatte ich überhaupt keine Komplikationen«, erzählt sie später ihrer Tochter Susi. »Wir hatten von den Razzien gehört und wussten, jeden Tag könnten wir dran sein. Aber ich habe mir gedacht, ich muss ein gesundes Kind zur Welt bringen, und habe mich darauf konzentriert.«

An einem Abend sitzen Heinz und Ilse in ihrem Zimmer und beraten, was sie tun sollen. Es klopft an der Tür, Heinz öffnet, im dunklen Hausflur steht David, der Verwalter des Hotels. Er ist sehr aufgeregt, flüstert, die französische Polizei werde schon bald nach Chansaye kommen und alle

Juden abholen. Die Information hat er von einem Mann aus dem Dorf, dessen Bruder bei der Gendarmerie ist. »Ihr müsst weg, so schnell wie möglich«, sagt David. Er hat auch schon alles vorbereitet, vor der Tür steht ein Leiterwagen, der Ilse zum Bahnhof bringen soll. Von dort wird sie nach Lyon fahren und in der Wohnung einer Hebamme unterkommen. Heinz rät er, sich im Wald zu verstecken. Es gebe da eine Stelle, etwa zehn Kilometer vom Dorf entfernt, unter einem Felsvorsprung, in der Nähe eines Baches.

Heinz und Ilse sehen sich erschrocken an, sie packen ihre Sachen. Heinz trägt Ilse den Koffer zum Leiterwagen, sie umarmen sich, Ilse weint, Heinz versucht sie zu beruhigen, dabei zittert er selbst am ganzen Körper. Ein Jahr lang haben sie hier ein fast normales Leben geführt. Sie haben das Kind in Ilses Bauch wachsen sehen und dachten vielleicht wirklich irgendwann, dieses neue Leben könnte sie vor allem Bösen schützen. Weil es doch sonst, wie der Rabbi in Gurs sagte, eine so große Ungerechtigkeit wäre.

Der Leiterwagen fährt los, Ilse sieht Heinz in der Dunkelheit verschwinden. Sie wissen nicht, wann sie sich wiedersehen werden. Ob es überhaupt ein Wiedersehen geben wird. Ob Heinz je sein Kind in den Armen halten kann. Ilse beschließt, tapfer zu sein, nur an das Kind zu denken. Mitten in der Nacht kommt sie bei der Hebamme in der Rue Charles Richard an, einer kleinen Straße im Lyoner Arbeiterbezirk Montchat. Die Hebamme führt sie in ein Zimmer, in dem bereits zwei andere schwangere Frauen liegen. Später erfährt Ilse von den Frauen, diese Wohnung sei eine Art private Klinik, in der vor allem Abtreibungen durchgeführt würden. Acht Tage lang liegt Ilse in ihrem

Bett und wartet, dass endlich die Wehen beginnen. Ihre Gedanken wandern immer wieder zu Heinz. Ob er jetzt wirklich im Wald lebt? Oder wurde er schon verhaftet?

Jeden Tag kommt ein Arzt zu Ilse, ein älterer Mann, der ihr beruhigend die Hand tätschelt und sagt, das Baby sei offenbar nicht in Eile, auf diese Welt zu kommen, was man ja auch verstehen könne.

Die Wehen beginnen am Abend des 1. September gegen 20 Uhr. Es dauert die ganze Nacht, bis um sieben Uhr morgens das blonde blauäugige Mädchen auf die Welt kommt, von dem Ilse bereits hellsichtig ihrem Vater geschrieben hatte. Zwei Tage nach Susis Geburt kommt ein Pfarrer vorbei, der das Kind evangelisch tauft. Der Pfarrer ist nett und diskret, er weiß, dass diese Taufe nur den einen Zweck hat, das Neugeborene vor der Verfolgung zu beschützen. Er sagt, er erlebe gerade sehr viele solcher Glaubensbekenntnisse, und es sei sicher im Sinne seines Herren, das Leben Unschuldiger vor den Barbaren zu retten. Der Pfarrer gibt Ilse die Adresse seiner Kirche, sagt, sie seien zwar nur eine kleine Gemeinde, aber jederzeit bereit, Mutter und Kind zu unterstützen.

So erlebt Ilse dieses Frankreich immer wieder auf doppelte Weise. Als das Land, in dem sie verfolgt wird. Und in dem man sie beschützt.

Eine Woche nach der Geburt kehrt Ilse mit dem Baby nach Chansaye zurück. Sie erfährt vom Verwalter des Flüchtlingsheims, dass die Gendarmen wirklich gekommen sind, dass Heinz aber zusammen mit ein paar anderen Männern fliehen konnte und in Sicherheit ist. Ilse beginnt zu begreifen, dass die »Amitié Chrétienne«, die sie aus dem Lager holte, nicht nur auf offiziellen Wegen Flüchtlingen hilft, sondern auch illegalen Widerstand organisiert. Es gibt innerhalb der Organisation ein gut funktionierendes Nachrichtennetz und einen Kreis von mutigen Christen, die zu Hause Juden verstecken, obwohl sie damit sich selbst und ihre Familien gefährden.

Heinz ist zu dieser Zeit bei einer alten Dame, etwa 50 Kilometer von Chansaye entfernt, versteckt. Er hat davor fünf Tage im Wald verbracht, hat sich von Pilzen und wilden Beeren ernährt. Später wird er sagen, er habe große Angst gehabt in dieser Zeit, allerdings mehr vor den Wildschweinen als vor den Gendarmen.

Drei Wochen nach Susis Geburt hält Heinz das Warten nicht mehr aus, er will jetzt endlich seine Tochter sehen! Über das Netzwerk lässt er Ilse von seinem Kommen wissen, dann läuft er an einem Tag die 50 Kilometer zu Fuß nach Chansaye.

Ilse schreibt in ihren Erinnerungen: *Wir haben ausgemacht, wenn es dunkel wird, lassen wir ihn herein. Aber ausgerechnet an dem Abend gab es eine kleine Komplikation: Jemand hatte seine Uhr verloren. Den ganzen Abend, eine Ewigkeit für mich, haben sie mit Kerzen nach der Uhr gesucht. Heinz hat die ganze Zeit vor dem Haus in der Dunkelheit gestanden, hat das Kerzenlicht gesehen und nicht gewußt, ob es ein Warnsignal für ihn ist. Gott sei Dank hat er gewartet. Wir hatten als Signal, daß er reinkommen kann, die ersten Takte der fünften Beethoven-Symphonie vereinbart. Ganz unauffällig! Mein Gott, wir waren so naiv!*

Irgendwann ist es so weit, und Heinz kann für ein paar Stunden in das Zimmer schlüpfen. Er hält seine Tochter im Arm, die friedlich schläft. Er sieht ihr rosiges Gesicht, hört ihren regelmäßigen, tiefen Atem. Heinz schließt die Augen, für einen Moment sind die Furcht und die Hatz vergessen, spürt er seine wund gelaufenen Füße nicht mehr, bleibt alles um ihn herum stehen. Dann hören sie Schritte im Treppenhaus, Heinz legt Susi auf dem Bett ab und springt in den Kleiderschrank. Das Kind wacht auf und beginnt zu schreien. Nach ein paar Minuten kommt Heinz wieder aus dem Kleiderschrank, aber da sind Susis Augen schon wieder geschlossen.

Sie löschen das Licht, schlüpfen unter die Bettdecke und liegen da, eng umklammert. Heinz erzählt Ilse, er sei einer Widerstandsgruppe der österreichischen Kommunisten beigetreten. Er will nicht immer nur vor den Deutschen zurückweichen, er will etwas tun. Ilse sagt, dann wolle sie auch dabei sein. »Und was ist mit unserer kleinen Susi?«, fragt Heinz. »Sie wird mich beschützen«, sagt Ilse. »Niemand wird denken, dass die Mutter eines Kleinkindes bei den Partisanen kämpft.« Heinz betrachtet besorgt Ilses Gesicht, das ihm im fahlen Licht des Morgengrauens noch weicher erscheint als sonst. Dann sagt er lächelnd, er habe sich so etwas schon gedacht, und legt einen französischen Personalausweis auf das Kopfkissen. Ilse sieht ihr Passfoto, den offiziellen Behördenstempel und auch ihren neuen Namen: Irène Tréflère, geboren in Mühlhausen, im Elsass. Heinz heißt nun Henri Tréflère. Er sagt, er würde den Namen gerne für immer behalten, weil Henri so schön klinge. Ab jetzt sind sie beide im Untergrund, und ihr Leben wird noch gefährlicher sein, als es ohnehin schon war.

Noch bevor die ersten Hähne im Dorf krähen, macht

sich Heinz auf den Weg zurück in sein Versteck. Er wird schon bald unter seinem neuen Namen als Dolmetscher bei der Heeresunterkunftsverwaltung der Wehrmacht in Narbonne anheuern, es ist seine erste Mission für die Résistance. Er hat nicht nur einen gefälschten Ausweis, sondern sogar eine Geburtsurkunde, ausgestellt in Tourcoing, in der Nähe der belgischen Grenze. Der dortige Standesbeamte arbeitet ebenfalls für die Résistance, sodass die Geburt von Henri Tréflère auch in den Archiven des Rathauses dokumentiert ist, wie übrigens auch die Heirat mit einer gewissen Irène.

Heinz sammelt tagsüber Informationen über die Standorte und Versorgungswege der Wehrmacht, nachts verteilt er heimlich Flugblätter in der Stadt, die deutsche Soldaten zur Sabotage oder Kapitulation aufrufen. »Der Krieg ist verloren. Macht dem sinnlosen Blutvergießen ein Ende«, steht auf den Flugblättern. Heinz kommt mit deutschen Soldaten ins Gespräch, er spürt ihre Ängste und Zweifel größer werden.

Aber nur ein halbes Jahr später fliegt seine Résistance-Gruppe auf. Namen und Decknamen gelangen in die Hände der Gestapo, die meisten aus seiner Gruppe werden verhaftet oder nehmen sich das Leben. Heinz wird nicht entdeckt, taucht aber trotzdem in den Cevennen unter und wird dort von einer anderen Gruppe aufgenommen. Sie verstecken sich in abgelegenen Schluchten, wohnen in zerfallenen Scheunen. Von dort aus planen sie Angriffe auf Wehrmachtstransporte, sprengen Bahngleise oder versuchen, Kameraden zu befreien. Als Arzt und Dolmetscher ist Heinz für die Gruppe eine große Hilfe.

Als Kämpfer ist er weniger zu gebrauchen, er ist zu zerstreut und ungeschickt. Einmal lässt er aus Versehen eine Tasche mit wichtigen Dokumenten in einem Café stehen, ein anderes Mal erschießt er fast einen Kameraden, als er seine Waffe abstellen will.

Ilse arbeitet unterdessen als Krankenschwester in einem illegalen jüdischen Kinderheim in Limoges. Mehr als 100 Kinder aus Polen, Deutschland, Österreich und Frankreich leben hier auf einem ehemaligen Bauernhof versteckt. Der Hof dient auch als Waffenumschlagplatz der Résistance. Die Waffen werden zusammen mit Verbandsmaterial, Wäsche und Lebensmitteln von den Alliierten mit Fallschirmen abgeworfen. Die Partisanen sammeln die Pakete auf und lagern sie auf dem Hof, der von bewaffneten Kämpfern bewacht wird.

Es ist Ende Mai 1944, die Landung der Alliierten in der Normandie steht unmittelbar bevor. Überall in Frankreich verstärkt die Résistance ihre Aktivitäten, um so viele Wehrmachtseinheiten wie möglich zu binden. Auch um Limoges herum wird erbittert gekämpft. Der Lärm der Geschütze und schweren Maschinengewehre ist zu hören, die Kinder im Heim sind verängstigt, manche weinen die ganze Nacht. Ilse eilt durch die dunklen Schlafsäle, versucht die Kinder zu beruhigen, singt Einschlaflieder und erzählt lustige Geschichten. Dabei hat sie ihre Tochter Susi im Arm, die eigentlich im Schwesternzimmer untergebracht ist, aber wegen des Geheuls der Haubitzen ebenfalls nicht schlafen kann.

Eines Morgens findet Ilse in der Nähe des Bauernhofes einen verletzten deutschen Soldaten, der sich blutend hergeschleppt hat. Ilse läuft ins Haus, will Verbandszeug holen, als sie zurückkommt steht da ein Partisan, der dem Deutschen einen Kopfschuss verpasst. »Ich habe das nicht verstanden«, wird sie später sagen. »Wenn einer am Boden lag, haben wir dem geholfen, egal, ob er Partisan oder deutscher Soldat war. Meistens haben wir gar nicht geschaut, was die anhaben.«

Einmal heißt es, die Partisanen hätten gesiegt, Limoges sei befreit. Die Menschen feiern ein großes Fest, tanzen auf den Straßen, umarmen die Partisanen. Am nächsten Tag kommt die Wehrmacht zurück, ein Dutzend Leute werden am Brückengeländer aufgehängt.

Einmal kommt ein österreichischer Genosse zu Ilse ins Kinderheim. Er sagt, ihr Bruder Gerhard sei von den Deutschen verhaftet worden. Gerhard hat sich wie Heinz im Auftrag der Résistance als vermeintlicher elsässischer Dolmetscher bei der Wehrmacht verdingt. Er arbeitete in der Transportkommandantur in Toulouse und in Castres. Dort geriet Gerhard in eine Falle, die Gestapo nahm ihn fest, misshandelte ihn und ließ ihn in einem Schnellverfahren zum Tode verurteilen. Die Hinrichtung soll in Paris stattfinden, weshalb Gerhard am 3. Juni 1944 in Toulouse von SS-Leuten in einen Zug gestoßen wird.

Es ist diese Geschichte, die mit der Befreiung meines Großvaters am Bahnhof von Allassac endet, diese Geschichte, die Gerhard mir so oft erzählte, dass sie mir irgendwann gar nicht mehr real erschien, sondern zu einer Art Heldensaga wurde. Allassac ist nur etwa 80 Kilometer von Limoges entfernt, so nahe sind sich Ilse und Gerhard nicht mehr gewesen, seit sie Paris verlassen mussten. Auf ein Wiedersehen aber werden die Geschwister noch lange warten müssen.

Und Ilse und Heinz? Fast zwei Jahre lang haben sie sich nicht gesehen, bekamen nur manchmal eine Nachricht voneinander, wussten, dass der andere noch am Leben ist.

Am 21. August ist Limoges befreit, drei Wochen später fast ganz Frankreich. Heinz kann endlich die Cevennen-Schluchten verlassen und zieht mit seinen Kameraden in Nîmes und Alès ein. Zur gleichen Zeit ist Gerhard bei der Befreiung von Tulle dabei. Wilhelm verlässt sein Versteck in Montauban, in das die Genossen der Résistance ihn brachten, nachdem er aus dem Internierungslager Les Milles flüchten konnte. Wilhelm versucht, sich nach Paris durchzuschlagen. Und Ilse macht sich mit Susi auf dem Arm auf den Weg zu ihrem Mann.

Im Grand Hotel von Alès stehen sie sich eines Abends auf einmal gegenüber. Heinz in der Uniform eines Offiziers der Befreiungsarmee. Ilse in ihrer weißen Schwesterntracht. Heinz sagt: »Gut, dass Sie da sind, Schwester, ich brauche dringend eine Herzmassage.« Ilse sagt: »Du und deine dummen Witze!« Dann fällt sie ihm in die Arme.

Sie haben wieder ein paar Monate zusammen, leben in einer winzigen Wohnung in der Rue Traversière de Belfort in Toulouse. Heinz ist ein Soldat ohne Krieg, Ilse eine Krankenschwester ohne Patienten. Sie haben also Zeit für sich und ihre Tochter, die immer mal wieder ihre Mutter fragt, wer denn eigentlich dieser fremde Mann sei. Und obwohl sie nichts zu essen haben, obwohl sie keine Kleidung haben, obwohl die Wohnung kalt und feucht ist, obwohl

Ilse und ihre Tochter Susi im befreiten Toulouse

in den Straßen die Fäkaliengräben überlaufen, sind sie doch noch nie so glücklich zusammen gewesen.

Ilse notiert in ihr Tagebuch: *Es war eine Friedenszeit. Eine herrliche Stimmung. Jeder hat geglaubt, alles wird ganz anders, ein neues Leben fängt an, Menschenverbrüderung, keine Klassen mehr. Ständig wurde auf den Straßen getanzt. Diese Stimmung hat lange gehalten. Man hat geglaubt, die Leute sind alle gescheiter geworden, so etwas darf nicht mehr passieren, wir werden alles von Grund auf verändern.*

Heinz bekommt von der Partei den Auftrag, nach Österreich zurückzukehren und eine neue Gesellschaft aufzubauen. Das bedeutet eine erneute Trennung von Ilse, da es zu dieser Zeit keine funktionierenden Verkehrsmittel gibt, und der einzige Weg nach Hause zu Fuß über die Alpen führt. Da auch Ilse denkt, der Aufbau des Kommunismus sei im Moment möglicherweise wichtiger als ihr privates Liebesglück, schultert Heinz Anfang Mai 1945 einen alten Militärrucksack und beginnt zusammen mit einem ebenfalls entsandten Genossen in Grenoble den Aufstieg ins Gebirge.

Am kleinen Sankt-Bernhard-Pass überqueren sie die Grenze nach Italien und kommen drei Tage später auf der anderen Seite im Tal an. In Turin übernachten sie bei Genossen, auf dem Weg zur Adria dürfen sie in Militärautos mitfahren. In Bad Vöslau gibt es auf einmal einen Zug, der sie nach Wien bringt. Heinz läuft durch die zerstörte Stadt, aus der er sieben Jahre zuvor vertrieben wurde. In einem Brief an Ilse schreibt er: *Wir müssen jetzt die Trümmer beiseite schieben, auch die Trümmer des verbohrten Denkens, des Hasses und des Rassenwahns. Ich bin bereit, dabei mitzuhelfen.* Dachte Heinz wirklich, die Wiener hätten auf einen wie ihn gewartet, um endlich bessere Menschen zu werden?

Während Heinz über die Alpen steigt, um sein Land vom Nazismus zu befreien, fährt Ilse mit Susi nach Paris, wo sie endlich, nach so vielen Jahren der Trennung, ihren Vater wiederfindet. Doch als sie ihn dann schließlich auf dem Bahnsteig an der Gare du Nord erblickt, erschrickt sie. Wilhelm ist schmächtig geworden und stark gealtert, er muss sich auf einen Stock stützen, die Jahre im Lager und in der Illegalität haben ihm zugesetzt.

Sie beziehen eine Zweizimmerwohnung in der Rue Barbanègre, in der Nähe der Porte de la Villette. Wilhelm genießt das Zusammenleben mit Tochter und Enkeltochter. Er kauft eine kleine Holzeisenbahn und spielt mit Susi den ganzen Abend lang. Ilse hört Susis Lachen, sieht Wilhelms jungenhafte Augen und merkt auf einmal, wie sehr ihr das alles gefehlt hat. Eine lange nicht mehr gespürte Wärme steigt in ihr auf. Ihr ist, als hätte all die Jahre über ein schweres Kettenhemd die Brust umspannt. *Vielleicht mußte das so sein, vielleicht hätte ich es sonst gar nicht geschafft, durch diese Zeiten zu kommen*, schreibt sie in ihren Erinnerungen. *Dieses Kettenhemd, das mich beschützte und wohl auch ein wenig taub werden ließ, sitzt jetzt lockerer und manchmal spüre ich es gar nicht mehr. Aber ganz abschütteln kann ich es nicht, es scheint nun auch zu mir zu gehören.*

Wilhelm, von der Familie und der nahenden Heimkehr nach Deutschland beschwingt, schmiedet bereits große Pläne. In einem Brief an seine Frau Frieda, die zusammen mit Edith heim ins Reich geschickt worden ist, schreibt er: *Ich möchte wirklich gern Richter sein. Das verstehe ich am besten. Als Anwalt nochmals den Kampf aufzunehmen, hab ich keine Lust. Nebenbei werde ich schriftstellerisch, musikalisch, kulturpolitisch mich betätigen. Ich würde, glaube ich, sehr gerne in Hamburg arbeiten, obwohl ich das von hier aus kaum übersehen kann. Hoffentlich, hoffentlich bekomme ich bald die nötigen Papiere und Genehmigungen und darf zu euch kommen.*

Ich umarme euch, Vati

Auch Ilse versucht alles, um so schnell wie möglich zu Heinz nach Wien zu gelangen, aber es ist fast aussichtslos, einen Platz in einem der überfüllten Züge zu bekommen. Sie schreibt in einem Brief an Heinz: *Paris, das ich doch so sehr liebte, sagt mir im Moment überhaupt nichts; ich lebe ja doch nur halb, bin überhaupt nicht imstande, Eindrücke aufzunehmen. Ich kann dir gar nicht sagen, wie gespannt ich bin zu hören, was du treibst, was deine Beschäftigung ist, ob sie dir eine Arbeit gegeben haben. Hoffentlich erfahre ich es bald. Jedenfalls, mein Liebster, lebe ich nur in der Hoffnung unseres diesmal endgültigen Wiedersehens. Ich male mir schon aus, wie ich am Bahnhof ankommen werde und du mich dann erwartest.*

Anfang November 1945 haben Wilhelm und Ilse endlich alle Reisedokumente zusammen, für die Wohnung ist ein Nachmieter gefunden. Am 12. November, es ist ein Montag, bringt Wilhelm zuerst Susi zum Kindergarten, dann fährt er mit der Metro zur Place de la Madeleine, um für Ilse und sich Konzertbilletts zu kaufen, schließlich muss die nahende Heimkehr gefeiert werden. Auf dem Rückweg nach Hause bricht Wilhelm zusammen. Als Passanten zu ihm eilen, um ihm vom Gehweg aufzuhelfen, ist er bereits tot.

Es ist ein Herzinfarkt, Wilhelm wird 61 Jahre alt. In der Familie wurde immer gesagt, es sei die Freude gewesen, die ihn umbrachte. Die Freude darüber, nach zwölf Jahren endlich nach Deutschland zurückzukehren. Das klingt tröstlich, finde ich, und zugleich umso trauriger.

Am 30. November schreibt Ilse nach Hamburg: *Die Einäscherung war sehr schön und feierlich. Der Pastor sprach über Vatis Lieblingstext: »Sei getreu bis in den Tod, so will ich dir die Krone des Lebens geben.« Alle Österreicher und Deutschen waren geschlossen erschienen; Rudolf Leonhard sprach noch hinterher über Vati, seine Verdienste, seine Persönlichkeit. Ich sage euch, er ist so gestorben, wie er es sich immer gewünscht hat, ganz plötzlich. Und er hat noch die Vorfreude gehabt, die Gewißheit, bald zu euch fahren zu können. Und ich muß sagen, unser kleines Familienleben war auch so wunderbar harmonisch hier in Paris, in der kleinen Wohnung. Susi hat er so gern gehabt. Sie ihn auch. Sie fragt immer noch nach ihm, und wenn sie abends den Tisch deckt, stellt sie immer auch einen Teller mehr hin. »Für den Großvater, wenn er zurückkommt.«*

Am 4. Dezember steigt Ilse zusammen mit Susi in den Arlbergexpress nach Wien. Mehr als 40 Stunden dauert die Fahrt, die immer wieder durch lange Aufenthalte an den Grenzübergängen und zwischen den verschiedenen Besatzungszonen unterbrochen wird. Sie kommen in einem zerstörten Bahnhof an, wo die Gleise in einem riesigen Schutthaufen enden. Das, sagt Susi, sei eines der ersten Bilder, an die sie sich erinnern könne. Sie ist drei Jahre alt und wundert sich, was ihre Mutter in dieser kaputten Stadt will, in der die Menschen eine äußerst seltsame Sprache sprechen. Susi schreibt in ihrem Buch:

6. Dezember 1945. Sie hält meine Hand fest. Mit der anderen Hand umklammere ich das Täschchen, das sie mir um die Schulter gehängt hat. Wir gehen lange neben den Schienen, weil der Zug weit draußen stehengeblieben ist. Grasreste wachsen zwischen den Schwellen. Über uns ist grauer Himmel. Es weht ein kalter Wind, aber mir ist warm in meinem Mäntelchen aus grauweißem Hasenfell. Sie bleibt stehen, um den schweren Strohkoffer kurz abzustellen. Sie ist sehr schön. Ihre Lippen sind rot geschminkt, ihre Wangen gerötet. Wir gehen weiter. Sie drückt meine Hand fester und beschleunigt ihren Gang. Jetzt haben wir das, was einmal die Bahnhofshalle war, erreicht. Über uns unverändert der graue Himmel. Es gibt keine Wände und kein Dach, nur die Treppe, die in die untere Halle führt, ist erhalten geblieben.

Wir gehen auf die Treppe zu, beginnen hinunterzusteigen. Plötzlich bleibt sie stehen, läßt mich aber nicht los, hockt sich neben mich, so daß ihr Gesicht auf der Höhe von meinem ist. Eine Hand legt sie um meine Schulter, mit der anderen zeigt sie die Treppe hinunter. Ich spüre, daß sie aufgeregt ist. »Ton papa«, flüstert sie. Ich habe den Mann schon gesehen, der die Treppe heraufhastet, er steht vor mir, nimmt mich, hebt mich in die Luft, wirbelt mich herum, läßt mich nicht mehr los, bis wir in der Straßenbahn sitzen.

CHRIST'S HOSPITAL
André und Hilde

Schon vom Bahnhof aus sieht André die Türme aus rotem Backstein, die stolz in den Himmel ragen. Er geht den von Rosenhecken flankierten Kiesweg entlang, betritt den gewaltigen Innenhof, der von Gebäuden groß wie Bahnhofshallen umrahmt wird. Er fragt einen Jungen in seinem Alter, wo denn die Schule sei. Der Junge sieht ihn belustigt an, deutet um sich herum. »Das hier ist die Schule«, sagt er. »Willkommen in Christ's Hospital!«

Eine Hausdame führt André zur Kleiderkammer. Er bekommt einen langen dunkelblauen Mantel mit silbernen Knöpfen, in die das Abbild von King Edward VI. geprägt ist, der diese Schule einst unter seinen Schutz stellte. Dazu trägt man einen braunen Gürtel mit schmaler Silberschnalle, ein weißes Leinenhemd mit Kragenbändern, dunkelblaue Kniehosen, die an den Seiten mit Samtknöpfen verschlossen werden, und gelbe Strümpfe, die an den Waden kratzen. André zieht sich um, betrachtet sich im Spiegel. Er kommt sich vor wie auf einem Kostümfest, und gleichzeitig fühlt er Stolz in sich aufsteigen, dass er nun zu dieser Schule gehören soll, die schon so lange existiert, deren Ruf und Würde sich bis zu den Kniestrümpfen spüren lassen. Er tritt hinaus in den Hof, sieht die anderen, die wie er angezogen sind, und fühlt sich beschützt und aufgenommen in dieser Uniform, die ihn den anderen gleichmacht.

Es gibt Fotos von ihm, der kleine André, das Haar ordentlich gescheitelt, im langen Mantel, der fast den Boden streift, auf dem Weg zum Mittagessen mit den Jungs aus seiner Klasse, hinter dem Wimpelträger, der gemessenen Schrittes vorangeht. Alles ist in dieser Schule ritualisiert, alles hat eine Bedeutung, einen über Jahrhunderte erprobten Sinn: Nach dem Wecken gehen sie zum Morgengebet in die Schulkapelle. Zum Frühstück wandeln sie durch lange Gänge, in festgelegter Formation, jeder achtet auf seine Vor- und Nebenleute. Dieses Aneinanderdenken wird sehr ernst genommen in Christ's Hospital. Wer die Gruppe nicht mindestens genauso wichtig nimmt wie sich selbst, der muss wieder gehen. Das Leben in Christ's Hospital ist spartanisch. André ist mit 25 anderen Jungen in einem Schlafsaal untergebracht, sie liegen auf Strohsäcken. Die Räume sind gerade mal so geheizt, dass sie nicht erfrieren, und auch das Essen ist mehr Überlebenshilfe als Genuss.

Der einzige Luxus hier ist die große Gedankenfreiheit, jeder Schüler hat das Recht, seine Meinung zu äußern, er sollte es bloß auf möglichst brillante Weise tun. Vor dem Abendessen wird singend die Fahne des Hauses eingeholt, und die Schüler ziehen mit gefalteten Händen in die Dining Hall ein, an deren Wänden Gemälde hängen, die von der langen, noblen Geschichte dieser bedeutenden Institution erzählen.

Und es gibt natürlich auch ein Aufnahmeritual für alle neuen Schüler. Es ist der sogenannte Spital Sermon, eine Predigt, die vom Bischof von London in der Osterwoche in Christ's Hospital gehalten wird, in Anwesenheit des Londoner Oberbürgermeisters und seiner Frau. Als Andrés erste Osterzeit anbricht, kniet er mit den anderen Neulingen in der Schulkapelle. Er hört die tiefe Stimme des Bischofs, der den Knaben zuruft, sie hätten noch bis eben mit dem Schicksal kämpfen müssen, das ihnen durch ihre Geburt in wenig begüterten Familien auferlegt worden sei. »Nun aber habt ihr die Chance«, ruft der Bischof, »mit Gottes Hilfe einen Lebensweg zu beschreiten, der euch und eure Familien mit großem Stolz erfüllen wird!«

André dreht sich zu den Bänken um, auf denen an diesem Tag die Eltern der Eingeschulten sitzen. Er sucht nach Hildes Gesicht, aber er sieht sie nicht. Später wird ein Brief von ihr kommen. Sie wird schreiben, dass sie leider sehr beschäftigt sei, weil sie gerade versuche, sich als Fotografin selbstständig zu machen. Außerdem sei sie nun von Louis McLean getrennt, was die Sache nicht leichter mache. Zwei Sätze später erzählt Hilde von einem herrlichen Sonnenuntergang, den sie am Tag davor fotografiert hat.

So erfährt André auf ähnlich beiläufige Weise von Hildes Scheidung, wie er drei Jahre zuvor von ihrer Hochzeit erfuhr. Hilde wird ihm später erklären, Louis habe eine andere Frau gefunden, die deutlich besser zu ihm passe, weil die sogar mitkomme in den Pub und ähnlich trinkfest sei wie er selbst. Ansonsten wird sie über Louis McLean nie ein schlechtes Wort verlieren, genau wie über Fritz Fränkel, ihren ersten Mann. Und wie damals wird sie auch diesmal feststellen, dass der Fehler wahrscheinlich bei ihr lag, weil sie eben nicht die Richtige war. Und weil es offenbar Frauen gibt, denen es leichtfällt, genau so zu sein, wie ein Mann es sich erhofft. Es steckt keine Anklage, keine Verletzung, ja nicht mal Traurigkeit in ihren Worten. Es ist so, als betrachtete sie die Ehe als eine Verbindung von rationalen Interessen, die sich eben manchmal als unmöglich erweist.

War Hilde wirklich so kühl und gefühlsarm, wie sie hier erscheint? Oder war das ihre Art, sich zu schützen und ihren Sohn nicht mit hineinzuziehen in die komplizierten Abgründe des menschlichen Miteinanders? Auf jeden Fall setzt sie von nun an alles daran, ihr eigenes Geld zu verdienen und nie mehr abhängig zu sein von einem Mann, der sie dann doch nicht versteht. Hilde verkauft ihren Hausstand in Nottingham und mietet eine kleine Wohnung in Swiss Cottage, im Nordwesten Londons. Sie wirft alle Energie in ihren neuen Beruf, denn sie hat eine Geschäftsidee, die sich als brillant erweisen wird. Wie übrigens fast alle Geschäftsideen, die Hilde in ihrem Leben haben wird.

In einem der Koffer, den sie im Frühjahr 1938 mit nach England brachte, war eine Leica, eine 35-Millimeter-Kamera mit Wechselobjektiv, die Hilde vor ihrer Abfahrt in Berlin gekauft hatte. Ihr Plan ist es, Porträts von Kindern in den Schulen und Kindergärten zu machen und diese dann den Eltern zu verkaufen. Das einzige Problem im London des Frühjahrs 1943 ist, dass man nirgendwo Filme und Fotopapier erwerben kann. Wegen des Krieges ist alles rationiert oder schlicht nicht erhältlich. Nur das Militär verfügt über Ressourcen und ist zuweilen bereit, knappe Waren an Zivilisten abzugeben, wenn es im militärischen Interesse ist.

So wird Hilde eines Tages im Kriegsministerium in Whitehall vorstellig. Sie erklärt dem zuständigen Offizier, es gebe viele britische Soldaten in diesem Krieg, die kein Bild ihrer Kinder bei sich trügen. Deshalb sei es eine schöne Sache und diene im übrigen der Moral der Truppe, wenn die Frauen ihren kämpfenden Ehegatten Bilder schicken könnten. Der Offizier mag Hildes Idee, er mag vielleicht auch ein wenig sie selbst, jedenfalls erhält sie einen Berechtigungsschein für Fotopapier und Filme und startet ihr kleines Unternehmen. Im Telefonbuch findet sie die Adressen der umliegenden Schulen und Kindergärten, sie packt ihre Leica ein, klappert die Adressen ab. Den Leitern der pädagogischen Einrichtungen zeigt sie das offizielle Schreiben des Ministeriums, das ihre Arbeit als kriegsnotwendig einstuft, so öffnen sich viele Türen.

Aber schnell bemerkt Hilde, dass das vom Ministerium genehmigte Material nicht ausreicht. Deshalb setzt sie je drei Kinder nebeneinander, macht eine Aufnahme und schneidet später das Fotopapier in Streifen, die sie in kleine Passepartouts steckt. So verdreifacht sie mit einem Schlag ihre Einnahmen und schafft es binnen kurzer Zeit, weitaus mehr zu verdienen, als sie zum Leben braucht.

Ein halbes Jahr später beantragt sie einen Kredit bei der englischen Bausparkasse. Sie bekommt 600 Pfund geliehen, zu einem Zinssatz von drei Prozent. Davon kauft sie ihr erstes Haus in der Pattinson Road. Häuser sind zu dieser Zeit sehr günstig in London, auch deshalb, weil die

Versicherungsgesellschaften nicht für Kriegsschäden zahlen. Aus Angst, durch deutsche Bomben alles zu verlieren, verkaufen viele ihre Häuser zu Schleuderpreisen. Hilde nimmt mehr Kredite auf und kauft mehr Häuser. Sie konzentriert sich auf Gegenden, in denen die Preise am allerniedrigsten sind. Dann vermietet sie die Häuser und deckt so ihre Kreditkosten.

Einmal wird Hilde von einer Bekannten gefragt, ob sie denn keine Angst vor den Bomben hätte. Da sagt Hilde, die Rechnung sei doch ganz einfach: Wenn die Briten den Krieg gewinnen, würden alle ausgebombten Hauseigentümer entschädigt. Und wenn die Deutschen den Krieg gewinnen, dann sei sowieso alles vorbei.

Am Ende werden Hildes Häuser ohne jeden Schaden den Krieg überstehen. André wird von den Geschäftsaktivitäten seiner Mutter erst erfahren, als er selbst schon erwachsen ist. Noch viel später wird er begreifen, dass sie all das vor allem für ihn tat. Für ihn und die Familie, die er in England gründen wird. Noch heute wohnen seine Kinder und Enkel in den Häusern, die Hilde während des Krieges kaufte. Mittlerweile sind die Immobilien ein Vermögen wert, so kam wohl auch Hildes Ruf in unsere Familie, die einzige Millionärin zu sein. »Hilde wollte, dass niemand von uns je Not erleiden muss«, sagt Onkel André. »Das war ihre Lehre aus der Verarmung der eigenen Familie in der Weltwirtschaftskrise.« Sie hat sich vielleicht nicht so um ihren Sohn gekümmert, wie andere Mütter es getan hätten. Dafür hat sie ihn finanziell versorgt, für immer.

Onkel André erhebt sich aus seinem Ohrensessel und geht die Treppe zur Küche hinunter. Er ist müde vom Erzählen, es ist schon der fünfte Interviewtag. André sagt: »Wenn das so weitergeht, wirst du zu Weihnachten noch hier sein.« In der Küche schneidet er einen Apfel in schmale Scheiben und brüht einen Tee. Es ist eine kleine, gemütliche Küche, die in einen Wintergarten übergeht, von dem aus man einen Blick auf den Baum hat, auf dem der Apfel wuchs, den André gerade isst. »Schau dir das alles an«, sagt André, »dieser Luxus, diese Sorglosigkeit, auch das haben wir Hilde zu verdanken.« Ich frage ihn, ob er sich je bei ihr bedankt hat. André stöhnt leise auf. »Manche Dinge begreift man leider erst, wenn es zu spät ist. Ich habe immer viel zu sehr daran gedacht, was ich nicht von ihr bekommen habe.«

Im Wintergarten hängt ein Foto an der Wand, das André als Vierjährigen auf dem Schoß seines Vaters zeigt. Der betrachtet ihn aufmerksam und voller Stolz, so als sähe er seinen Sohn zum ersten Mal. Es liegt eine große Nähe und Zärtlichkeit in diesem Bild. Und zugleich etwas Dunkles, Wehmütiges, das man nicht begreifen kann. Auf der Rückseite steht eine Nachricht des Vaters, geschrieben am 13. Dezember 1942 in Mexiko-Stadt, Calle Tabasco Nr. 110, wo Fritz Fränkel seit seiner Flucht aus Europa lebt. Fränkel schreibt:

Mein lieber André, ich hoffe, daß dieses Photo Dich zu Deinem Geburtstag erreicht. Ich habe lange nichts von Dir und der Hilde gehört. Und glaube, daß Briefe verloren gegangen sind. Das nächste Mal schicke ich Dir ein Bild von unseren Dackel-Hunden. Und ich habe auch Briefmarken für Dich. Hoffentlich darf ich sie schicken. Vergiß Deinen Azi nicht. Je t'embrasse

Es sind die letzten Zeilen, die André von seinem Vater bekommt. Andere Briefe gehen verloren oder werden gar nicht erst abgeschickt. Anderthalb Jahre später, am 21. Juni 1944, stirbt Fritz Fränkel mit 52 Jahren an einer Herzschwäche. Er wird auf dem jüdischen Friedhof von Mexiko-Stadt begraben. Eine der Grabreden hält der Schriftsteller Victor Serge, der an das Herz des Mannes erinnert, dem »durch all zu viele Schicksalsschläge geprüft die Höhenluft Mexikos nicht eben freundlich gesonnen war«.

Derweil geht André in Christ's Hospital zur Schule. Alles hier ist ganz nach seinem Geschmack, weil er so viele andere trifft, die seine Neugier und seinen Wissensdurst teilen. Es gibt keine Intrigen, kein Mobbing, auch keinen Dünkel, weil fast alle aus ähnlichen sozialen Notlagen kommen. Diese Schule bietet ihnen die einmalige Möglichkeit, etwas aus ihrem Leben zu machen. André freundet sich mit Jim an. Ein etwas zu schnell gewachsener, stark verpickelter Bursche aus Manchester, der so stark stottert, dass ihn die meisten kaum verstehen können. Nur wenn er mit André zusammen ist, stottert er nicht. Die beiden reden stundenlang über die neuesten wissenschaftlichen Entwicklungen und über Politik.

Jim interessiert sich auch für Kunst und Musik. Er erzählt André von den deutschen Expressionisten, den Malern der Brücke, den Blauen Reitern. Er hat einen Plattenspieler, mit dem die beiden manchmal abends in der großen Waschküche im Keller des Haupthauses verschwinden. Dort machen sie es sich zwischen den Wäschebergen bequem, und André hört zum ersten Mal Jazz und Opern von Mozart.

Jim will unbedingt Forscher werden, André träumt davon, Medizin zu studieren wie sein Vater. Beide wollen eines Tages bedeutende Dinge erfinden, die das Leben der Menschen erleichtern. Sie träumen von einer Gesellschaft, in der alle die gleichen Chancen haben, in der die Starken den Armen helfen.

Jim ist der Einzige, dem André erzählt, dass er aus Deutschland kommt und Jude ist. Durch ihn erfährt André von den anderen jüdischen Flüchtlingskindern in Christ's Hospital, die sich sogar zu einer Studiengruppe zusammengeschlossen haben. Aber mit dieser Gruppe will André nichts zu tun haben, er ist froh, wenn er das alles vergessen kann. Sein Deutschsein. Sein Jüdischsein. Er will so werden wie alle anderen, auch wenn er spürt, dass es da eine Grenze gibt, die man nicht so einfach überschreiten kann. Es ist schwer, diese Grenze zu beschreiben, sie ist fast unsichtbar, und dennoch hindert sie ihn daran, so selbstverständlich wie die anderen zu leben. André hat sich angewöhnt, darauf zu achten, was er sagt, wie er etwas sagt und vor allem, was er nicht sagt. Er hat sich daran gewöhnt, die anderen zu beobachten, ihr Verhalten zu studieren und sich so gut wie möglich darauf einzustellen. Noch heute, als alter Mann, fragt er sich manchmal, was von dem Jungen übrig geblieben ist, der im Frühjahr 1938 zusammen mit seiner Mutter den Kanal überquerte.

Christ's Hospital liegt in Sussex, auf halbem Weg zwischen London und der Südküste. Den Krieg sehen sie hier meistens nur vorüberziehen, wenn die deutschen Bomber nachts Richtung London fliegen. Oder die Maschinen der Royal Air Force Richtung Berlin. Sie hören dann ein dumpfes Brummen und Dröhnen, wie eine dunkle Wetterfront, die sich langsam über sie hinwegschiebt. Mit der Zeit können sie sogar in großer Höhe eine deutsche HE 111 von einer britischen Halifax unterscheiden.

Die Schüler verfolgen den Kriegsverlauf mit großem Interesse, sie studieren in den Zeitungen die Karten, auf denen der Frontverlauf in Russland und die Offensive in Nordafrika erklärt werden. Onkel André sagt, dieser Krieg sei ihnen lange wie ein großes Spiel erschienen. Mal waren auf den Karten die Verbände der Deutschen vorgerückt, mal die Artillerie der Sowjets, mal die Panzer von Montgomery. Wie blutig und furchtbar diese Schlacht ist, beginnen sie in Christ's Hospital erst zu begreifen, als die ersten ehemaligen Mitschüler als gefallen gemeldet werden.

Wer in diesen Jahren sein Abitur ablegt, wird meist sofort zur Armee eingezogen. André sieht die Älteren von der Musterung heimkehren, stolz und voller Kampfeswillen. Er sieht sie bei der Abschlussfeier in ihren schicken Uniformen stehen, plötzlich um Jahre gereift. Er und die anderen Jungen haben eigentlich nur eine Sorge: Dass der Krieg vorbei sein könnte, bevor sie mit der Schule fertig sind. »Wir wollten unbedingt dabei sein«, sagt André. »Die anderen waren Helden, wir waren immer noch Kinder, das fanden viele ungerecht.«

Er selbst ist in dieser Frage hin- und hergerissen, weil er ja eigentlich Arzt werden will, um Leben zu retten. Andererseits weiß er mittlerweile, wie tief er in der Schuld seiner neuen Heimat steht. In den Zeitungen stehen Berichte über Vernichtungslager im Osten. André liest einen Artikel in der *Times,* in dem steht, in Deutschland habe wohl kaum ein Jude überlebt. »Ich war alt genug, um zu begreifen, was mir hätte passieren können, wenn England uns nicht aufgenommen hätte«, sagt André. »Und es war auch klar, dass ich alles tun würde, um mich dafür erkenntlich zu zeigen.«

Am Ende jedes Studientrimesters versammeln sie sich in der Schulkapelle. Der Direktor, ein beleibter Mann mit kahlem Kopf und dichten Augenbrauen, verliest die Namen der gefallenen Mitschüler. Je länger der Krieg dauert, desto länger wird die Liste der Toten. André kennt viele von ihnen, vor allem einen, George Molley, der ewige Star des Fußballteams von Christ's Hospital. Er sieht ihn vor sich, dieses Kraftbündel, diesen Typen, der vor nichts Angst hatte. André kann sich nicht vorstellen, dass Molley jetzt nicht mehr da sein soll, dass sein athletischer Körper nun in irgendeinem Erdloch in Nordafrika verrottet. Der Direktor sagt, die Kameraden seien auch dafür gefallen, dass die anderen hier weiter in Ruhe lernen können. »Vergesst nicht, dass Frieden nichts ist, was einem geschenkt wird. Man muss dafür kämpfen, und manchmal sogar mit seinem Leben bezahlen.«

Zwei Wochen später wird André mitten in der Nacht von seinen Mitschülern geweckt. »Da passiert gerade etwas, das ist nicht normal!«, flüstern die anderen. Sie laufen in ihren Pyjamas nach draußen, da stehen schon viele andere Schüler und recken staunend die Köpfe zum Himmel. Es ist eine klare Nacht, und sie sehen Hunderte Flugzeuge in riesigen Formationen Richtung Küste fliegen. Das Brummen der vielen Motoren schwillt an zu einem unendlichen Grollen. Sie stehen gebannt da, im zugigen Innenhof von Christ's Hospital, André spürt den kalten Wind, er zittert ein wenig, aber das ist ihm egal. Jedem ist in diesem Moment klar, dass diese Nacht eine besondere sein wird.

Am nächsten Tag hören sie im Radio von der geglückten Landung der Alliierten in der Normandie. Und der Jubel ist groß, weil der Sieg nun nicht mehr weit scheint. Allerdings geschieht schon eine Woche später erneut etwas Erstaunliches am Himmel über Sussex. Zwei Schüler, die gerade beim Frühsport sind, beobachten seltsam tief fliegende graue Flugkörper, die einen Feuerschweif hinter sich herziehen. Erst später werden André und seine Mitschüler erfahren, dass die Flugkörper nach London unterwegs waren, wo an diesem Tag sechs Menschen starben und zahlreiche Häuser und eine Eisenbahnbrücke zerstört wurden. Diese seltsamen grauen Flugkörper werden von den Deutschen V1 oder auch »die Wunderwaffe« genannt.

Von diesem Tag an fliegen die V1 oft über der Schule hinweg. Sie machen ein lautes, röhrendes Geräusch. Die Lehrer erklären den Kindern, es bestehe keine Gefahr, solange dieses Geräusch zu hören sei. Wenn aber das Triebwerk plötzlich verstumme, dann müsse man sich sofort auf den Boden werfen oder besser noch in ein nahes Gebäude flüchten. Denn die V1 sei so konstruiert, dass sich über dem Zielgebiet der Antrieb ausschalte, sie wie ein Stein zu Boden falle und detoniere.

An den kommenden Wochenenden gibt es die ersten Wehrübungen in Christ's Hospital. Die Schüler müssen lernen, sich möglichst schnell in Sicherheit zu bringen. Die großen Kellergewölbe unter dem Haupthaus werden geöffnet und sollen im Ernstfall als Bunker dienen. Einige der älteren Schüler entdecken eines Nachts in dem Keller ein Rotweinfass, das in den folgenden Nächten mit einer wachsenden Zahl von Beteiligten ausgetrunken wird. Sie stoßen auf die verdammten Deutschen an, die ihnen mit ihrer Wunderwaffe die Türen zu diesem Schatz geöffnet haben.

Kurze Zeit später wird der Verlust des Weins entdeckt, aber alle Bemühungen, die Schuldigen ausfindig zu machen, schlagen fehl. Der kahlköpfige Direktor von Christ's Hospital geißelt in der Abendmesse den Diebstahl und macht zugleich deutlich, wie froh er sei, dass kein Schüler einen anderen verraten habe. »Denn wenn mal ein wenig Wein abhandenkommt, so ist das wohl ärgerlich«, sagt der Direktor, »wenn aber die Ehre und Kameradschaft verloren gehen, dann ist es ein Verbrechen.«

In diesem Geist wird André in Christ's Hospital erzogen. Er sagt, es waren sehr freie, selbstbestimmte, aber auch disziplinierte Jahre. Diese Mischung aus penibler, ritualisierter Tagesplanung und intellektueller Freude und Freiheit mag seltsam erscheinen. André sagt, wenn alles gut laufe, könne man auf diese Art wohl organisierte und zugleich frische Geister hervorbringen. Ihm habe diese Erziehung jedenfalls ein Leben lang genutzt. Er erzählt von seinem Geschichtslehrer, der sie mit seiner Neugier und Diskussionsfreude vorantrieb. »Hört mir zu, widersprecht mir, das macht mich glücklich«, pflegte er zu sagen.

Mit den älteren Jungs hält dieser Geschichtslehrer Diskussionsabende ab, in denen darüber nachgedacht wird, woher man eigentlich weiß, dass ein angeblich historisch verbriefter Vorgang sich wirklich so zugetragen hat. Wie wird Geschichte geschrieben? Wer schreibt sie, und mit welchem Interesse? Die Schüler werden ermuntert, allem zu misstrauen, nur nicht dem eigenen Verstand.

Es gibt auch einen exzentrischen Biologielehrer, Mister Hall, der hervorragend einen Menschenaffen imitieren kann, indem er sich zur großen Belustigung der Klasse mit schrillen Schreien vermeintliches Ungeziefer aus der langen Haarmähne klaubt und seine riesigen Schneidezähne fletscht. Im Schullabor hält Mister Hall Frösche und Bienen, er erklärt den Schülern mithilfe von Aufzeichnungen Alexander von Humboldts den Zusammenhang von Tier- und Pflanzenwelt. Er sagt, die größten Denker waren immer Deutsche, die größten Monster leider auch. Dabei schaut er André traurig an, so als wüsste er alles über ihn.

Mister Hall nimmt die Klasse oft mit auf biologische Erkundungsgänge. Sie laufen durch den Park, der die Schule umgibt, durchqueren das Wäldchen hinter dem Weiher, an dem ein Wildentenpaar sein Nest hat. Dann laufen sie immer weiter, querfeldein, weil Mister Hall sagt, man könne die Natur nicht entdecken, wenn man auf den Wegen bleibe. Der Lehrer hat seinen Hund dabei, einen Irish Setter, der mit den Schülern um die Wette rennt. Einmal findet der Hund einen Kaninchenbau und beginnt zu graben. Mister Hall teilt die Klasse in Gruppen auf, die nach weiteren Ausgängen des Kaninchenbaus suchen sollen, um die Fluchtwege abzuschneiden. Der Hund gräbt immer weiter und hat schon bald das erste Kaninchen im Maul, sieben andere folgen.

Mister Hall gibt den Kaninchen tödliche Schläge auf den Kopf, dann werden die Kadaver unter seiner Anleitung präpariert. Mister Hall erklärt den Verdauungsapparat und wie die Sehnen die Muskeln und Knochen verbinden. Einem Kaninchen zieht er sogar ein Auge aus dem Kopf, um die Funktion des Sehnervs besser erläutern zu können. Einige der Schüler wenden sich angewidert ab, André steht fasziniert daneben und darf sogar mithelfen, das Gehirn eines der Kaninchen unter der zertrümmerten Schädeldecke freizulegen.

Nachdem der wissenschaftliche Teil abgeschlossen ist, sammeln sie Holz und machen auf einer Lichtung ein Feuer. Die Kaninchen werden enthäutet, ausgenommen, auf angespitzte Stöcke gespießt und über der Glut gebraten. Fleisch ist rar zu dieser Zeit, weshalb sich die Schüler mit großer Freude auf die Kaninchenbraten stürzen, die Mister Hall mit der Geste eines großen Küchenmeisters auf abgeschnittenen Tannenzweigen serviert. Erst spät am Abend kehren sie nach Christ's Hospital zurück, müde und mit jeder Menge Flecken auf den schönen blauen Mänteln.

Neben der Hasenjagd lernt André bei Mister Hall, was es eigentlich bedeutet, ein Forscher zu sein. Der Lehrer gibt ihnen Samenkörner, aus denen sie Pflanzen ziehen sollen. Er sagt ihnen nicht, wie man die Samenkörner zum Keimen bringt, ja er verbietet ihnen sogar, darüber etwas zu lesen. »Findet es selbst heraus, seid die Naturforscher, die entdecken, wie es funktionieren könnte«, sagt Mister Hall. André nimmt die Sache sehr ernst, er überlegt, welche Faktoren entscheidend sind für das Wachstum einer Pflanze. Er tippt auf Wasser und Sonnenlicht. Irgendwann, nach vielen missglückten Versuchen, wächst die Pflanze, und André fühlt sich wirklich wie ein junger Alexander von Humboldt, der gerade der Natur eines ihrer wichtigsten Geheimnisse entlockt hat.

Dieses kritische, selbstbestimmte Denken, dieses ständige Zweifeln an allem findet André faszinierend. Es führt ihn zu zwei Ergebnissen: Er fühlt sich plötzlich den Kommunisten nahe. Und er will unbedingt Forscher werden, will weiter den Zweifeln und Fragen folgen. Und Antworten finden, die Bestand haben, weil sie das Produkt freien Denkens sind.

Ich überlege, wie es André wohl ergangen wäre, wenn er in Deutschland hätte bleiben dürfen, wenn man ihn dort sogar hätte studieren lassen. Was für ein Mensch wäre wohl aus ihm geworden, in diesem vom Nazigeist verseuchten Land, in dem der Einzelne gar nichts war und der Zweifel als gefährlich galt? Oder anders gefragt: War es nicht neben allem Unglück auch ein Glück, dass dieser schmale Junge so früh aus seiner Heimat vertrieben wurde?

Ich frage Onkel André, ob er es für einen Zufall hält, dass er mit 14 genau das werden wollte, was sein Vater war. Arzt, Forscher und Kommunist. André schüttelt lächelnd den Kopf. Er sagt, das sei kein Zufall, sondern Biochemie und Genetik. Er erzählt, wie seine Großmutter Katerina ihn in Ludwigsfelde immer schon von Weitem erkannte. An der Art, wie er lief. Es war der gleiche schlaksige, unbeholfene Gang, mit dem Fritz Fränkel durch die Welt schlurfte. »Ein Vater muss nicht da sein, um doch immer da zu sein«, sagt André.

In den Sommerferien 1944 bleibt André in Christ's Hospital, er hat keine Lust, zu seiner Mutter nach London zu fahren. Er fühlt sich auf einmal sehr weit entfernt von Hilde und er weiß noch nicht mal genau, warum. Er weiß nur, dass sie ihm auf die Nerven geht, dass er Zeit für sich braucht. André schreibt Hilde, er würde in den Ferien zusätzliche Kurse besuchen und könne leider nicht kommen. Sie schreibt zurück, wie enttäuscht sie sei. André hat ein schlechtes Gewissen und gleichzeitig spürt er, wie gut es ihm tut, dass die Dinge zum ersten Mal andersherum laufen.

Dann geht er mit zehn anderen Jungen und Mister Hall, dem Biologielehrer, zum Campen. Sie laufen 15 Meilen südwärts, bis zu den South Dows, einer hügeligen Kreidelandschaft, von deren höchsten Erhebungen man in der Ferne das Meer sehen kann. Sie campieren in einer Senke, in der ein kleiner Bach fließt, an dessen Ufern weiches Gras wächst. Sie springen nackt ins Wasser und singen abends am Lagerfeuer traurige Soldatenlieder, die Mister Hall ihnen mit feierlichem Ernst beibringt. Mister Halls Hund spürt auch hier Kaninchen auf. André wird losgeschickt, um Kartoffeln im Dorf zu kaufen. Er zeigt den anderen, wie man die Kartoffeln im Feuer langsam zwischen heißen Steinen backt. Manchmal sitzt er stundenlang auf einem der Grashügel, blickt in die Ferne, spürt den warmen Wind und denkt, dass er gar nichts dagegen hätte, wenn die Zeit jetzt einfach stehen bliebe.

Diese wunderbaren Ferien werden von der britischen Armee unterstützt, die ihnen neben Zelten und Decken auch Kompasse, Karten und Funkgeräte ausleiht. Niemand weiß, wie lange dieser Krieg noch dauern wird, weshalb die Armee schon jetzt die Jugend für ihre Sache gewinnen will. Mister Hall erzählt vom Ersten Weltkrieg, in dem er damals kämpfen musste, als er nur ein paar Jahre älter war als André und seine Schulkameraden jetzt. »Seid froh«, sagt er, »dass ihr nur Kaninchen töten müsst.« Dann versagt Mister Hall die Stimme und er verbirgt sein Gesicht in den Händen, die Jungen blicken sich verwundert an, weil sie ihren Lehrer so noch gar nicht kennen.

In der ersten Maiwoche des folgenden Jahres werden sie wieder in die South Downs kommen. Mister Hall wird ihnen in den Kreidegruben erklären, wie Minerale, Kalkadern und unsichtbare Bergflüsse entstehen. Gegen Ende der Woche werden sie die Fliegersirenen hören, und die Kirchenglocken in den Küstendörfern werden läuten. Aus Mister Halls selbst gebautem Transistorradio werden sie die tiefe, kehlige Stimme von Winston Churchill hören, der seinen Landsleuten zuruft: »Gott segne euch alle. Dies ist euer Sieg! Jeder Mann und jede Frau haben ihr Bestes getan!«

André weiß nicht mehr, was er empfand, als dieser Krieg endlich vorbei war. Ob er überhaupt etwas empfand oder ob er einfach nur traurig war, dass sie noch am selben Tag die Zelte abbauen mussten und nach Christ's Hospital zurückkehrten, wo am Abend eine Siegesfeier in der Dining Hall stattfand. Er weiß auch nicht mehr, ob er irgendwann mit Hilde über diesen historischen Tag gesprochen hat. Er denkt, wahrscheinlich nicht, weil diese Tage ja oft erst viel später historisch werden. Das Einzige, was er noch weiß, ist, dass es auf einmal wieder Zwiebeln zu kaufen gab, die in den letzten beiden Kriegsjahren in England kaum zu bekommen waren. Deshalb hat der Tag des Sieges über Deutschland für André bis heute einen Zwiebelgeschmack.

Hilde arbeitete ab dem Sommer 1945 in der britischen Besatzungszone als Übersetzerin und Fotografin für die Militärregierung. Die Armee hatte sich an die Flüchtlingsorganisation gewandt, für die Hilde schon während des Krieges tätig war. Sie sagten, sie bräuchten dringend Muttersprachler, für ein paar Monate, bis die Verwaltung halbwegs aufgebaut sei. Hilde überlegt nicht lange, sie findet es gut, von ihrem neuen Heimatland gebraucht zu werden. Und sie ist neugierig, was aus ihrem alten Heimatland geworden ist.

Hilde bekommt eine Uniform der britischen Armee, steigt in ein Transportflugzeug der Royal Air Force und landet eine Stunde später in Hannover. Schon beim Anflug sieht sie die Ruinen, die Trümmerberge. Die Zerstörung hier ist nicht zu vergleichen mit dem, was sie in Nottingham oder London gesehen hat. In einem Brief an André schreibt sie, es sei mutig, solche Städte überhaupt wieder aufbauen zu wollen. »Aber die Deutschen waren ja immer mutig.«

Sie ist hin- und hergerissen, man spürt das in diesem Brief. Es ist nicht klar, ob sie als Deutsche oder als Engländerin schreibt, ob sie Mitleid oder Genugtuung empfindet. Sie schreibt, man müsse sich nun auf die Zukunft konzentrieren und das Beste aus allem machen. Später, als sie in einem Militärfahrzeug zum Hauptquartier der Besatzungsregierung gefahren wird, sieht sie »die blassen, verängstigten Menschlein, die wohl selbst froh sind, dass nun alles vorbei ist«. André sagt, Hilde sei nach dem Krieg weder verbittert noch rachsüchtig noch wütend oder gar erfreut gewesen. »Sie hat die Dinge immer so genommen, wie sie waren.«

Hilde hat sich wohl auch nicht als Opfer gesehen. Andere mögen darunter gelitten haben, dass sie Deutschland verlassen mussten. Hilde sagt, sie habe sich selbst zu diesem Schritt entschieden. Andere mögen im Exil verzweifelt gewesen sein. Hilde sagt, sie habe sich in England etwas Neues aufgebaut. In ihrer ersten Arbeitswoche in Hannover kommt sie mit einem ehemaligen Wehrmachtsoffizier ins Gespräch, der nun der britischen Militärregierung zuarbeitet. Als der Offizier erfährt, dass Hilde aus Berlin stammt, murmelt er: »Ich nehme an, sie wurden rassisch verfolgt, das tut mir aufrichtig leid.« Hilde sieht ihn entgeistert an und sagt, sie sei von niemandem verfolgt worden. Auf keinen Fall will sie, dass jemand sie bedauert oder sich gar bei ihr entschuldigt. Sie ist eine Frau, die vorangeht und alles hinter sich vergisst.

Wobei es ganz so einfach wohl nicht ist. André erinnert sich an Momente der Traurigkeit, später, als Hilde schon sehr alt war, und davon erzählte, wie sie Hals über Kopf Berlin verlassen mussten. Natürlich hat sie das erschüttert und verletzt. Wie auch die Trennung von Fritz Fränkel. Und später das Leben als alleinerziehende Mutter, die versucht, ihr Kind und sich selbst aus Nazideutschland zu retten. Es gab so viele schwierige und traurige Momente, aber sie hat offenbar versucht, das alles nicht zu dicht an sich heranzulassen. Sie hielt den Lebenskummer auf Abstand, mit ihrer Geschäftigkeit, ihrer Kühle, ihrer Effizienz.

Es muss eben immer weitergehen, deshalb denkt Hilde

auch keine Sekunde darüber nach, wieder in Deutschland zu leben. In diesem kaputten, tristen Land. Sie will noch mal studieren, vielleicht in Kanada oder in Amerika, sie will die große Welt kennenlernen, Theater spielen, fotografieren. »Nur weil man irgendwo herkommt«, sagt sie einmal, »muss man da doch nicht unbedingt wieder hin zurück.« Es sieht so aus, als ginge sie nicht nur mit Menschen so pragmatisch um, sondern auch mit dem, was andere Heimat nennen.

André besucht seine Mutter in den Winterferien in Hannover. Er sagt, der Schnee habe hoch gelegen, so ähnlich wie damals, als sie in Ludwigsfelde ankamen. Der Schnee bedeckt die Trümmerberge, die Bombenkrater, die aufgerissenen Straßen und die gesprengten Bahngleise, er verleiht dem kaputten Land eine verstörende Eleganz. André sagt, er sei erstaunt gewesen, als er die Leute auf einmal Deutsch sprechen hörte. Weil er alles verstand. Es war so, als würde plötzlich eine versunkene Welt wiederauferstehen, die Welt seiner frühen Kindheit, die ja erst sieben Jahre zurücklag, was allerdings für einen 14-Jährigen ein halbes Leben ist. Die alte Heimat verunsichert André. Deutschland, das waren für ihn bisher nur der kleine Bungalow in Ludwigsfelde, die Wasserpumpe, der Kirschbaum, seine Großmutter, Peter und Manfred. Auf einmal ist dieses Deutschland viel größer, so ähnlich wie das andere Land, in dem er nun wohnt. Die alte Heimat zerrt an ihm, er spürt es, und er versteht es nicht. Am liebsten würde er gleich wieder nach England zurückfahren.

Hilde hat wie immer wenig Zeit und schickt André in ein Hotel im Harz, das von der britischen Armee beschlagnahmt wurde, damit die Offiziere an den Wochenenden Ski fahren können. André hat bis dahin noch nie auf Skiern gestanden, er lässt sich von einem Kellner im Hotel die Grundtechniken erklären, dann rutscht er los. Es gibt keinen Lift am Skihang, weshalb es beschwerlich ist, wieder nach oben zu gelangen. Am Ende ist er völlig fertig und fragt sich, wo zur Hölle da der Spaß sein soll.

André trifft im Hotel einen englischen Offizierssohn, der in seinem Alter ist. Einmal laufen sie zusammen durch die nahe gelegene Kleinstadt, die völlig unzerstört und sehr deutsch aussieht. Sie betrachten die aneinandergedrängten Fachwerkhäuser, die gotischen Kirchenschiffe, die geschwungenen Schieferdächer und das mittelalterliche Kopfsteinpflaster. Eine Gruppe von Männern kommt ihnen entgegen. »Das sind alles Nazis«, flüstert der Offizierssohn. »Sie sehen jetzt nicht mehr so gefährlich aus, weil wir sie besiegt haben. Aber mein Vater sagt, man dürfe diese Deutschen nie aus den Augen lassen.« André betrachtet die Männer aufmerksam, er weiß von Hilde, dass die Nazis sie aus Berlin vertrieben haben. Aber er hat sie sich anders vorgestellt. Die Männer, die André hier sieht, wirken müde und ausgemergelt, sie tragen löchrige Mäntel und haben Zahnlücken. »Das sind keine Nazis«, sagt er, »das sind alte Männer.«

Hilde nimmt André dann noch ein paar Tage mit zu ihrem Bruder Fritz, der die Konzentrationslager Buchenwald, Sachsenhausen, Struthof und Bergen-Belsen überlebte und nun als Arzt in Berlin arbeitet. André erinnert sich an einen kleinen blassen Mann voller Energie. Sie essen Sardinen, die Hilde mitgebracht hat. André beobachtet erstaunt, wie gierig Fritz alles herunterschlingt, sogar die Gräten. Fritz sagt, im Lager hätten sie auch Fensterkitt und Holzspäne gegessen. Er erzählt von den Leichengruben, von den Krematorien, von den Hochspannungszäunen, in die sich manche aus Verzweiflung warfen.

Wenn Fritz seine Geschichten erzählt, verlässt Hilde das Zimmer. André hört gebannt zu, er kann sich nicht vorstellen, dass es das alles wirklich gegeben hat. Fritz sagt, auch heute sei das Leben alles andere als einfach, die wichtigen Posten in den Kliniken seien in Deutschland noch immer von Naziärzten besetzt, die auf keinen Fall einen KZler bei sich haben wollen. »Es ist nicht vorbei«, sagt Fritz zu seinem Neffen. »Es ist wahrscheinlich nie vorbei.«

GOETHEHOF

Susi

Die dunklen, schweren Möbel standen noch in der Wohnung, als Susi zum ersten Mal in den Goethehof kam. Der Vater erklärte, das Sofa, die Anrichte und der Kleiderschrank gehörten seinem Vorgänger, einem Naziarzt, der verschwunden sei. Es war streng verboten, die Möbel zu berühren, was Susi erst recht dazu anstachelte, auf den Sofapolstern herumzutollen. Sie wusste damals noch nicht, was ein Nazi ist, aber den Geruch des muffigen Staubes, der aus den Kissen stieg, wenn sie von der Lehne auf die Sitzfläche sprang, den hat sie noch immer in der Nase.

Der Goethehof im 22. Wiener Bezirk ist ein Gemeindebau aus den 20er-Jahren, als die Stadt noch rot war und für die Arbeiter günstige Wohnungen baute. Fünfstöckige Wohnhäuser stehen in riesigen Gevierten, es gibt Spielplätze, Sportanlagen, Lebensmittelgeschäfte und sogar einen eigenen Kindergarten. Die Partei hat Heinz hierhergeschickt, nachdem er von Frankreich über die Berge gestiegen ist, um in seine alte Heimatstadt zurückzukehren. Heinz, der Kommunist, soll in der kleinen Arztpraxis im Goethehof der großen Sache dienen. Dabei hätte er wahrscheinlich lieber Politik gemacht und Reden im Parlament gehalten. Aber die Genossen sagen, die Arbeit im Goethehof, das sei Politik. Weil die einstmals roten Wiener Arbeiter ganz ordentlich braun geworden seien und nun etwas Hilfe bräuchten, um auf den richtigen Weg zurückzufinden.

Als ich an einem regnerischen Herbsttag hinfahre, ist der Goethehof eine Baustelle, die alten Fassaden aus grauem Kratzputz und Klinker verschwinden gerade hinter cremefarbenen, geschichtslosen Dämmplatten. Ich laufe an den lang gezogenen Wohnhäusern entlang. Als Ilse und Heinz hierherzogen, war das Viertel von Donauwiesen und Getreidefeldern umgeben, aber die Stadt breitete sich allmählich aus und kroch über den Fluss. Heute steht einen Steinwurf vom Goethehof entfernt das Internationale Kongresszentrum, umgeben von Hochhäusern aus Glas und Stahl. Daneben wirkt der Gemeindebau mit seinen schmiedeeisernen Toren und schmalen Fenstern wie ein Museumsdorf.

Im Hof vor der Stiege 43 stehen knorrige Linden, deren bemooste Zweige wie Hexenfinger in den Himmel ragen. Es gibt einen Sandkasten, eine Rutsche und eine Schaukel. Dieser Hof war Susis Zuhause, sie sei so ein richtiges Wiener Gassenkind gewesen, sagt sie, das nur zum Essen und Schlafen in die Wohnung kam. Es gab so viele andere Kinder, die so viele schöne Spiele kannten. Und die Arzttochter mit dem französischen Akzent durfte einfach so mitmachen.

Ich gehe in den Hausflur, steige die Stufen in dem engen Treppenhaus empor. Es riecht nach geschmortem Weißkohl und Putzmittel. Susi sagt, es sei den Eltern immer wichtig gewesen, nicht besser als die einfachen Leute zu leben. Das blieb auch so, als Heinz und Ilse später aus der kommunistischen Partei austraten. »Was bedeutet schon Geld«, pflegte Ilse zu sagen, »auf die Bildung und Kultur kommt es an.« So ähnlich hatte das Wilhelm, ihr Vater, auch mal gesagt.

Diese Verachtung des Materiellen, des zur Schau gestellten Wohlstandes, ist bis heute tief in unserer Familie verankert. Onkel André aus London lebt so einfach wie Michal in Hazor, und auch Susi oder meine Eltern verstehen nicht, was Menschen dazu treibt, sich immer noch mehr Dinge zu kaufen. Meine Mutter sagt, ein gutes Buch und eine Tasse Tee genügten ihr vollauf, um sich reich zu fühlen.

Ich kann mir allerdings nicht vorstellen, dass Ilse sich im Goethehof wirklich wohlgefühlt hat, in dieser dunklen, muffigen Enge. Oder wird das alles unwichtig, wenn man zuvor im Lager gelebt hat? Die Türen mit den Nummern 5 und 6 liegen dicht beieinander. Links ging man in die Arztpraxis, rechts in die Wohnung. Susi sagt, sie hätte sich als Kind darüber gewundert, dass die Eltern sich morgens immer mit weißen Kitteln verkleideten. Ilse arbeitete als Schwester in der Praxis, sie saß an einem kleinen Tisch im Empfangsraum, führte die Patientenkartei, kümmerte sich um die Abrechnungen. Heinz war nebenan im Behandlungszimmer und rief sie, wenn er Hilfe brauchte. Dann standen sie zusammen an der Krankenliege und arbeiteten schweigend und routiniert, wie früher im Lager von Gurs.

Susi sagt, die Wohnung sei ihr immer bedrückend erschienen, aber vielleicht habe es auch nur daran gelegen, dass sie sich draußen im Hof so frei und glücklich fühlte. Sie sagt, sie habe eine großartige Kindheit gehabt, auf dieser roten Insel am Ufer der Alten Donau, in der Nähe eines öffentlichen Freibades, das Gänsehäufel hieß und wo die Familie eine Dauerkabine hatte. Im Sommer fuhr Susi nach der Schule zwei Stationen mit der Straßenbahn und wurde im Gänsehäufel von der Mutter mit kalten Schnitzeln und Kartoffelsalat gefüttert. Sie erinnert sich an den feuchten Donauschlamm zwischen ihren Zehen, an die Schornsteine der vorüberfahrenden Dampfer, an das müde Gesicht der Mutter, die meistens im Strandkorb sitzen blieb, wenn die anderen badeten.

In der ersten Klasse der Wiener Volksschule sollen die Kinder sagen, wo sie geboren wurden und welchen Beruf der Vater ausübt. Susi ist verwundert, als sie etliche der Klassenkameraden sagen hört, ihre Väter seien tot oder vermisst. Ähnlich verwundert wird sie von den anderen betrachtet, als sie Frankreich als ihr Geburtsland nennt. Zu Hause fragt sie die Eltern, wie es denn zu erklären sei, dass sie nicht wie alle anderen in Wien geboren wurde. Heinz sagt: »Weißt du, deine Mutter und ich, wir haben uns da zufällig getroffen.«

Diese Lüge ist Heinz nicht einfach so herausgerutscht, sie ist Teil eines Plans. Schon bald nachdem sie in Wien angekommen sind, haben Ilse und er beschlossen, ihrer Tochter und auch künftigen Kindern nichts von der Zeit im Lager und in der Illegalität zu erzählen. Diese zwölf Jahre der Angst und des Schreckens wollen sie, so gut es eben geht, vergessen. Die Kinder sollen sorglos und normal aufwachsen, wie alle anderen Kinder auch. Susi und später auch ihr Bruder Thomas sowie die Schwester Betsy werden getauft, kommen in die Volksschule, lernen österreichische Heimatlieder und erfahren nichts über ihre jüdische Familiengeschichte. Sie sind blond und haben die blauen Augen ihres Vaters geerbt.

»Wir dachten, diese Geschichte würde euch nur verwirren und ängstigen«, sagt Heinz, als er Susi später auf einem Spaziergang über den Leopoldsberg doch alles erzählt. Da ist sie schon 14 und versteht auf einmal, was sie die ganzen Jahre nicht verstand. Diese ständige Geheimniskrämerei, das aufgeregte Flüstern, die unerklärten Verbote, die seltsamen Verhaltensregeln. Diese Angst, die in den Ecken lauert. Diese Stimmung, die manchmal dunkel und schwer wie die Möbel des Naziarztes auf ihnen lastet.

Auf einmal versteht Susi, warum die Mutter so barsch reagiert, wenn sie französische Wörter in ihre wienerischen Sätze mischt. »Lass diese fremden Wörter, die will niemand hören!«, herrscht Ilse ihre Tochter an. Dabei liebte sie doch selbst diese Sprache so sehr.

Auf einmal versteht Susi, warum sie ihren Namen ändern musste. Warum Heinz unbedingt wollte, dass aus der französischen Suzanne eine österreichische Susanne wurde, was einen großen bürokratischen Aufwand bedeutete und auch nicht ganz billig war. Auf einmal versteht Susi, warum der Vater wegen Nichtigkeiten explodierte. Warum, sobald es draußen dunkel wurde, alle Türen und Fenster verschlossen werden mussten. Noch heute hat sie das alles vor sich, das Geräusch der herabfallenden Rollläden, die tiefe Stille, die danach in der Wohnung herrschte.

Die Eltern, die zusammenzuckten, wenn abends das Telefon klingelte oder jemand an die Tür klopfte.

Und diese verdammte Pünktlichkeit, dieser auf die Minute durchexerzierte Tag, die Furcht vor den Zornausbrüchen des Vaters, die jede Verspätung unweigerlich nach sich zog. Um Punkt 12 Uhr wurde zu Mittag gegessen, um Punkt 19 Uhr zu Abend. Jedes Familienmitglied hatte seinen festen Platz am Tisch, Heinz mit dem Rücken zur Wand, den Raum im Blick. Jeden Abend gab es eine brühend heiße Suppe. Susi spürte die Angst der Mutter, dass die Suppe wieder nicht heiß genug sein könnte. Ilse aß nie mit, sie saß nur dabei, stets bereit, aufzuspringen und einen möglichen Fehler so schnell wie möglich auszubügeln. Wenn alle fertig waren, aß Ilse allein in der Küche, nur so bekam sie überhaupt etwas herunter.

Susi vermutet, diese durchgeplanten Tage, diese minutengenauen Routinen, diese abgeschottete Wohnung seien für die Eltern wichtig gewesen, um sich zu schützen. Dieses Korsett bewahrte sie vor Zufällen, vor Leerstellen, vor düsteren Gedanken, vor sich selbst. Nur so konnten sie die Erinnerungen bändigen, die in ihnen hochschwappten. Die Suppe im Lager, die immer nur lauwarm war. Die offene Barackentür, durch die jeden Moment ein Aufseher treten konnte.

Wenn Heinz einen seiner cholerischen Anfälle bekam, drehte sich Ilse weg, wartete, bis es vorüber war. Sie habe eine Mauer aus Granit um sich errichtet, sagt Susi, man habe sie dann nicht mehr erreichen können. Manchmal verschwand Ilse stundenlang in ihrem Zimmer, war einfach nicht mehr da. Nie hat Susi die Mutter schreien hören, nie brach etwas aus ihr heraus. Sie machte das alles mit sich selbst aus.

Nur immer wieder diese Seufzer. Susi brauchte lange, bis sie verstand, dass ihre Mutter in Momenten der Angst die Luft anhielt, um später dann tief und seufzend einzuatmen. Wenn sie zum Beispiel abends auf dem Sofa saßen und im Fernsehen die Nachrichten liefen und von einem bewaffneten Banküberfall in Innsbruck berichtet wurde, dann hielt sie sich die Zeitung vor die Augen und seufzte leise vor sich hin. Sie konnte auch keine Krimis sehen oder andere spannende Filme. Und erst recht keine Sendungen über den Holocaust. Darüber las sie auch keine Bücher, darüber durfte nicht mal gesprochen werden.

Heinz hatte Asthma, er sagte, er habe sich das im Lager geholt. Susi erinnert sich, wie sie nachts wach lag, den erstickten Husten hörte, das heisere Bellen, das erleichterte Stöhnen, wenn der Anfall nachließ. Susi zog sich die Decke über den Kopf, sie ertrug sie nicht, diese Atemlosigkeit, diese Enge in der Wohnung und in der Brust.

Und das ewige Schimpfen ihres Vaters über die dummen Patienten, die ihm die Zeit stahlen. Susi hatte das Gefühl, der Vater wolle eigentlich gar kein Arzt sein. Er mochte den Kontakt mit den Patienten nicht. Er fasste sie nicht gerne an, er ging nicht gerne zu ihnen nach Hause, er hörte sich nur unwillig ihre Leiden an, die ihm so harmlos und unbedeutend erschienen im Vergleich zu dem, was er in Gurs erlebt hatte. Viel später begriff Susi, dass Heinz wahrscheinlich auch Angst vor diesen fremden Leuten hatte. Vor diesen Nachbarn, die wussten, dass er während des Krieges im Ausland gewesen war, die vorher zum

Naziarzt gegangen waren, die womöglich selbst Nazis waren und nun jammernd vor ihm saßen.

Das Wort Jude wurde nie benutzt. Nur einmal hat Heinz es in den Mund genommen, als er Susi auf jenem Spaziergang über den Leopoldsberg plötzlich von der Emigration und vom Lager erzählte. Susi nennt es heute das »Aufklärungsgespräch«. »Wir sind Juden«, sagte Heinz. »Und wir wurden verfolgt, nur weil wir eben Juden waren.« Susi sagt, sie habe ihren Vater nie wieder so schwach und verletzlich erlebt. In diesem Moment wäre es ihr am liebsten gewesen, er hätte sein Geheimnis für sich behalten. Weil sie nun wusste, was sie bis dahin nur gespürt hatte: dass sie eben doch nicht zu den anderen gehörte.

Das war die Zeit, in der ihre Ängste zu wachsen begannen. Sie dachte, dass die Mädchen aus ihrer Klasse nur mit ihr spielten, weil sie die Wahrheit nicht kannten. Sie dachte, dass auch die blonden Haare und die blauen Augen ihr nicht helfen würden, wenn es eines Tages wieder darum ginge, die Schlechten von den Guten zu trennen. Vor allem aber dachte sie: Wie kann ich das alles schnell wieder vergessen?

In der Schule hatte sie nie vom Holocaust gehört, und auch sonst wurde man im Österreich der 50er-Jahre noch kaum mit diesem Kapitel der jüngeren Geschichte belästigt. Die meisten Österreicher machten es wie Ilse und Heinz: Sie taten so, als ob es das alles nie gegeben hätte. So war Susi nach der väterlichen Aufklärung doppelt schockiert: darüber, dass Millionen Juden ermordet worden waren. Und dass sie selbst zu den Überlebenden gehörte.

Wenige Monate später kommt Michael zu Besuch, der Bruder von Heinz, der zu Beginn der Nazizeit nach New York ausgewandert ist. Die beiden haben sich nicht gesehen, seit sie Wien in verschiedene Richtungen verließen. Michael ist Musiker geworden, er leitet das Konservatorium von Long Island, ist mit einer amerikanischen Designerin verheiratet und spricht Deutsch mit leichtem Akzent. Nun sitzen die Brüder nebeneinander auf dem Sofa, halten sich immer wieder an den Händen, als wollten sie sichergehen, dass sie hier wirklich gerade beisammen sind. Neben ihnen sitzt Ilse, und auch Susi ist dabei, die gar nicht wusste, dass sie einen Onkel in Amerika hat. Sie hört staunend den beiden Männern zu, die einander so ähnlich und doch so verschieden sind.

Heinz redet wie immer viel und schnell, Michael hört lächelnd zu, erzählt langsam, muss nach den deutschen Wörtern suchen, die er schon so lange nicht mehr gebraucht hat. Sie sprechen über Politik und Philosophie, und als Susi sich gerade so richtig zu langweilen beginnt, fallen Sätze, die sie aufhorchen lassen. Michael fragt, wie Heinz denn den deutschen Soldaten entkommen sei. Der Vater sagt, er habe sich vier oder fünf Tage im Wald versteckt, habe Pilze und wilde Beeren gegessen und Wasser aus dem Bach getrunken. Susi hört wie gebannt zu. Es werden Begriffe gebraucht, die sie noch nie gehört hat: Maquis, Résistance, Kommandantur, Deportation. Sie erfährt, dass ihre Eltern falsche Namen hatten, dass sie gefälschte Ausweise benutzten, in illegalen Wohnungen lebten.

Jetzt spricht auch Ilse, mit vor Aufregung geröteten Wangen. Sie erzählt von dem Heim in Limoges, in dem sie jüdische Kinder versteckten, und von dem Tag, an dem die Gestapoleute kamen. Sie stockt, ihre Lippen zittern, sie blickt zu Boden, ein langer Moment vergeht. Schließlich sagt Ilse mit tonloser Stimme: »Als die Gestapo kam, mussten sich alle Jungen in einer langen Reihe aufstellen und ihre Hosen herunterziehen. Sie haben alle beschnittenen Kinder mitgenommen.«

Vor Susis Augen beginnen die Bilder zu tanzen, sie sieht ihren Vater durch den Wald irren, sie sieht die Mutter in der weißen Schwesternuniform vor den Gestapomännern stehen. Sie beginnt zu begreifen, wie viele solcher Momente sich in den Köpfen der Eltern angesammelt haben. Wie schwer ihre Köpfe mit den Jahren geworden sein müssen.

Ich bin erstaunt, als mir Susi das alles erzählt, im Wohnzimmer ihres Hauses in der Bourgogne, in dem der Ofen angenehm knistert und eine schwarze Katze uns um die Beine streicht. Draußen rüttelt der Wind an den Fensterläden, die Susi übrigens sorgsam schließt, sobald die Abenddämmerung hereinbricht. Ich wusste nicht, wie sehr Ilse und Heinz unter ihrer Geschichte gelitten haben. Wie sehr Susi noch heute damit kämpft. Ich habe Ilse als eine unfassbar ruhige, Milde verströmende, vornehm lächelnde Dame erlebt. Ich erinnere mich an ihr Klavierspiel, an die Geduld, mit der sie stundenlang vor ihren Aquarellblättern saß. Ich hatte nie den Eindruck, dass da etwas in ihr brodelte oder an ihr zerrte.

Und Heinz, der erschien mir wie ein drahtiges Kasperlemännchen, das irgendwann mit einem Schlüssel aufgezogen worden war und nun ohne Unterlass redete, lachte und Faxen machte. Schwer vorzustellen, dass er diese unbändige Wut und Angst in sich trug. Aber ich habe die beiden auch erst viel später kennengelernt, Anfang der 80er-Jahre, womöglich hatten sie da schon besser gelernt, mit ihrem Leben umzugehen. Oder ich habe eben nur das gesehen, was man von Menschen sieht, wenn man sie von außen betrachtet.

Ich frage mich, wie meine Großeltern mit ihren Erlebnissen und Ängsten umgegangen sind. Mein Großvater Gerhard, der sich jahrelang in der Illegalität verstecken musste, der im Gefängnis misshandelt wurde, der zum Tode verurteilt war, der beinahe erschossen worden wäre, der seine Kameraden sterben sah. Gerhards Frau Nora, deren Vater von den Nazis verhaftet wurde, als sie noch ein Kind war, die als Halbjüdin in Düsseldorf lebte und der Deportation nur knapp entkam. Auch bei den beiden hatte ich nie den Eindruck, sie würden unter ihren Erinnerungen leiden. Meine Großmutter war zwar ängstlich, sie ging nie tiefer als bis zu den Knien ins Wasser, weil Wasser keine Balken hat, wie sie uns immer wieder warnend verkündete. Sie wimmerte vor Furcht, wenn ich als Kind auf einen Baum kletterte oder freihändig über eine Mauer balancierte. Aber ich schätze, das ist nicht unnormal für eine Großmutter.

Mein Großvater hatte die Gabe, das Leben stets so zu betrachten, wie er es am liebsten sehen wollte. Das habe ich, glaube ich, von ihm geerbt, dass man sich die Dinge so lange zurechtlegt, bis sie wirklich toll sind. So ist Gerhard auch mit seinen Kriegserinnerungen umgegangen. Er hat sich irgendwann gar nicht mehr als Verfolgter gesehen, sondern vor allem als Partisan, der am Ende die Deutschen besiegte. Mit dieser aktiven, positiven Geschichte hat er die leidvolle, erniedrigende zugedeckt.

Nach Susis Onkel Michael kommen noch viele andere Verwandte zu Besuch nach Wien. Sie kommen aus Australien, Mexiko, Großbritannien, Israel und natürlich aus Berlin. Sie sitzen mit Heinz und Ilse auf dem Sofa und erzählen. Und immer geht es um die Nazis und den Krieg und die Verfolgung und das Lager. Susi taucht immer tiefer ein in die Geschichte ihrer Eltern und fühlt schon bald, dass sie ihr nicht guttut. Vor allem deshalb, weil es nun auch ihre Geschichte wird. Sie weiß jetzt, dass sie ein Kind dieses Lagers ist. Dass sie für Ilse und Heinz so etwas wie ein Hoffnungssymbol war. Ein Zeichen dafür, dass das Leben weitergehen wird. Aber dieses Wissen macht sie nicht froh, es ist eher so, als würde sich eine Last auf ihre Schultern legen.

Viel später, als sie schon lange selbst Mutter ist, wird eine Therapeutin ihr erklären, was vermutlich mit ihr passiert ist in dieser Zeit: Dass sie sich auf einmal verantwortlich fühlte für die Eltern. Dass sie ihrer Rolle als Hoffnungsbotin gerecht werden wollte, die dafür sorgen muss, dass es den Eltern weiterhin gut geht. Die Rollen verkehrten sich. Dieses Baby, das in größter Dunkelheit entstand, musste um jeden Preis das Licht des Lebens weitertragen, so lange es eben ging.

Sie ist nun nicht mehr nur das Kind von Holocaustüberlebenden, sie ist selbst eine Überlebende. Sie stellt sich vor, wie sie als Baby in den illegalen Wohnungen gestillt wurde, wie sie unter dem Mantel der Mutter verborgen durch die

Kontrollen der Gendarmerie huschte, wie sie in Limoges in ihrem Bettchen schlief, während draußen die Kinder ihre Hosen vor den Gestapomännern runterlassen mussten. Sie stellt sich vor, wie es gewesen wäre, wenn die Gestapomänner auch sie mitgenommen hätten.

Irgendwann fragt sich Susi, ob ihre Eltern nicht doch recht hatten, als sie nach dem Krieg beschlossen, den Mantel des Schweigens über ihr Leid zu decken. Und gar nicht willentlich, aber doch mit einiger Konsequenz beginnt sie damit, das alles wieder von sich abzuschütteln. Zu vergessen. Sie liest keine Bücher mehr über das Dritte Reich, sie schaut sich keine Filme mehr an, vermeidet es, in Ausstellungen oder Theaterstücke zu gehen, in denen es direkt oder indirekt um Krieg, Gewalt und Nazismus geht.

Wenn jemand in ihrer Gegenwart von Juden spricht, von der Verfolgung, den Lagern, dann spürt sie, wie sie innerlich gefriert und schweigend darauf hofft, dass dieses Gespräch bald vorbei sein möge. Sie errichtet eine Mauer um sich herum, dem Granitwall ähnlich, der ihre Mutter schon so lange umgibt. Sie kann Ilse jetzt so viel besser verstehen, ihre Zurückgezogenheit, ihr Schweigen. Sie wünscht sich, sie könnte einfach wieder ein Kind sein und das Leben in großer Unbekümmertheit begrüßen. Das gelingt ihr nicht ganz, aber sie macht Fortschritte. Eines Tages hört sie in den Nachrichten, in der Nacht sei ein jüdischer Friedhof in Wien geschändet worden, und ihr erster Gedanke ist: Jetzt habe ich schon mindestens ein Jahr nicht mehr daran gedacht.

Statt »Juden« sagen sie zu Hause dann nur noch »Etrusker«. Sie haben das nicht beschlossen, es ist einfach irgendwann so, und alle verstehen es. Sie sprechen manchmal über die Etrusker und was mit ihnen passiert ist, und warum Hitler gerade die Etrusker ausrotten wollte, und wie es kam, dass Heinz und Ilse, nur weil sie Etrusker waren, ihre Heimat verlassen mussten. Susi sagt, ihr fiel es leichter, auf diese Art über die eigene Geschichte zu sprechen, und Heinz und Ilse ging es genauso. Bald hat Susi wirklich das Gefühl, über ein antikes, ausgestorbenes Volk zu sprechen, über ein historisches Phänomen – und nicht über sich selbst.

Aber auch dieser Trick hat seine Folgen, als Susi Jahre später ihre erste Psychoanalyse abbricht, weil sie lediglich schweigend auf dem Sofa des Analysten liegt und immer nur den einen Satz im Kopf hat: Ich bin Jüdin. Ich bin Jüdin. Und die Worte nicht über die Lippen bringt.

Sie muss lachen, als sie mir davon erzählt. Ich frage, ob sie diesen Satz denn heute sagen kann, und sie lacht erneut. Aber diesmal ist es eher ein hilfloses Lachen. Sie setzt sich aufrecht hin und überlegt. »Es ist nicht so leicht«, sagt sie schließlich. »Ich kann sagen: ›Ich komme aus einer jüdischen Familie.‹ Ich kann auch sagen: ›Wir sind jüdisch.‹ Alles andere ist kompliziert.«

Susi studiert Germanistik, arbeitet als Deutschlehrerin in Lyon, in Genf, in London. Wenn sie nicht in Wien ist, hat sie das Gefühl, frei zu sein. Und trotzdem kehrt sie immer wieder zurück. Sie sagt, das habe vor allem mit ihren Eltern zu tun gehabt. Einmal ist sie länger in New York und spielt mit dem Gedanken dortzubleiben, weil das Leben in Amerika ihr so leicht und unbekümmert erscheint. Auch die Juden, so stellt sie erstaunt fest, leben dort viel selbstbewusster, freier. Sie schreibt den Eltern, erzählt von ihren Eindrücken, von ihrer Begeisterung für dieses Land. Heinz antwortet sofort. Er schreibt, er würde es nicht überleben, wenn sie in New York bliebe. Und schon bald ist sie wieder zu Hause.

Jedes Mal stellt sie dann umso schmerzhafter fest, wie wenig sie dieses Österreich mag. Die Leute kommen ihr verlogen und einschmeichelnd vor, und diese ganze Stimmung, selbstmitleidig, melancholisch, jammernd. Wenn sie nach Wien zurückkehrt, hat sie das Gefühl, ein verstaubter Plüschvorhang werde ihr über den Kopf geworfen, hindere sie am Sehen, am Atmen, am Leben.

Und sie selbst versucht zwar, ihr Jüdischsein zu vergessen, aber die anderen erinnern sie ständig daran. Sie sagt, wenn man in Wien mit dem Namen Pollak herumlaufe, dann wüssten eigentlich alle Bescheid. Sie arbeitet als Lehrerin am Französischen Gymnasium, an dem viele jüdische Schüler sind, deren Eltern sie zu den Bar-Mizwa-Festen einladen. Stehen Gedenktage zur Erinnerung an den Zweiten Weltkrieg und die Judenverfolgung an, dann bittet der Direktor Susi, sich darum zu kümmern. Sie findet das seltsam, versteht nicht, warum nun gerade sie das Gedenken der Täter organisieren soll. Am liebsten will sie mit alldem gar nichts zu tun haben. Sie will weder Opfer noch Täter sein, sie will ihre Ruhe haben.

Gleichzeitig macht sie sich selbst Vorwürfe, weil sie nicht zu dem steht, was sie ist. Andererseits weiß sie ja gar nicht, was sie ist. Es gibt so viele Fragen, es ist so kompliziert. Sie lernt Erich kennen, einen Schriftsteller und Filmemacher aus Niederösterreich, und sie ist selbst überrascht, mit welcher Begeisterung sie sich in diese Beziehung stürzt. War sie bis dahin in Liebesfragen eher vorsichtig und misstrauisch, so gibt sie sich nun mit Haut und Haaren dieser Verbindung hin, will mit Erich zusammenziehen, Kinder bekommen, das ganze Leben zusammen verbringen. Ohne es sich bewusst zu machen, beginnt sie mit Erich das, was sie später ihr »Versöhnungsprojekt« nennen wird. »Ich weiß, das klingt seltsam«, sagt sie heute. »Aber wahrscheinlich habe ich versucht, über diesen Mann das Land lieben zu lernen, meine eigenen Wurzeln zu finden, doch noch eine echte Österreicherin zu werden.« Erst viele Jahre später, als die Beziehung und auch die Versöhnung längst gescheitert sind, wird sie diese Zusammenhänge mühevoll entwirren.

Aber dann ist es auch Erich, der sie dazu ermutigt, sich ernsthaft mit ihrer Familiengeschichte zu beschäftigen, die Dinge nicht zu verdrängen, sondern ihnen auf den Grund zu gehen. Spätestens als ihr Sohn Lorenz geboren wird, hat sie das Gefühl, sie müsste diese Familiengeschichte nun wirklich angehen, um das vage Schweigen, das Halbwissen, die kleinen Wahrheiten und die großen Ängste nicht auch noch in die nächste Generation hineinzutragen.

1985 fährt sie mit Erich zusammen drei Wochen durch Frankreich, an die Orte ihrer Geschichte. Sie kommt auch nach Gurs, mit klopfendem Herzen geht Susi die Wege entlang, die um das ehemalige Barackengelände führen. Sie gelangt zu der Stelle, wo das Gras besonders hoch wächst, dort, wo früher die Wasserzisterne stand, in deren Nähe sich die Liebespaare trafen. Susi steht zwischen Disteln und wildem Senfgras, sie versucht sich Ilse und Heinz vorzustellen, die Hand in Hand durch das hohe Gras liefen, die hier eine neue Hoffnung für ihr Leben zeugten.

Bevor sie nach Frankreich aufbricht, will Susi die Eltern nach ihren Erinnerungen befragen. Sie kauft ein Aufnahmegerät, setzt sich mit Ilse und Heinz aufs Sofa und rechnet damit, dass die beiden kaum etwas sagen werden. Warum sollte es auch anders sein, als es bisher immer war? Umso verblüffter ist sie, als die Eltern zu erzählen beginnen, als ihnen immer mehr einfällt, als sie sich gegenseitig ins Wort fallen, als sie gar nicht mehr aufhören können. Es ist, als hätten sie nur darauf gewartet, dass sie endlich mal jemand fragt, und Susi ist sich plötzlich nicht mehr sicher, ob das lange Schweigen zuvor nicht auch mit ihrer eigenen Angst vor der Familiengeschichte zu tun hatte.

Natürlich spielt auch die Zeit eine Rolle. Das dunkle, angsteinflößende, geschichtsvergessene Wien der 50er-Jahre ist lange verschwunden. Und auch Ilse und Heinz haben sich verändert. Die überraschendste Entwicklung legt sicher Ilse hin: Sie holt mit 60 Jahren ihr Abitur nach, das sie als junge Frau in Paris nicht mehr beenden konnte. Dann schreibt sie sich an der Universität ein, studiert Psychologie, wovon sie immer geträumt hat. Schließlich eröffnet sie ihre eigene Praxis für Kinderpsychologie und praktiziert noch zehn Jahre lang, bis sie sich erst im hohen Alter zur Ruhe setzt.

Susi sagt, Ilse sei immer eine ehrgeizige Frau gewesen, und sie habe es genossen, doch noch diesen Weg gehen zu können, den ihr das Schicksal in jungen Jahren versperrte. Ich erinnere mich daran, wie Ilse uns von ihren deutlich jüngeren Kommilitonen erzählte, wie sie feststellte, dass ihr einstmals phänomenales Gedächtnis verschwunden war und sie nun wie alle anderen auch mühsam auswendig lernen musste. Seitdem muss ich immer an Ilse denken, wenn irgendwer behauptet, für dieses oder jenes sei es nun leider schon zu spät. Sie hat uns gezeigt, dass es eigentlich nie zu spät ist, wenn man etwas wirklich will.

Zur gleichen Zeit findet auch Heinz aus seiner Zurückgezogenheit heraus, er schließt sich den Freimaurern an und trifft dort Gleichgesinnte, mit denen er über Philosophie, Geschichte und Literatur diskutieren kann. In seinen Papieren entdeckt Susi später dicke Mappen mit Vorträgen, die Heinz bei den Freimaurern hielt. Er sprach über die griechische Antike, die Hirnforschung, die Frage der europäischen Identität. Susi erzählt, Heinz habe sich sehr wohlgefühlt bei den Freimaurern, habe dort im Mittelpunkt gestanden, sei regelrecht aufgeblüht. Auch das passt irgendwie zu Heinz, finde ich, dass er sich eine Geheimgesellschaft sucht, in der er es wagt, sich zu zeigen. Die beiden gehen oft in die Oper und ins Konzert, scheinen endlich angekommen zu sein, in dieser Stadt und in dieser Gesellschaft, die ihnen so lange fremd geblieben sind.

Und Susi bekommt einen Sohn, das erste Enkelkind, das eigentlich Moritz heißen soll. Susi sucht den Namen aus und schickt ihren Lebensgefährten Erich zum Standesamt, um das Kind im Geburtsregister eintragen zu lassen. Kurz vorher telefoniert sie noch mit Heinz, der von der Namensidee schockiert ist. »Moritz? Bist du wahnsinnig? Das klingt viel zu jüdisch!«, zetert Heinz am Telefon. Dann eilt er los, nimmt sich ein Taxi, fährt zum Standesamt, wo er

Erich gerade noch so abpasst, bevor der den gefährlichen Namen eintragen lassen kann, der ja noch nicht mal ein jüdischer ist.

So kommt es, dass Susis Sohn dann doch nicht Moritz, sondern Lorenz heißen wird, ein Name, der im wahrsten Sinne des Wortes aus der Angst geboren ist. Lorenz erzählt mir die Geschichte auf dem Weg zu sich nach Hause. Er hat mich vom Wiener Flughafen abgeholt, wir fahren durch hügeliges, niederösterreichisches Land, an bunten Laubwäldern vorbei, über Straßen, die immer enger werden, bis wir schließlich in einem Vorort von Wien ankommen, wo Lorenz mit seiner Frau und seinen Kindern in einem großen Haus mit Garten wohnt. Wir sehen uns zum ersten Mal, Lorenz hat die blonden Haare und die blauen Augen von Heinz und Ilses verträumten Blick. Er arbeitet als Psychiater im Krankenhaus, auch in dieser Hinsicht ist er eine Mischung seiner Großeltern.

Ich spüre eine Verbindung zu ihm, das finde ich übrigens eine der erstaunlichsten Sachen überhaupt in Familien, dass man sich nie gesehen haben kann und einander trotzdem irgendwie schon kennt. Lorenz führt mich durch sein Haus, in einem der Zimmer steht Ilses braunes Klavier, auf dem sie bis ins hohe Alter gespielt hat. Auch ein paar vergilbte Notenblätter hat sie ihm vermacht, Lieder von Schubert und Hugo Wolf, die Ilse schon in Rheinsberg spielte, auf dem Blüthner-Flügel ihres Vaters.

Lorenz hat auf Ilses Klavier zu spielen begonnen, als er sechs Jahre alt war und jede Woche einen Tag bei den Großeltern verbrachte. Im Wartezimmer der längst geschlossenen Arztpraxis durfte er seine Spielsachen und Bücher ausbreiten. Er erinnert sich an die Vormittagssonne, die in Streifen auf den Dielenboden fiel, an das Brummen des vorbeifahrenden Autobusses, an die herrliche Ruhe, die bei Omi und Opi herrschte. Heinz saß meist am Esstisch und las, Ilse malte an der Staffelei, am Nachmittag spielten sie Karten oder würfelten, und Lorenz weinte, wenn die Großeltern ihn nicht gewinnen ließen.

In der Küche von Ilse und Heinz stand ein riesiger Kühlschrank, der immer voll mit Essen war. »Es war viel zu viel«, sagt Lorenz. Schon als Kind fand er das seltsam, und erst viel später verstand er, dass dieser Kühlschrank wohl mit dem Hunger zu tun hatte, den Omi und Opi früher erlitten.

Mit Ilse geht er oft Aquarell malen, in den Donaupark, ganz in der Nähe des Goethehofs. Sie sitzen nebeneinander und malen Landschaftsszenen. Ilse erklärt, wie man Perspektiven anlegt, wie man die Farbe auf den Bogen tupft, wie ein Lichtstrahl in einem Bild entsteht. Sie sieht ihm geduldig zu, lässt ihn machen, ist lange nicht so streng wie am Klavier, wo sie Nachlässigkeiten nicht duldet.

Lorenz sagt, er habe schon sehr früh von der Geschichte der Großeltern erfahren, weil Susi ständig davon erzählte. »Es war meiner Mutter wahnsinnig wichtig, mir das alles so schnell wie möglich zu übermitteln. Sie war in so einem Energietaumel. Sie musste alles aufarbeiten, nichts durfte verborgen bleiben.« Susi erzählte von den Krematorien, den Lagern. Sie sahen sich Filme an, gingen in Ausstellungen. Lorenz sagt, andere Eltern hätten ihren Kindern den »Räuber Hotzenplotz« vorgelesen, bei ihm sei es »Der gelbe Stern« gewesen. Dabei wäre er gerne noch etwas länger Kind geblieben.

Er trägt sie früh, die Last der Familie, und sie verunsichert ihn. Er hat das Gefühl, die Stabilität und Geborgenheit, die er gerade noch verspürte, seien nun trügerisch, diese ganze schöne Zivilisation könne jederzeit zusammenbrechen, die Verfolgung weitergehen.

Die Mutter sagt, er könne stolz darauf sein, dass er nicht wie die anderen sei. Aber er ist nicht stolz, er wäre gerne einer unter vielen. Er findet es seltsam, wenn Susi mit diesem entrückten Lächeln von der jüdischen Kultur und den jüdischen Geistesgrößen erzählt. Es macht ihn verlegen, wenn die Großmutter von den hohen Künsten schwärmt, die in der Familie Tradition haben, wenn sie mit den schillernden Namen der Leute um sich wirft, die bei ihnen in Paris ein und aus gegangen sind. Für ihn fühlt sich das alles wie ein Auftrag an, in diese Reihe zu treten, brillant und originell zu sein, sich seiner Herkunft würdig zu erweisen.

Überhaupt: dieses Jüdischsein, er versteht nicht, was das eigentlich sein soll. Was es mit ihm zu tun hat. Es hat etwas Mystisches, ist für ihn nicht greifbar. Sie gehen nicht in die Synagoge, sie haben keine Ahnung von jüdischen Feiertagen – und trotzdem sagt die Mutter ohne Unterlass, man dürfe die jüdischen Wurzeln nicht vergessen. Ja, welche Wurzeln denn? Ist er denn nun Jude? Oder Österreicher? Oder geht das auch beides zusammen? Für seine Mutter gehört das Jüdischsein zur Familiendefinition, aber er findet nichts davon in ihrem wirklichen Leben. Das Einzige, was er findet, sind alte Geschichten, die ihm Angst machen.

Wobei das Kennenlernen seiner Großeltern im Lager in Gurs immer recht romantisch erzählt wird, eher als Liebes- denn als Leidensgeschichte. Lorenz kann das alles im Schlaf herunterbeten, wie sich Ilse und Heinz bei dem Konzert im Lager trafen, wie Ilses Schwesternuniform aussah, und wie sehr die viel zu große Hose um den schmalen Heinz schlackerte. Wie sie irgendwann im hohen Gras verschwanden und Ilse schwanger wurde. Und dass sie sich dort nie kennengelernt hätten, wenn sie nicht beide jüdisch gewesen wären. Und dass Susi das Zeichen der Hoffnung war in dieser finsteren Zeit. Lorenz kann diese Geschichte ähnlich gut erzählen wie die israelische Familie das Kennenlernen von Nina und Hanan an der Berliner Universität. Und genau wie die israelische Familie es bei ihren Festen tut, könnte nun auch Lorenz rufen: »Und so lernten sie sich kennen und lieben und gründeten unsere große, schöne Familie.« Stattdessen sagt er: »Diese alttestamentarische Begeisterung, mit der das immer erzählt wurde, kam mir verdächtig vor.«

Ilse und Heinz sprachen mit ihrem Enkelsohn so gut wie nie über ihre Vergangenheit. Lorenz sagt, mit Ilse habe es gar keinen Zweck gehabt, dieses Thema anzuschneiden, weil sie es einfach nicht ertrug. Heinz referierte gerne über die großen historischen Prozesse, vermied es aber, sich selbst mit der Historie in Zusammenhang zu bringen. Dafür erzählte Susi umso mehr, verstörte ihren Sohn mit gnadenloser Offenheit. Ich finde das interessant, wie eine Übertreibung zur nächsten führt. Wie Susi das Schweigen ihrer Eltern zum Anlass nahm, ihren Sohn mit Wissen zu überschwemmen. Wahrscheinlich hält man die Fehler der eigenen Eltern immer für die schlimmsten – und macht aus Versehen gleich den nächsten Fehler.

Nur einmal erlebt Lorenz, wie der Großvater seine Geschichte erzählt. Da studiert Lorenz bereits Medizin an der Wiener Universität, und Heinz ist als Ehrengast in die Aula geladen, weil an diesem Tag, im April 1998, der jüdischen Studenten und Professoren gedacht werden soll, die 60 Jahre zuvor die Universität verlassen mussten. In der Aula sitzen noch zwei weitere Ehrengäste, es sind Österreichs Bundeskanzler Viktor Klima und Franz Kardinal König, Erzbischof von Wien. Lorenz erinnert sich, wie sein Großvater in einem wie immer zu großen Anzug ans Rednerpult trat, seinen belustigten Habichtsblick über das Publikum schweifen ließ und mit krächzender, lauter Stimme zu reden begann.

Es ist das erste Mal, dass Heinz als Jude in die Öffentlichkeit tritt, und dann gleich vor den Kanzler, den Erzbischof und die Fernsehkameras. Er beginnt mit den Worten: »Ich bin praktischer Arzt und führe eine kleine Ordination an der Peripherie von Wien, da, wo man bei meinem Einzug 1945 vom Fenster aus Getreidefelder sehen konnte. Ich wurde Mitte Juni 1911 in Wien geboren, befinde mich jetzt im 87. Lebensjahr und war daher Anfang März 1938 nicht ganz 27 Jahre alt.«

Und dann erzählt er von diesem Frühjahr, als eines Tages ein Zettel am Eingang zur medizinischen Fakultät hing, auf dem stand, dass Juden ab sofort der Eintritt in sämtliche Universitätsgebäude verboten sei. Heinz stand damals kurz vor der Promotionsprüfung, er wusste, dass sein ganzes Studium ohne diese Prüfung nichts wert sein würde, und er war verzweifelt.

Ein halbes Jahr später durfte er doch noch sein drittes Rigorosum ablegen, die Prüfer, die Herren Professoren der medizinischen Fakultät, erwiesen sich als höflich, korrekt und objektiv. Alle 15 jüdischen Promotionsanwärter bestanden und wurden aufgefordert, am folgenden Tag um 11 Uhr im Büro des Dekans zu erscheinen. Dort standen sie dann, immer drei in einer Reihe. Der Dekan, der am Revers seines Anzugs das große Parteiabzeichen trug, übergab ihnen hastig die Urkunden. Und als Heinz sein Dokument entgegennahm, sah er den Aufdruck in roter Farbe: »Dem Inhaber dieser Urkunde ist die Ausübung des ärztlichen Berufs in der Ostmark (ehedem Österreich) und im übrigen Deutschen Reich nicht gestattet.« Das, so sagt Heinz in seiner Rede, sei der Moment gewesen, als ihm klar wurde, dass es für ihn kein Zurück mehr gebe. Dass dieses Land ihn für immer verstoßen habe.

Und dann sagt Heinz etwas, das vermutlich viele in der festlich geschmückten Alma Mater erstaunt, auch seinen Enkel Lorenz und vor allem seine Tochter Susi, die in der ersten Reihe sitzen. Heinz sagt: »Ich frage mich, inwieweit man als Leidtragender der damaligen Ereignisse, nach so vielen Jahren, den Versuch wagen kann oder wagen sollte, ein gewisses Verständnis zu finden für manche Personen auf der anderen Seite. Es geht mir dabei sicher nicht um die Schuldtragenden an der Ermordung von Millionen, ebenso wenig, natürlich, um deren skrupellose Handlanger und das andere Gesindel. Wohl aber meine ich mit meinem Vorschlag jene unzähligen Mitläufer, die aus falsch verstandenem Patriotismus, aus fehlgeleitetem Ehrgefühl, aus Gehorsam gegenüber falschen Autoritäten oder aus Einfalt und Unverstand ihren großen Führern folgten. Wenn wir versuchen wollen zu vermeiden, dass Zustände wie jene, von denen hier und heute die Rede ist, wiederkehren, dann müssen wir damit beginnen, die damaligen Ursachen und Motive zu verstehen. Und erst wenn wir begreifen, wie es kam, dass ein großes, altes Kulturvolk einer Gruppe tollwütiger Verbrecher nachlief, werden wir vielleicht Mittel und Wege finden, um die Menschen künftig davon abzuhalten, ihren eigenen Untergang zu planen.«

Dann zitiert er Bertolt Brecht, der in jenem März 1938, als Heinz nicht mehr die Universität betreten durfte, das Gedicht »An die Nachgeborenen« schrieb. Heinz trägt aus den letzten Zeilen vor:

Ihr, die ihr auftauchen werdet aus der Flut
In der wir untergegangen sind
Gedenkt
Wenn ihr von unseren Schwächen sprecht
Auch der finsteren Zeit
Der ihr entronnen seid.

Ach wir,
Die wir den Boden bereiten wollten für Freundlichkeit
Konnten selber nicht freundlich sein.

Ihr aber, wenn es soweit sein wird
Dass der Mensch dem Menschen ein Helfer ist
Gedenkt unserer
Mit Nachsicht.

Nach seiner Rede herrscht Stille in der Aula, dann beginnen die Ersten zu klatschen, und es folgt donnernder Applaus. Der Dekan der medizinischen Fakultät und der Präsident der Universität erheben sich, sie überreichen Heinz eine gerahmte Promotionsurkunde, die keinen roten Zusatzvermerk trägt. Heinz betrachtet lange die Urkunde und muss ein paar Tränen verdrücken. Es ist der Moment, in dem er endlich zurückgekehrt ist.

Susi sagt, dieser Tag sei nicht nur für Heinz und Ilse ein ganz entscheidender gewesen, auch sie ist beeindruckt von der milden Gelassenheit ihres Vaters und von der Freundlichkeit, mit der er in der Universität empfangen wird. Sie spürt, wie sich etwas in ihr verändert, wie die Schärfe und die Furcht ein wenig nachlassen, wie Hoffnung und Zutrauen sich in ihr Herz schleichen.

Am 1. November 2003 stirbt Heinz, mit reinem Herzen und klarem Verstand, wie es in seiner Grabrede heißt. Erst nach seinem Tod begreift Susi, wie sehr sie an ihm gehangen hat. Und gleichzeitig fühlt sie sich auf einmal so frei, so unabhängig. Sie weiß jetzt, dass sie weggehen kann, ohne schlechtes Gewissen. Auch weil sie sieht, dass Ilse allein zurechtkommt. Ilse, die so viele Jahre lang dachte, sie könnte ohne Heinz nicht leben, bemerkt, dass es gar nicht schlecht ist, wenn man nur noch das macht, was man selber will. Sie spielt wieder täglich mehrere Stunden Klavier, wie sie es in ihrer Kindheit in Rheinsberg tat. Den Rest der Zeit malt sie, geht in Konzerte und in die Oper. Sie kann sogar auf einmal wieder Filme gucken, selbst solche, in denen es spannend zugeht. Sie bekommt einmal die Woche Besuch von einer gleichaltrigen Französin, mit der sie das erste Mal seit Langem wieder französisch spricht. Es scheint so, als hätte Ilse am Ende ihres Lebens noch einmal zu sich selbst gefunden.

Susi fährt eines Tages an diesem geduckten Haus in der Bourgogne vorbei. Sie sieht das Schild, auf dem »zu verkaufen« steht, sie sieht die grob behauenen Steine und den Hagebuttenstrauch an der Fassade, und sie weiß sofort, dass es das richtige Haus für sie ist. Susi sagt, sie sei hier glücklicher, als sie es je an einem anderen Ort war. Es kommt ihr sogar ein Wort über die Lippen, das ihr immer suspekt war: Heimat. Dieses unglaublich deutsche Wort passt auf einmal in diese unglaublich französische Landschaft. »Nirgends war ich zu Hause, nirgends«, sagt sie, »und jetzt in diesem winzigen Dorf, das ich nie zuvor gesehen habe, finde ich dieses Zu-Hause-Gefühl.« Ich frage Susi, ob sie mir dieses Gefühl beschreiben kann. Sie denkt nach. »Ich kann hier zur Ruhe kommen«, sagt sie schließlich, »ich muss nicht mehr weiter.«

Am 14. Dezember 2011 stirbt Ilse. Sie ist acht Jahre jünger als Heinz und hat genau acht Jahre länger als er gelebt, so als hätten sie sich verabredet im Himmelreich, an das sie beide nicht glaubten. Zwei Wochen vorher war Susi tagelang bei ihr im Pflegeheim, weil es Ilse nicht gut ging und jederzeit mit ihrem Tod zu rechnen war. Aber dann ging es Ilse wieder besser, und Susi beschloss, kurz nach Frankreich zurückzufahren. »Du kommst wieder?«, fragte Ilse zum Abschied, und Susi sagte: »Ja, ich komme wieder.« Sie buchte ein Flugticket für den 15. Dezember, einen Tag vor ihrer Rückkehr nach Wien rief Lorenz an und sagte, die Omi sei gerade gestorben.

Das hat Susi bis heute nicht verwunden, dass sie diesen einen Tag zu spät kam. Dass sie ihr letztes Versprechen nicht halten konnte. Darüber spricht sie auch in ihrer Abschiedsrede an Ilses Grab. Um dann von der Energie der Mutter zu erzählen, die bis zuletzt gescherzt und ihr Mut gemacht habe. »So muss sie ihr ganzes Leben gelebt haben«, sagt Susi in ihrer Rede. »Je unerträglicher die Situation war, desto mehr Kraft muss sie gehabt haben. Eine Frau voller Energie, und ich habe es erst spät gemerkt, weil sie immer von der übersprudelnden Energie unseres Vaters verdeckt wurde.«

Lorenz ist allein, als der Anruf vom Pflegeheim kommt, er fährt hin, sieht das leere Zimmer, in dem nur noch der Koffer mit Ilses Kleidung steht. Auf dem Tisch liegen ihr Zeichenblock und der Kohlestift. Lorenz denkt an die gemeinsamen Stunden im Donaupark, als sie schweigend nebeneinander saßen und Aquarelle malten. Er wird in den Andachtsraum geführt, in dem jetzt Ilses Bett steht. Sie liegt da und scheint doch schon so weit weg zu sein.

Lorenz spürt, wie bedrückend es ist, allein zu sein in diesem Moment, und er fragt sich, was das für eine Familie ist, die tausend Kilometer Abstand voneinander braucht. Als er Ilses Leiche vor sich liegen sieht, versteht er auf einmal, dass er nun niemanden mehr hat in dieser Stadt, in der er vor 38 Jahren geboren wurde. Ilse, die nach dem Krieg als Fremde nach Wien kam und es wohl immer blieb, ist tot. Seine Mutter, die ihn gebar, um sich mit diesem ungeliebten Land zu versöhnen, hat ihre Heimat woanders gefunden. Und er ist hier irgendwie übrig geblieben – ein Unfall der Familiengeschichte.

AYELET HASHAHAR
Michal

Zwei Tage bevor ich nach Israel fahren wollte, starb Michals Tochter Yael an Krebs. Ich überlegte, die Reise zu verschieben, weil ich die Familie nicht in ihrer Trauer stören wollte. »Blödsinn«, sagte Michal mit ihrer rauen Stimme am Telefon, »da sieht man mal wieder, dass ihr Jeckes aus Berlin nicht die geringste Ahnung vom Judentum habt.« Sie erklärte, als Verwandter müsse man gerade jetzt kommen, um Schiwa zu halten. »Du willst doch die Familie kennenlernen. Komm!«

Ich fragte meine Mutter, was Schiwa sei. Sie sagte: »Du weißt aber auch gar nichts. Und du willst ein Buch über die Familie schreiben?« Sie erklärte, Schiwa bedeute auf Hebräisch sieben, nach dem Tod eines Menschen verbringen Familie und Freunde sieben Tage im Haus des Verstorbenen, kochen gemeinsam, essen, reden über den Verstorbenen, weinen und lachen zusammen. »Sieben Tage lang?«, fragte ich und spürte, wie ich mich innerlich verspannte.

Normalerweise ist es so, dass mich schon eintägige Trauerfeiern überfordern, ich fühle mich immer so hilflos und ungelenk. Ich weiß nicht, was man tut, wenn jemand stirbt. Wie man sich angemessen verhält. Wie man ordentlich trauert. Nur ein einziges Mal hat es sich völlig natürlich angefühlt, als Gerhard, mein Großvater, starb. Wir saßen alle um sein Bett, als er seine letzten, mühevollen Atemzüge tat. Wir streichelten ihn, wir redeten mit ihm, bis er nicht mehr da war. Es war traurig, und es war schön, und wir alle waren froh, in diesem Moment beisammen zu sein. »Ja, genau das ist Schiwa«, sagte meine Mutter. »Fahr hin, du wirst sehen.«

Und so stand ich an einem Novemberabend in diesem Kibbuz in der Nähe von Haifa, vor diesem großen, schönen Holzhaus, das voll von Menschen war. Michal kam auf mich zu, nahm mich in die Arme und führte mich von einem zum anderen. Nicht nur die Familie war da, auch Nachbarn und Freunde waren gekommen. Sie nahmen mich in die Arme, als würden wir uns schon ewig kennen, ich bekam zu essen, ich bekam zu trinken, und wir redeten über Yael, als wäre sie nur gerade ins Nebenzimmer gegangen. Ich spürte eine Kraft in diesem Raum, eine Nähe und eine Wärme, die alles überstrahlte. Diese Familie ist es offenbar gewohnt, den Tod nicht furchtsam auszusperren, sondern in ihr Leben zu lassen, ihn mit Liebe und Mut zu ertragen. Michal sagte, wie froh sie sei, mich zu sehen. »Lass uns über meine Eltern und die alten Geschichten reden«, sagte sie, »das wird mich ablenken von den neuen Geschichten.«

Wir setzen uns auf die Terrasse in die laue Abendluft, und Michal beginnt zu erzählen, vom Nachmittag des 14. Mai 1948, als Nina und Hanan in ihrer kleinen Holzhütte in Beit HaShita saßen, die sie ein Jahr zuvor bezogen hatten. Vor ihnen stand ein Transistorradio, aus dem die Stimme von Premierminister David Ben Gurion schallte, der im Alten Kunstmuseum auf dem Rothschild-Boulevard in Tel Aviv stand und vor dem jüdischen Volksrat die Unabhängigkeitserklärung verlas:

Im Land Israel entstand das jüdische Volk. Hier prägte sich sein geistiges, religiöses und politisches Wesen. Hier lebte es frei und unabhängig, Hier schuf es eine nationale und universelle Kultur und schenkte der Welt das Ewige Buch der Bücher.

Durch Gewalt vertrieben blieb das jüdische Volk auch in der Verbannung seiner Heimat in Treue verbunden. Nie wich seine Hoffnung. Nie verstummte sein Gebet um Heimkehr und Freiheit.

Beseelt von der Kraft der Geschichte und der Überlieferung suchten Juden aller Generationen, in ihrem alten Lande wieder Fuß zu fassen. Im Laufe der letzten Jahrzehnte kamen sie in großen Scharen. Pioniere, Verteidiger und Einwanderer, die trotz der Blockade den Weg in das Land unternahmen, erweckten Einöden zur Blüte, belebten aufs Neue die hebräische Sprache, bauten Dörfer und Städte und errichteten eine stets wachsende Gemeinschaft mit eigener Wirtschaft und Kultur, die nach Frieden strebte, aber sich auch zu schützen wußte, die allen im Lande die Segnungen des Fortschritts brachte und sich vollkommene Unabhängigkeit zum Ziel setzte.

Nina und Hanan halten sich an den Händen, sie wissen nun, dass es sich gelohnt hat, die ganzen Jahre hier auszuhalten. Dass der Kampf mit der Natur, mit den Feinden, mit sich selbst nicht vergeblich war. Nina wird später sagen, diese Worte Ben Gurions seien klar wie ein Gebirgsbach gewesen. Nie wieder habe sie sich in einer politischen Rede so mit ihrem ganzen Leben wiedergefunden.

Noch in derselben Nacht marschieren die Armeen von

Ägypten, Libanon, Syrien, Jordanien und Irak in Israel ein. Es beginnt ein Krieg, der ein ganzes Jahr dauert und an dessen Ende Israel triumphieren wird, wobei es in den ersten Monaten noch gar nicht danach aussieht. In dieser Zeit ist es gespenstisch ruhig in Beit HaShita, weil der Krieg erst einmal woanders ausgefochten wird. Nina und Hanan bauen zusammen mit den anderen unterirdische Bunker, die sie vor Fliegerbomben schützen sollen. Sie haben Glück, nur ein einziges Mal werden sie von syrischen Flugzeugen angegriffen. Die Bomben treffen die Tischlerei und einen Teil des Kinderhauses, aber niemand wird verletzt, die Bunkerwände halten. Die Kibbuzniks schießen mit zwei schweren Maschinengewehren auf die Angreifer und bringen ein Flugzeug zum Absturz.

In diesen ersten Kriegsmonaten werden auch die arabischen Kämpfer im Tal wieder mutiger. Sie wissen, dass die meisten Männer aus dem Kibbuz anderswo kämpfen, und greifen immer wieder an. In dieser Zeit lernt Nina, wie man das schwere Maschinengewehr bedient. Sie erweist sich als hervorragende Schützin, weil sie – anders als Hanan – ruhig bleibt, wenn es hart auf hart kommt. Manche Nacht verbringt sie dösend hinter dem Geschütz, stets bereit, ihre Salven in den dichten Wald zu feuern. Hanan ist vor allem auf den Feldern beschäftigt, sie arbeiten jetzt nur noch nachts, weil es tagsüber zu gefährlich ist. Wenn Hanan auf dem Traktor sitzt und das Saatgut ausfährt, stehen bewaffnete Frauen an der Feldkante, die ihn absichern.

Eines Tages nähern sich mehrere arabische Männer aus dem benachbarten Dorf am helllichten Tag dem Kibbuz. Sie rufen schon von Weitem, dass sie unbewaffnet seien und reden wollen. Hanan kennt die Männer, auch der Mukhtar, der Dorfvorsteher, ist dabei. Zusammen mit zwei anderen Kibbuzniks geht Hanan auf die Männer zu. Der Mukhtar sagt, seine arabischen Brüder stünden kurz vor dem Sieg. Er zeigt auf den Berg Gilboa und erklärt, dort oben würden seit gestern 400 Kämpfer der irakischen Armee warten, die in den nächsten Tagen zusammen mit Verbänden, die vom Jordan herankämen, das Tal sichern sollten. Der Mukhtar schlägt vor, das Kibbuz freiwillig zu übergeben, ansonsten könne er nicht für das Leben der Frauen und Kinder garantieren.

Hanan und die anderen sind überrascht. Auch sie haben gehört, dass die Lage nicht zum Besten steht, aber sieht es wirklich so schlimm aus? Da sie nichts Genaues wissen, versuchen sie, Zeit zu gewinnen. Sie nehmen Kontakt mit der Armee auf und erfahren, dass der Krieg kurz vor dem siegreichen Ende steht, die israelischen Truppen marschieren vom Jordan und vom Mittelmeer heran, die Entscheidung soll hier, in der Jesreel-Ebene, fallen. Sie schicken zwei Boten zum Mukhtar, die den Arabern mitteilen, der Kibbuz werde sich niemals ergeben. In derselben Nacht verschwinden zehn Säcke Saatgut aus der Scheune.

Zwei Wochen später arbeitet Hanan auf dem Feld, als er den Mukhtar des Nachbardorfes durch die Büsche auf sich zukommen sieht. Hanan wird schnell klar, dass der Mukhtar sich nicht vor ihm versteckt, sondern nur von seinen eigenen Leuten nicht gesehen werden will. Der Dorfvorsteher kommt näher, stellt sich vor Hanan hin und sagt, er habe zehn Säcke Saatgut abzugeben, als Geschenk und als Ausdruck der Hoffnung auf eine friedliche Zukunft.

Da weiß Hanan, dass der Krieg vorbei ist. Er blickt hinüber zum Berg Gilboa, dorthin, wo kurz zuvor noch die Soldaten der irakischen Armee standen. Er denkt daran, was der Kibbuzälteste ihnen bei ihrer Ankunft in Beit HaShita sagte. »Ihr seht, alles hat sich hier entschieden, was auch bedeutet, dass sich hier alles entscheiden wird.«

In einem flachen Karton, der mit Seidenpapier ausgeschlagen ist, haben Nina und Hanan ihre Einbürgerungsurkunden aufbewahrt, die auf den 17. Februar 1950 datiert sind – drei Monate nach Ende des Unabhängigkeitskrieges. Das Papier ist rau, der Davidstern verblasst, auf den Passfotos blicken die beiden an der Kamera vorbei ins Nichts.

Nina, die, obwohl sie zum Judentum konvertierte, nie gläubig war, wird später sagen, diese Staatsgründung habe in ihr so etwas wie religiöse Gefühle geweckt, so als setzten sie hier wirklich etwas fort, das dreitausend Jahre vorher begonnen habe. Dass auf einmal Juden Minister und Offiziere und Oberste Richter sind, dass es eine Fahne gibt, einen Pass und Uniformen, dass Juden nun nicht mehr von Nichtjuden abhängig sind, das erscheint ihr so kurze Zeit nach dem Ende des Nazireiches schier unglaublich. Seit 14 Jahren leben sie nun in Palästina, gehören hier schon quasi zu den Veteranen und sind von diesem Tage an stolze Bürger Israels.

Aber die Kämpfe gehen weiter, diesmal nicht mit den Arabern, sondern zwischen den Kibbuzniks, die so viele Jahre um jeden Preis zusammenhalten mussten und sich nun heillos zerstreiten. Es geht wie immer ums Prinzip, um das große Ganze. Die einen wollen noch kommunistischer werden, die anderen eher nicht. Am Ende verlassen 150 Familien, darunter auch Nina und Hanan mit ihren Kindern,

Beit HaShita. Nur die älteste Tochter, Hanna, kommt nicht mit. Sie ist schon 18 und will bei ihrem Verlobten bleiben. Es gibt ein Foto, das den langen Zug von Lastwagen und Pferdekutschen zeigt, der eine Staubwolke durch das Tal zieht. Nina wird später sagen, diese Karawane habe sie an den Tag erinnert, als sie hier angekommen seien, als sie dieses paradiesische Tal zum ersten Mal erblickten. Ihr wird klar, wie sehr sie sich hier schon zu Hause fühlt.

»Ich war gerade mal ein paar Monate alt«, sagt Michal, »ich lag in den Armen meiner Mutter und habe von alldem nichts mitbekommen.« Die Karawane zieht nach Norden, zum Kibbuz Ayelet HaShahar, oberhalb des Sees Genezareth, umgeben von den mächtigen Gipfeln der Golanhöhen. Michal sagt, für Nina und Hanan sei es nicht leicht gewesen, Beit HaShita zu verlassen, diesen mythischen Ort, den sie mitaufgebaut und verteidigt haben, an dem sie zu Israelis wurden.

In Ayelet HaShahar geht es lockerer zu als in Beit HaShita, man lebt hier weniger dogmatisch, weniger asketisch, aber der prägende Geist ist der gleiche. Michal erzählt von ihren ersten Erinnerungen, dem Kinderhaus, in dem sie lebte, den roten Gummistiefeln, mit denen sie durch den Matsch lief. Sie erinnert sich an die Hände ihrer Mutter, die sehr weich waren und nach Desinfektionsmittel rochen, weil Nina als Schwester in der Krankenbaracke arbeitete. Sie erinnert sich an die Geschichten, die Nina ihr ins Ohr flüsterte, wenn sie ins Bett gebracht wurde. Michal schlief nicht gerne ein, sie hatte immer Angst, etwas zu verpassen, weshalb Nina oft sehr lange an ihrem Bett sitzen musste und manchmal sogar ihr Chorsingen verpasste.

Nina und Hanan mit ihren Kindern Yussef, Rhina und Michal

Manchmal wacht Michal nachts auf, spürt den kühlen Wind durch das geöffnete Fenster, hört die Schakale heulen, sieht das Mondlicht durch die Äste der Bäume fallen wie durch ein Spinnennetz. Im Kinderhaus wohnen auch ihre ältere Schwester Rhina und ihr Bruder Yussef. Manchmal rennt Michal nachts vom Kinderhaus zu ihren Eltern, allein, durch die Dunkelheit. Sie hat Angst, sie rennt immer schneller, sie schwitzt, kommt außer Atem am Bungalow an, klopft vorsichtig an die Tür und hofft, eingelassen zu werden. Manchmal schicken die Eltern sie zurück, manchmal darf sie bleiben, kuschelt sich zwischen Hanan und Nina in die warmen Decken, hört den Atem der Mutter und das Schnarchen des Vaters, fühlt sich geborgen und sehr glücklich.

Ihre Schwester Rhina rennt öfter zu den Eltern, einmal wagt sie es nicht, an die Tür zu klopfen, und rollt sich stattdessen wie ein Hündchen auf der Fußmatte zusammen. Dort findet Nina sie am nächsten Tag.

Hat Michal im Kinderhaus gelitten? Sie überlegt. »Es war eben so, wie es war, ich kannte es ja gar nicht anders«, sagt sie. Trotzdem beschließt sie, es später anders zu machen, wenn sie selbst einmal Kinder hat. Sie träumt von einem riesigen Bett, in dem die ganze Familie ineinanderverschlungen liegt wie die Meerschweinchen, die sie in einem kleinen Stall neben ihrem Haus halten.

Arbeit war immer wichtig, sagt Michal. Vielleicht war es sogar das Wichtigste überhaupt, die Religion im Kibbuz. Mit acht Jahren arbeiten sie zwei Stunden am Tag, in den Blumenbeeten, in der Wäscherei oder in der Küche. Mit zehn putzen sie die Böden und Toiletten im Kinderhaus, mit zwölf beginnt die Feldarbeit. Zur Erntezeit arbeiten sie oft bis in die Nacht hinein. Michal sagt, das sei völlig normal gewesen. Es gab nicht die Erwachsenen, die für alles sorgten, und die Kinder, die nur spielten. Sie lernten von Anfang an, dass sie alle Kibbuzniks waren, die mit ihrer Hände Arbeit der großen Familie dienten.

Einmal werden sie aus der Schule geholt, weil ein schweres Gewitter heranzieht und das Weizenfeld noch nicht abgeerntet ist. Sie sind alle zusammen auf dem Acker, 600

Kibbuzniks. Vorne laufen die Männer mit den Sensen, dahinter die Kinder, die aus Getreidehalmen Strohseile flechten, dahinter die Frauen, die mit der Sichel die Halme aufnehmen und Garben auf die Strohseile legen, die von anderen Frauen und Kindern zusammengebunden werden. Sie werfen die Garben auf Leiterwagen, Pferde ziehen die Ernte in die Scheune. Sie sehen die dunklen Wolken herankommen, spüren den Wind auffrischen. Sie arbeiten immer schneller, feuern sich gegenseitig an, schleppen die Garben auf ihren Rücken ins Trockene. Als die ersten Tropfen fallen, ist alles abgeerntet, sie tanzen zusammen im Regen und singen.

Alles wird gemeinsam gemacht. Wenn sie zum Essen oder zum Unterricht kommen sollen, rufen die Erzieher nicht die Namen der einzelnen Kinder, sondern die Namen der Gruppen, nach denen sie in der Schule aufgeteilt sind. In riesigen Horden rennen sie durch den Kibbuz, spielen am Fluss, klettern auf Bäume, reiten auf Pferden und Maultieren um die Wette. Es gibt Fahnenappelle, bei denen die Jugendlichen in Reih und Glied auf dem Sportplatz stehen und im Chor murmeln: »Der Kibbuznik ist ehrlich, er liebt das Land, seine Kameraden, seine Umwelt. Er strebt nach körperlicher und geistiger Vollkommenheit.« Sie tragen rote Halstücher und blaue Hemden. Am Pessachfest ziehen sie unter roten Fahnen mit Palmwedeln und Korngarben durch den Speisesaal, sie singen mit den Erwachsenen, sie lernen, in der Gruppe aufzugehen, sich selbst zu vergessen.

Es wird kein Unterschied zwischen Mädchen und Jungen gemacht, sie tragen die gleichen Anziehsachen, Hosen und Hemden, die aus altem Bettzeug genäht sind, Schuhe mit dicken Sohlen, die an den Knöcheln reiben. Auch die Arbeit ist für alle gleich. Bis sie 12 sind, haben sie nur einen Duschraum, Michal ist schockiert, als eines der Mädchen auf einmal Brüste bekommt. Und als es bei ihr selbst losgeht, ist sie vor allem traurig, weil sie spürt, dass nun wahrscheinlich alles komplizierter wird.

Die Nachmittage verbringen sie mit den Eltern, den Rest der Zeit leben sie im Kinderhaus. Manchmal hat Michal das Gefühl, nur zu Besuch bei ihren Eltern zu sein. Sie würde ihnen gerne so viel erzählen, aber oft reicht die Zeit nicht aus. Schon vor dem Abendessen müssen sie wieder auseinandergehen, weil die Eltern im großen Speisesaal essen und Michal im Kinderhaus.

Manchmal steckt ihr die Mutter ein Stück Brot mit Margarine und Zucker zu, das ist die einzige Süßigkeit, die es im Kibbuz gibt, weil süße Sachen den Menschen dick und krank machen, wie es in den Kibbuzregeln heißt. Einmal im Monat holt Michal die Bettwäsche für ihre Gruppe aus der Wäscherei ab. In dem großen Wäschepaket steckt immer ein Stück Schokolade, das sie hastig und mit schlechtem Gewissen verschlingt.

Sie kennen kaum jemanden außerhalb des Kibbuz, sie sind auch selten in der Welt da draußen, was aber nicht schlimm ist, weil sie ja wissen, dass sie etwas Besonderes sind, dass sie einer großen Sache dienen, die wichtiger als alles andere ist. Eine der schlimmsten Beleidigungen im Kibbuz ist es, den anderen ein Stadtkind zu nennen. Stadtkinder können nur auf Bürgersteigen laufen, tragen Sandalen und lächerliche Socken, können Hafer nicht von

Gerste unterscheiden und fürchten sich vor Schlangen. Ein Stadtkind ist verloren, wenn es nicht kaufen kann, was es zum Leben braucht. Ganz anders der Kibbuznik, der sich selbst ernährt, der sogar die Stadtkinder mitversorgt.

An den Feiertagen besuchen sie Tante Rachel, eine Cousine Hanans, die ebenfalls aus Berlin kommt und nun in Jerusalem wohnt. Für Michal ist das jedes Mal ein großes Abenteuer: die vielen Menschen, die Autos, der Lärm, die prächtigen Häuser und Kirchen. Tante Rachel hat viele alte Möbel, Schränke aus poliertem Kirschholz, schwere Ledersessel und ein Sofa, in dem ein Kind fast vollständig versinken kann. Michal erscheint das alles sehr luxuriös und irgendwie auch übertrieben. Die Möbel, die sie aus dem Kibbuz kennt, sind selbst gebaut, meist aus billigem Holz und sollen lediglich einen praktischen Zweck erfüllen.

Wenn sie bei Tante Rachel zu Besuch sind, bringen sie Honig, Hühner und Äpfel mit. »Es ist doch gut, ein paar Bauern in der Familie zu haben«, pflegt die Tante belustigt zu sagen, wenn sie die Geschenke in ihrem riesigen Kühlschrank verstaut. Dann wird gegessen, von weißem Porzellan, auf einer weißen Tischdecke. Jeder bekommt eine Serviette, die in einem silbernen Ring steckt. Bei Tante Rachel muss man gerade sitzen, man darf keine Flecken auf das Tischtuch machen. Michal bemerkt, dass sogar ihre Eltern während des Essens ein wenig nervös sind. Einmal, auf der Heimfahrt, erklärt Hanan, in Berlin hätten sie immer so gegessen. Er nennt es den bourgeoisen Lebensstil, und so wie er das sagt, klingt es nach etwas längst Überkommenem, einem seltsamen Relikt aus einer lange vergangenen Zeit.

Im Kibbuz bekommt jeder einen Teller und eine Gabel. Messer gibt es nur ein einziges für den ganzen Tisch. Den Mund kann man sich am Ärmel abwischen, und wer am lautesten spricht, dem wird auch zugehört. Michal ist froh, dass sie den bourgeoisen Lebensstil nicht allzu oft pflegen muss. Sie fragt Hanan, ob sie immer so essen müssten wie bei Tante Rachel, wenn er und Nina in Berlin geblieben wären. »Wenn wir in Berlin geblieben wären, dann hätten uns wohl die Regenwürmer gefressen«, sagt Hanan. Daraufhin sagt Nina etwas auf Deutsch zu ihm, was die Kinder nicht verstehen.

Michal hat es immer gestört, wenn die Eltern Deutsch sprachen. »Ich hasste diese Sprache, weil ich die Deutschen hasste, die uns alle umbringen wollten. Und zugleich wusste ich, dass meine Eltern Deutsche sind, das hat mich als Kind sehr verwirrt.« Wenn Nina und Hanan alleine sind, sprechen sie Deutsch miteinander, wenn die Kinder dabei sind, bemühen sie sich, Hebräisch zu sprechen. Oft ist es eine wilde Mischung aus beidem. Nina nennt Michal »mein Mäuselein« und »mein Schwänchen«. Wenn Hanan einen seiner cholerischen Anfälle bekommt, ruft sie: »Beruhige dich!« Diese Teile der Feindessprache werden mit den Jahren zu warmen Mutterworten.

An den Nachmittagen bei ihren Eltern hört Michal die Klavierkonzerte von Beethoven und die Cellosuiten von Bach, sie sieht die Regale mit den schweren deutschen Romanen und Gedichtbänden. Die Musik und die Bücher, das mag sie, aber beim Anblick der Fotos vom Brandenburger Tor oder vom Schwarzwald wird ihr schlecht. Und das ist nicht metaphorisch gemeint, ihr wird wirklich übel, wenn ihr dieses Deutschland zu konkret gegenübertritt. Dieses Land erscheint ihr als ein Hort des Bösen. Michal sagt, sie habe sich nie vorstellen können, was eine Seele sei. Aber wenn es um Deutschland ging, dann spürte sie auf einmal etwas, tief in sich drin. Eine Art bösen Schatten, der durch ihren Körper kroch.

Sie sagt, sie hat, seit sie denken kann, gewusst, was der Holocaust war. Obwohl die Eltern fast nie darüber sprachen. Aber die anderen sprachen darüber, ständig und überall.

Im Kinderhaus erzählen sie sich gegenseitig in wollüstiger Schauerlaune die furchtbarsten Teile ihrer Familiengeschichten. Michal hört von Männern in schwarzen Ledermänteln, von Güterzügen, die Menschen transportieren, von der Rampe in Auschwitz, auf der Mütter von ihren Kindern getrennt werden. Sie sieht die Erwachsenen am Holocausttag stumm weinend in der Stille stehen. Als Adolf Eichmann in Israel vor Gericht kommt, sitzen die Kibbuzniks wochenlang abends im Speisesaal zusammen und schauen die Prozessberichte an. Die Kinder sitzen dabei und überlegen, wie man dieses Monster am besten bestrafen sollte. Sie denken sich die grausamsten Dinge aus, berauschen sich an ihrer kindlichen Wut. »Ich glaube, wir Kinder hätten diesen Eichmann umgebracht, wenn sie ihn vor uns hingestellt hätten«, sagt Michal. »Wir waren bereit dazu.« Ihre Augen, die sonst so warm wirken, sind auf einmal hart und eng geworden. Diese Wut ist immer noch da.

Im Schulunterricht sieht Michal die Aufnahmen der Kinder mit den vor Schreck geweiteten Augen im Warschauer Getto. Sie weiß, dass ein Teil ihrer Familie in

Auschwitz umgebracht wurde, dass ihr Großvater im KZ Theresienstadt starb. Sie sieht die Kibbuzniks, auf deren Unterarmen die KZ-Nummern eintätowiert sind. Michal sagt, für sie sei der Holocaust keine historische Erzählung gewesen, sondern etwas, das sie noch immer bedrohte.

Sie mag es, wenn Nina und Hanan ihre Geschichten aus Berlin erzählen. Wie sie sich kennengelernt haben in der Universität, wie sie durch Brandenburg wanderten und in einem Heuschober schliefen, wie sie im Wannsee badeten und sich in der Friedrichstraße zum Tanztee trafen. Aber wenn Freunde ihrer Eltern aus Deutschland zu Besuch kommen und ihr einen Berliner Bären aus Plüsch mitbringen, dann verbrennt sie den Plüschbären noch am selben Abend unter dem Gejohle ihrer Freunde im Garten des Kinderhauses.

1964 fahren Nina und Hanan zum ersten Mal zu Besuch nach Deutschland. Der Westberliner Senat lädt ein, bezahlt die Flüge und die Unterkunft für die vertriebenen Berliner. Die Eltern freuen sich über diese Reise, Michal aber ist wütend, sie fragt sich, wie ihre Eltern so geschmacklos und geschichtsvergessen sein können. Sie spürt einen starken Widerwillen, alles in ihr sträubt sich dagegen, diesem Deutschland wieder einen Platz in der Welt einzuräumen. Erst sehr viel später, als Michal selbst zum ersten Mal nach Berlin kommt, verschwindet ihre Wut.

Michal gähnt, sie sitzt noch immer auf der Terrasse, vor dem Haus ihrer verstorbenen Tochter. »Ich dachte, die alten Geschichten könnten mich trösten«, sagt sie. »Und was mache ich? Ich rede über den Holocaust!« Ich frage, ob sie nicht zu müde sei. »Ich bin müde, aber ich kann nicht schlafen, lass uns noch ein wenig reden«, sagt sie und beginnt von den langen Wanderungen zu erzählen, die sie mit den anderen Kindern aus dem Kibbuz in den Bergen unternahm. Gerade mal zwölf Jahre alt waren sie da und zogen mit Zelten, ein paar Decken und viel zu wenig Proviant über die rauen Gipfel. Sie orientierten sich an der Sonne, badeten in den Bergbächen und kehrten erst Tage später zurück.

Ich frage, ob die Eltern nicht besorgt waren. »Die wussten gar nicht, wo wir sind«, sagt Michal und lacht. Außerdem habe es immer irgendwelche anderen Sorgen gegeben, die viel wichtiger gewesen seien. Zu dieser Zeit wird die Gegend um den Kibbuz herum fast wöchentlich von syrischen Kampfflugzeugen angegriffen. Sobald sich die Flugzeuge nähern, springen im Kibbuz die Alarmsirenen an. Jedes Kind weiß genau, was zu tun ist: So schnell wie möglich zu einem der Bunker rennen. Die Bunker sind um den Kibbuz herum in die Erde eingelassen. Die Schutzräume sind eng und stickig, Michal sagt, es habe dort unten immer seltsam gerochen, nach feuchten Decken, Petroleum und Toilettenreiniger.

Sie liegen auf Feldbetten, im fahlen Licht der Deckenlampen, und spielen Karten. Michal sagt, sie habe die Stunden da unten eigentlich ganz gerne gemocht, weil sie alle zusammen waren, Zeit hatten und gar nichts anderes tun konnten, als zu warten, bis der Alarm wieder vorbei wäre. Sie spielten Canasta, Rommé und Mau-Mau. Hanan war ein schlechter Verlierer, Nina schummelte gerne, die Geschwister ließen Michal, die Jüngste, manchmal gewinnen.

So wie Michal schon immer vom Holocaust wusste, so weiß sie auch, dass die Araber die Juden am liebsten ins Meer treiben würden. Mit dieser Drohung wächst sie auf, diese Gefahr scheint ihr selbstverständlich, ja geradezu natürlich zu sein. Einmal fragt sie ihren Vater, wie die Araber sie denn ins Meer treiben wollen, weil das Meer doch ziemlich weit entfernt ist vom Kibbuz. Hanan erklärt, die Araber würden es nie schaffen, ihnen etwas anzutun, »weil wir schlauer und besser sind als sie«. Diese beruhigende Feststellung verknüpft er allerdings mit der Mahnung, in der Schule gut aufzupassen und immer noch etwas fleißiger zu sein, als man unbedingt sein muss. »Wer schlau und wachsam ist, dem passiert auch nichts«, sagt Hanan. Und Michal hat auf einmal Angst um ihre Freundin Rawi, die so schlecht in der Schule ist. Hoffentlich, denkt sie, erfahren die Araber nichts davon.

Einmal im Monat finden Übungen statt, die einen Angriff arabischer Terroristen im Kibbuz simulieren sollen. Die Kinder müssen sich im Fall eines Angriffs entweder im Kinderhaus einschließen und unter die Betten legen. Oder sie sollen draußen in die Schutzgräben springen, die an jedem Weg angelegt sind. Michal sagt, sie hätten das alles so oft geübt, dass sie es am Ende kaum noch ernst nehmen konnten. Zum Glück gab es nie einen Angriff, und mit den Jahren wuchs hohes Unkraut in den Schutzgräben, sodass man sie kaum noch erkennen konnte. Nicht anders ist es zu erklären, dass Hanan eines Tages in einen dieser Gräben fiel und sich das Bein verstauchte. »Und auch daran«, sagte er grimmig lächelnd seinen Kindern, »sind natürlich die Araber schuld.«

Drei Tage später, als die Schiwa für ihre Tochter beendet ist, will Michal mir den Kibbuz in Ayelet HaShahar zeigen. Wir fahren eine schmale Straße an Avocado- und Granatäpfelfeldern entlang, die Straße macht eine Kurve, und Michal sagt, hier habe sie immer gemerkt, wo ihr Zuhause sei. Egal, wie lange sie weg war, egal, wo sie war, wenn sie diese Straße entlangkam, um ihre Eltern zu besuchen, und in diese Kurve einfuhr, dann spürte sie eine beruhigende Wärme in ihrem Herzen.

Wir fahren durch das große Gittertor, das mit rosafarbenen Blumen bewachsen ist. Die sauber asphaltierten Wege führen an kleinen Holzhäusern vorbei, die von Gärten umgeben sind, in denen Palmen und Eukalyptusbäume stehen. Von den Schützengräben ist nichts mehr zu sehen. So wohlhabend und gepflegt, wie es heute hier aussehe, sei es früher nicht gewesen, sagt Michal. »Das kam alles später! Viel später!«

Wir kommen an einem braunen zweigeschossigen Stallgebäude vorbei. Das, sagt Michal, sei das erste aus Beton errichtete Gebäude nördlich von Haifa. Der Baron Rothschild schenkte den Zionisten die Ländereien für den Kibbuz, der einer der ältesten Israels ist. Der Kuhstall wurde 1924 gebaut, mit dem Geld des Barons Maurice de Hirsch, der einen europäischen Architekten in Europa mit der Planung beauftragte. Dieser Architekt entwarf alles so ordentlich und solide, wie man es sich nur wünschen konnte. Nur eine Sache übersah er: dass ein Kuhstall in Israel wegen des warmen Wetters nicht geschlossen sein darf, weil die Tiere sonst vor Hitze sterben. Deshalb wurde der Kuhstall immer nur als Lagerhaus benutzt. Und als später, in den

60er-Jahren, die ersten Jugendlichen aus Deutschland mit dem Friedensdienst »Aktion Sühnezeichen« in den Kibbuz kamen, da brachte man sie in dem Gebäude unter. »Das war unsere Rache für die Viehwaggons«, scherzt Michal.

Der Giebel des Kuhstalls ist mit Stuck verziert: Ein Ährenkranz, ein Hammer und eine Sichel prangen auf dem rauen Putz, überwölbt von einem hebräischen Schriftzug, der übersetzt »Bataillon der Arbeit« bedeutet. Ob der Baron de Hirsch wusste, dass mit seinem Geld ein kommunistischer Kuhstall gebaut wurde?

Nicht weit entfernt, nur etwa 100 Meter einen kleinen Weg entlang, kommen wir zum Kinderhaus, in dem Michal aufgewachsen ist. Ein einstöckiger, lang gezogener Holzbungalow, in dem die Schulräume, der Speisesaal und die Schlafräume untergebracht waren. Michal sagt, das Haus stehe seit Jahren leer, weil die Kinder heute bei ihren Eltern wohnen. »Alles hat sich verändert, es ist unfassbar, wie sehr sich alles verändert hat«, sagt sie, und ihre Stimme schwankt zwischen Bedauern und Bewunderung.

Am Ende des kleinen Fußwegs steht ein hellbrauner einstöckiger Betonbau mit einem Spitzdach und einer schattigen Terrasse. Es ist das Haus, in dem sie gewohnt haben. Michal zeigt auf einen Walnussbaum, der neben dem Haus steht. Unter diesem Baum saß Nina am Nachmittag und wartete, dass Michal vom Kinderhaus herüberkam. Es war immer das gleiche Ritual: Michal rannte den Fußweg entlang, winkte der Mutter schon von Weitem zu. Die Mutter erhob sich, breitete die Arme aus und fing Michal auf, die mit einem großen Satz an ihrem Busen landete. Nina roch nach Vanille und Rosenblüten, das war das Duftwasser, das Hanan ihr manchmal heimlich aus Tel Aviv mitbrachte.

Hanan saß meistens auf einem weißen Plastikstuhl auf der Terrasse und las die deutsche Emigrantenzeitung. Solange er die Zeitung vor dem Gesicht hielt, durfte man ihn nicht ansprechen. Faltete er allerdings die Zeitung auf seinem Schoß zusammen, so war er für ein Gespräch bereit. Wobei die Gespräche mit Hanan eher Verhöre waren, sagt Michal. Zuerst erkundigte er sich, was sie an dem Tag in der Schule gelernt hatte, und wenn sie die Dinge nicht schlüssig erklären konnte, ging Hanan kopfschüttelnd und jammernd ins Haus, beklagte lautstark das Bildungsniveau im Kibbuz im Allgemeinen und das seiner Tochter im Besonderen. Dann schleppte er die große »Encyclopædia Britannica« herbei und begann zu erklären. Hanan wusste alles, er kannte sich mit Geschichte, Literatur und Philosophie aus, aber auch mit Musik und Archäologie. Und er wollte ständig Neues lernen. Nina war weniger wissbegierig, sie pflegte zu sagen, sie versuche erst einmal das zu verstehen, was sie eigentlich längst wissen müsste, für alles andere sei auch später noch Zeit.

Am Anfang hatten sie zwei Räume in ihrem Haus, ein Wohnzimmer und ein Schlafzimmer. Später genehmigte der Kibbuz noch einen Anbau, mit einer Küche und einem Badezimmer. Allein an diesem Haus könne man sehen, wie sich der Kibbuz verändert habe, sagt Michal. Jahrzehntelang gingen die Kibbuzniks zum Duschen ins Waschhaus. Und Kochen brauchte ja sowieso niemand, weil es doch den Speisesaal gab, wo jede Mahlzeit gemeinsam eingenommen wurde. Aber je wohlhabender der Kibbuz nach dem Krieg wurde und je mehr sich die Gesellschaft außerhalb des Kibbuz modernisierte, desto schwerer war es, die alten Regeln aus der Gründerzeit beizubehalten.

Michal erzählt von dem Fernseher, der irgendwann im Kibbuz auftauchte. Eine amerikanische Tante brachte das Gerät einem Kibbuznik mit, der es in sein Zimmer stellte. Michal sagt, sie müsse zu dieser Zeit 13 Jahre alt gewesen sein. Sie weiß noch, wie sie mit ihren Freunden manchmal in das Zimmer des Kibbuzniks ging, um einen Film oder die Nachrichten zu sehen. Es kam ihr damals seltsam vor, dass ein einzelner Mensch solch ein Luxusprodukt für sich allein haben konnte. Der einzige Fernseher, den es bis dahin im Kibbuz gegeben hatte, stand im Speisesaal und war meistens kaputt. Und wenn er funktionierte, dann saßen immer ein paar Mütterchen davor, die Filme sahen, die noch älter waren als sie selbst.

Es dauerte nicht lange, bis sich drei weitere Kibbuzniks von ihren Verwandten Fernseher schenken ließen. Nun wollten auch alle anderen einen Fernseher haben, aber niemand im Kibbuz hatte eigenes Geld. Bei jeder Anschaffung musste der Kibbuzrat gefragt werden, der zunächst ein Verbot für Fernseher erwog, um schließlich im Namen der Gleichheit jedem Mitglied ein TV-Gerät zu kaufen, was den Frieden zunächst rettete, aber eben auch einen Präzedenzfall schuf.

Jahre später geschah Ähnliches mit privaten Kühlschränken und Musikanlagen, was dazu führte, dass die Kibbuzniks irgendwann nicht mehr zusammen im Speisesaal saßen und diskutierten, sondern getrennt voneinander zu Hause fernsahen. »Das ist das Ende vom

Kibbuz«, sagten die Alten. »Das ist der Beginn der Modernisierung«, sagten die Jungen. Ähnlich lief es mit den Badezimmern, mit den Kochherden, mit den Autos. Jeder neue Kompromiss, jede Veränderung brachte das alte Kibbuzmodell ins Wanken.

Michals langsamer Abschied vom Kibbuz beginnt, als sie 16 ist, und der Kibbuzrat ihr das Abitur verweigert. »Warum willst du als Frau so einen komplizierten Abschluss machen?«, fragt einer der Kibbuzältesten, »wir brauchen fleißige Arbeiterinnen in der Küche und auf den Feldern.« Michal ist entsetzt, sie weiß von ihrem Vater, wie wichtig Bildung ist. Hanan ist es schließlich auch, der dafür sorgt, dass sie noch weiter zur Schule gehen darf.

Noch stellt Michal nichts grundsätzlich infrage, aber sie wundert sich schon, warum selbst banalste Dinge von Kibbuzkommissionen entschieden werden. Als sie einmal einen neuen Wecker braucht, weil der alte kaputt ist, muss sie einen schriftlichen Antrag an die Beschaffungskommission richten, die Michal zum Gespräch vorlädt, in dem sie erklären muss, warum ein neuer Wecker für Michal auch dem Kibbuz nutzen würde. »Weil ich länger arbeiten kann, wenn ich morgens nicht verschlafe«, sagt sie. Das versteht die Kommission und gibt den Kauf eines Weckers in Auftrag. Michal bittet darum, einen Wecker zu bekommen, der nicht zu laut tickt, weil sie das beim Schlafen stört. Da ruft der Kommissionsvorsitzende wütend: »Genossin, früher sind uns nachts die Haubitzen um die Ohren geflogen, und heute machst du dir Sorgen um einen tickenden Wecker?«

So wächst das Unverständnis zwischen den Generationen. Die Kibbuzgründer, die jahrelang in Zelten wohnten, die durch den Modder stapften, die hungerten und froh waren, wenn sie den nächsten Tag erleben durften, verstehen die jungen Leute nicht, für die doch alles so viel einfacher geworden ist und die trotzdem nie zufrieden sind.

Und die jungen Leute, die verstehen nicht, warum sie selbst so gar nichts entscheiden dürfen. Warum man sie immer noch wie Kinder behandelt, obwohl sie doch längst erwachsen sind.

Als sie 17 ist, geht Michal eines Tages zur Kleiderausgabe und holt ihre Anziehsachen für die neue Woche ab. Sie bekommt zwei hässliche Blümchenkleider ausgehändigt und ein paar Hosen, die ihr viel zu groß sind. Sie beschwert sich, und die Frau an der Kleiderausgabe sagt schulterzuckend, vielleicht sei ja nächste Woche etwas Schöneres dabei. In diesem Moment, sagt Michal, sei ihr klar geworden, dass sie nicht für immer im Kibbuz bleiben wolle. Dass sie weggehen müsse, um eines Tages ein Leben zu führen, in dem sie selbst bestimmen könne, welche Kleider sie trage. »Ich habe diesen Bruch auf einmal deutlich gespürt, und ich war traurig, weil ich eigentlich gar nicht wegwollte, aber ich wusste, dass es wohl nicht anders geht.«

Von nun an ist alles anders, so viele Dinge, die sie bis dahin nie infrage stellte, erscheinen ihr plötzlich seltsam und ohne jeden Sinn. Warum muss sie ständig alles mit den anderen teilen? Warum kennt sie die Welt da draußen nicht? Warum ist der Kibbuz wichtiger als die Familie? Warum muss man sich dafür schämen, wenn man schön aussehen will? Was ist schlecht daran, ein Privatleben zu haben? Sie spricht darüber mit Nina und Hanan, die schroff und abweisend reagieren. Hanan wird sogar richtig wütend, wirft Michal vor, ein undankbares, dummes Mädchen zu sein. »Wofür haben wir denn unser Leben riskiert? Warum haben wir gearbeitet bis zum Umfallen? Für euch haben wir das getan! Nur für euch!«

Heute weiß Michal, dass ihre Fragen die Eltern verunsichert haben. »Für Nina und Hanan ergab das alles Sinn«, sagt Michal, »diese Gemeinschaft war genau das, was sie brauchten, und sie hatten gar keine Bedürfnisse, die hätten enttäuscht werden können. Sie waren froh, am Leben zu sein.«

Sie aber kann nicht einfach nur weiterführen, was die Alten begonnen haben. Das Problem ihrer Generation sei, sagt Michal, dass die Eltern ja schon alles aufgebaut hätten, dass es gar nichts Bedeutendes mehr zu tun gegeben habe. Die Eltern hatten bewiesen, dass auch Juden sich mit ihrer Hände Arbeit ein Land erobern können. »Aber sollten wir nun für immer Viehtreiber, Zimmermänner und Köchinnen sein, nur weil unsere Eltern nicht mehr Doktoren, Bankiers und Anwälte sein wollten?«

Mich erinnert das alles sehr an die DDR. Auch bei uns versuchten die kommunistischen Gründerväter, ihre traumatischen Erinnerungen an die Verfolgung und den Krieg durch die Schaffung einer neuen Gesellschaft zu bewältigen. Auch bei uns sollte der Einzelne durch das Kollektiv ersetzt werden, durften Kommissionen über das Schicksal der Bürger entscheiden, wurde der Arbeiter kultisch verehrt, hatten Intellektuelle keinen guten Ruf. Auch bei uns gab es Fahnenappelle, wurden Schwüre geleistet, wurde viel gemeinsam gesungen. Auch wir wussten nicht, was außerhalb der DDR passierte, aber auch uns erklärte man, dass wir da gar nichts verpassten, weil die Zukunft ja nun mal im Osten stattfinde, während der Westen in der Vergangenheit verrecke.

Auch bei uns ergab dieser ganze Staat eigentlich nur für die Gründerväter einen Sinn, die aus dem Exil und den Konzentrationslagern Heimgekehrten, die ihre Angst und ihr Misstrauen nie abschütteln konnten. Auch unsere Gründerväter verstanden ihre Kinder nicht und wurden von ihren Kindern noch weniger verstanden. Ich erinnere mich, wie mein Großvater Gerhard rief, er habe doch nicht gegen die Faschisten gekämpft, damit seine Tochter einen Staatsfeind heirate. Und meine Mutter rief, der Faschismus sei doch längst besiegt und sie heirate jetzt diesen Mann, den sie nun mal liebe, auch wenn er nicht in der Partei sei. Dank der Entschiedenheit meiner Mutter kam es dann nicht lange später dazu, dass ich geboren wurde.

Es ist interessant, wie sehr sich die Gespräche zwischen Vätern und Töchtern gleichen, während die einen den Sozialismus an der Spree aufbauen und die anderen ihr Glück am Jordan versuchen. Und weder hier noch da gelingt es, die Begeisterung an die nächsten Generationen weiterzugeben. Hier und da erstarrt die Revolution in kleinbürgerlicher Bürokratie, wird das Misstrauen zur Obsession, die Angst zum Verfolgungswahn.

Einer der großen Unterschiede ist, dass man den Kibbuz jederzeit verlassen kann, und das tut Michal, wenn auch nur vorübergehend, als sie 1969, mit 19 Jahren, ihren Armeedienst beginnt. Wobei sie schnell mitbekommt, dass die Armee nicht viel anders funktioniert als der Kibbuz. Wieder bestimmen andere über sie, wieder muss sie mit einer Gruppe verschmelzen und an die gemeinsame Sache glauben. Michal lernt, mit der Maschinenpistole umzugehen, durch Felder zu robben, über brennende Stellwände zu springen. Der Ausbildungsoffizier schreit: »Ich werde aus euch Weibern Männer machen!« Sie laufen jeden Abend 15 Kilometer, in voller Montur, mit Gasmasken auf den Gesichtern. Weil die Ausbildung so hart und stressig ist, bleibt Michals Periode aus. Als wäre sie nun wirklich ein Mann geworden.

In der theoretischen Schulung lernen sie, wie Israel sich vor seinen Nachbarn schützt. Michal erfährt, wie groß die Bedrohung ist und welcher Aufwand jeden Tag betrieben wird, um den Bürgern Israels ein halbwegs ruhiges und sicheres Leben zu ermöglichen. Sie ist hin- und hergerissen, fragt sich, ob das nicht alles völlig übertrieben ist, und spürt zugleich, dass es dieses Land ohne die Armee wohl schon lange nicht mehr gäbe.

Michal kommt in eine Sondereinheit, die Jugendliche im ganzen Land in der vormilitärischen Ausbildung betreuen soll. Ziel ist es, 15- bis 17-jährige Schüler so auszubilden, dass sie im Falle einer totalen Mobilmachung in die regulären Armeeeinheiten integriert werden können. Die Schüler lernen, mit Schusswaffen und Sprengstoff umzugehen. Michal ist für die politisch-ideologische Ausbildung zuständig. Sie erklärt den Jugendlichen, ihr Land werde von den arabischen Nachbarn bedroht, die Israel auslöschen wollen. Sie sagt, dass alle bereit sein müssen, im Ernstfall ihr Leben für Israel zu geben. Sie hört sich sprechen und fragt sich, wie viel von alldem sie eigentlich selbst glaubt. Die Jugendlichen, die kaum jünger sind als sie, stellen Fragen. Sie wollen wissen, wie man es schafft, sein Land wichtiger als sich selbst zu nehmen.

Michal fällt auf, dass sie nie darüber nachgedacht hat, was es für sie bedeutet, Israelin zu sein. Dass sie nicht mal erklären könnte, was das Jüdischsein für eine Rolle für sie spielt. Es ist, als hätte ausgerechnet das Leben im Kibbuz sie vor solchen Fragen bewahrt, weil es dort ja genügte, ein Kibbuznik zu sein. Sie muss an ihren Vater denken, der ihr erklärte, schon die Schlauheit genüge, um nicht von den Arabern ins Meer getrieben zu werden.

In der Armee trifft sie zwei Frauen, die religiös erzogen wurden und von ihrem Glauben erzählen. Michal geht zum ersten Mal in die Synagoge, zum jüdischen Neujahrsfest Rosch HaSchana und zum Versöhnungsfest Jom Kippur. Sie begreift, dass es da etwas gibt, das größer ist, von dem sie sich angezogen fühlt, das ihr Kraft verleiht. Wobei es ihr nicht um den Glauben geht, sondern um dieses überraschend warme Gefühl, zu einer Gemeinschaft zu gehören, die überall auf der Welt verteilt lebt. So hat sie schließlich doch etwas gefunden, das Berlin und Ayelet HaShahar verbindet. Etwas, das es ihr ermöglicht, die Wurzeln zusammenzuführen. Wenn sie von nun an fastet an Jom Kippur, dann weiß sie, dass sie etwas mit Millionen anderen Menschen teilt, die wie sie auf der Suche sind.

Und noch etwas wahrhaft Existenzielles passiert in dieser Zeit: Sie lernt Erez kennen, diesen unverschämt gut aussehenden Mann, der dazu auch noch klug und sensibel ist, und der die sanftesten Augen hat, die man sich vorstellen kann. Ein paar Leute aus ihrer Armeeeinheit planen einen Ausflug, Ende September, zum Sukkot, dem Laubhüttenfest. Sie treffen sich in Tel Aviv, an einem Freitagnachmittag, ein Lastwagen bringt sie aus der Stadt in die Wüste, wo sie sechs Tage lang wandern und campen wollen. Mit dabei ist auch dieser junge Kampfpilot, der gerade seine Ausbildung abgeschlossen hat und der Michal nicht von der Seite weicht. Erez verwickelt sie in lange Gespräche über die Familie und das Leben. Er erklärt ihr, wie man Wasserquellen in der Wüste findet, trägt ihren Rucksack und sammelt Glückssteine für sie.

Noch während dieser Wanderung gesteht Erez ihr seine Liebe, was Michal für unseriös hält. Wer sich so schnell verliebt, der kann es doch nicht wirklich ernst meinen, denkt sie und bleibt noch Monate lang distanziert. Aber Erez lässt nicht locker, wirbt um sie, schreibt Briefe, in denen er feierlich verkündet, sie sei die Frau seines Lebens. Michal denkt an ihre Mutter, die ja auch lange von ihrem Vater umworben wurde, bis sie schließlich bereit war. Nina sagt, Michal solle nicht so viel grübeln, schließlich müsse sie Erez ja nicht gleich heiraten. Die Tochter ist empört über die Freizügigkeit der Mutter. »Ich will ihn nur, wenn es für immer ist«, sagt sie. »Nichts ist für immer«, sagt die Mutter. Und beide werden irgendwie recht behalten.

Auch wenn sie es damals nicht zugegeben hätte, aber natürlich, sagt Michal, habe sie sich auch geschmeichelt gefühlt, von diesem Mann umworben zu werden. Die Kampfpiloten sind die Helden der Nation, nur die Besten dürfen die Ausbildung beginnen, nur die Allerbesten werden von der Luftwaffe übernommen. In der israelischen Armee gelten die Kampfpiloten als Götter, seit es ihnen im Sechstagekrieg, im Juni 1967, gelang, innerhalb von wenigen Stunden fast die gesamte ägyptische Luftwaffe zu zerstören. Michals Freundinnen platzen vor Neid, als sie ihnen von ihrem Verehrer erzählt. Und gerade deshalb will sie sich nicht sofort mit ihm einlassen. Sie will erst sicher sein, dass sie wirklich Erez meint, und nicht den fliegenden Helden.

Je länger sie sich kennen, desto sicherer wird ihr Gefühl für diesen Mann, aber es vergeht noch fast ein Jahr, bevor sie denkt, dass sie nun nicht länger zu zögern braucht. Sie heiraten im Dezember 1972, in Ayelet HaShahar, im großen Speisesaal des Kibbuz. Michal trägt ein weißes Kleid, die Eltern und die anderen Kibbuzniks sitzen an langen Tischen um das Paar herum, sie singen Lieder, in denen es um die unendliche Freude geht, dem Kibbuz eine große Kinderschar zu schenken. Und Michal ist erleichtert, als die Hochzeit endlich vorbei ist, weil sie es nicht mag, von so vielen Menschen angestarrt zu werden.

Sie geht mit Erez, der auf eine Luftwaffenbasis versetzt wurde, nach Be'er Scheva im Süden von Israel. Sie haben dort eine kleine Wohnung, in der sie wartet, wenn Erez seine Trainingsflüge absolviert. Es ist das erste Mal, dass Michal irgendwo alleine ist. Sie bewirbt sich an der Universität, will Biologie studieren. Sie haben ein paar ruhige Monate zusammen, fahren manchmal in die Wüste und wandern ein paar Tage, wie ganz am Anfang.

Zum Jom-Kippur-Fest fahren sie zu Erez' Eltern, sie kommen kaum voran, weil lange Panzerkolonnen die

Erez, Michal und Hanan, Dezember 1972

Straßen verstopfen. Da ahnt Erez schon, dass etwas passiert ist. Am nächsten Tag kommt der Anruf, er muss sofort los. Syrische und ägyptische Truppen sind am 6. Oktober 1973 in die Golanhöhen und den Sinai vorgestoßen. Der Jom-Kippur-Krieg hat begonnen.

Sie halten sich zum Abschied in den Armen. Erez sagt, sie solle sich keine Sorgen machen, keiner der Piloten habe eine so schöne Frau wie er, weshalb auch keiner einen besseren Grund habe, so schnell wie möglich nach Hause zurückzukommen. Sie fragt ihn, was seine Aufgabe sein wird. Er sagt: »Nicht getroffen zu werden«, lacht, zwinkert ihr zu und fährt los.

Drei Wochen lang muss sie warten, drei Wochen lang ruft sie jeden Abend auf der Luftwaffenbasis an, und wenn sie seine Stimme hört, weint sie vor Erleichterung. Erez sagt, die Araber stellten sich diesmal noch dümmer an als beim letzten Mal, sie müsse sich wirklich keine Sorgen machen. An manchen Abenden erreicht sie ihn nicht, weil das Telefon ständig besetzt ist. Schließlich ist sie in diesen Wochen nicht die einzige Frau, die um ihren Mann bangt. Im Radio ist von vielen Toten die Rede, auch Flugzeuge werden abgeschossen. Sie stellt sich vor, wie es wäre, stünde eines Tages ein Offizier vor ihrer Tür und sagte, ihr Mann sei im heldenhaften Kampf für Israel gefallen. Dann denkt sie an Erez' sanfte Augen, an sein schallendes Lachen, an seinen grenzenlosen Optimismus. Sie zwingt sich, die schwarzen Gedanken zu verscheuchen, bevor sie sich dauerhaft niederlassen.

Als der Krieg gewonnen ist, darf sie ihn endlich sehen. Sie steht mit einem Dutzend anderer Frauen vor dem Stacheldrahtzaun am Eingang der Luftwaffenbasis und wartet. Eine ältere Frau steht neben ihr, fragt, ob es ihr erster Krieg sei. Michal erzählt von Erez und von ihrer Hochzeit, die nun schon ein Dreivierteljahr zurückliegt. Michal sagt, sie versuche tapfer und optimistisch zu sein, weil das wohl für alle am besten sei. »Ja, das versuche ich seit zehn Jahren«, sagt die andere. »Willkommen im Klub der tapferen Frauen.«

MAGDALEN COLLEGE
André

Wenige Wochen vor seinen Abiturprüfungen in Christ's Hospital wird André zum kahlköpfigen Direktor gerufen, der in feierlichem Ton verkündet, er werde André zum Studium in Oxford empfehlen, wenn der nichts dagegen habe. André ist so überrascht, dass er nur stumm und selig lächelnd dastehen kann, der Direktor deutet das als Zustimmung und reicht ihm zur Gratulation die Hand.

Nach den Sommerferien fährt André mit dem Zug nach Oxford. Es geht ihm dort ähnlich wie an dem Tag, als er zum ersten Mal nach Christ's Hospital kam, er steht da und kann es kaum fassen. Staunend läuft er an den opulent verzierten Palästen, Villen und Kirchen vorbei, schlendert durch die Wandelgänge, die Rosengärten, Höfe und Parks. Er umrundet auch die von Wasserkanälen umschlossene Wiese, auf der in der Abendsonne Rehe grasen.

André meldet sich beim Pförtner im Magdalen College, wo die Mediziner ausgebildet werden. Er bekommt ein Zimmer über dem Büro des Dekans zugewiesen, da die Christ's-Hospital-Schüler als besonders diszipliniert und ruhig gelten und der Dekan keinen Lärm duldet. War seine Schule in Sussex betont spartanisch ausgestattet, so gelten hier in Oxford andere Maßstäbe. André hat sein eigenes Zimmer, ein weiches Bett, einen Schreibtisch. Zweimal die Woche kommt eine Putzfrau, die auch die dreckige Wäsche abholt und sie beim nächsten Mal perfekt gebügelt zurückbringt. In der Dining Hall wird süßes Bier ausgeschenkt, in der Bibliothek gibt es Zeitungen, wissenschaftliche Magazine und Bücher aus aller Welt. Die Rasenflächen wirken, als würden sie jeden Morgen mit der Hand durchgekämmt, die blauen Hortensienblüten im Hof sind groß wie Kinderköpfe.

Und, noch viel fantastischer, es gibt Frauen! Zum ersten Mal ist André in einer gemischten Schule, was ihn am Anfang so einschüchtert, dass er es nicht wagt, den Kommilitoninnen in die Augen zu schauen. Eine der Frauen, Rosemarie, lässt sich von seiner Schüchternheit nicht abschrecken. Sie geht abends mit ihm um die Rehwiese spazieren, sie diskutieren über die gesellschaftliche Bedeutung des gemeinen Volkes in der griechischen Antike. Irgendwann wagt André es, ihre Hand zu ergreifen, was ihm bereits als unerhörte Kapriole erscheint. Wochen später sagt Rosemarie, manche Frauen würden es durchaus schätzen, wenn der Mann, der mit ihnen nun schon zum 200. Mal um die Rehwiese laufe, sie endlich auch mal küsse. André hat das Gefühl zu schweben, er ist wie betrunken vor Glück.

Etliche seiner Mitschüler haben berühmte Familiennamen, ihre Väter sitzen in der Regierung, leiten große Firmen oder sind Richter. Wenn André sagt, seine Mutter sei Schauspielerin und Fotografin, dann wirken die anderen überrascht, aber nicht uninteressiert. André begreift, dass es in Oxford auch darum geht, originell zu sein. André muss nichts bezahlen für die Universität, selbst die Kosten für Kleidung und Essen werden vom Staat übernommen.

Er stürzt sich in die Arbeit, will sich als würdig erweisen, will allen zeigen, dass er zu Recht ausgewählt wurde. Viel Zeit verbringt er in den biochemischen Laboren, die in modernen Gebäuden außerhalb der mittelalterlichen Mauern untergebracht sind. Er mag diese sachlichen, ruhigen, von grellem Licht bestrahlten Räume, das leise Brummen und Glucksen der Apparaturen. Hier hat er das Gefühl, den Dingen wirklich auf den Grund gehen zu können. Hier gelten allein Wissen und Erkenntnis, Beobachtung und Logik. Ja und Nein. Das interessiert ihn mehr als die komplizierte Welt, die hinter der Labortür beginnt, in der sich die Menschen mit seltsamen Gefühlen und unlogischen Gedanken herumschlagen.

Manchmal holt André etwas Wasser aus dem Graben, der die Rehwiese umrahmt. Er betrachtet einzelne Wassertropfen unter dem Mikroskop. Er entdeckt Wimperntierchen, die sich aus Pflanzenfasern kleine Unterschlupfe bauen, in denen sie sich verbergen und nach Bakterien jagen. Er beobachtet die Wimperntierchen dabei, wie sie sich mit anderen Artgenossen zusammentun, um noch größere Pflanzenfasern heranzuschaffen. Er fragt sich, was diese Einzeller wohl tun, wenn sie gerade keine Bakterien fressen, Häuser bauen oder schlafen. Ob sie irgendwelche Empfindungen haben, irgendeine Form von Bewusstsein. Einmal kommt Rosemarie ihn im Labor besuchen, André erzählt ihr von den Wimperntierchen, von seinen vielen Fragen. Rosemarie sieht ihn genervt an. »Kann es sein, dass diese Tierchen dich eigentlich viel mehr interessieren als die Menschen um dich herum, also zum Beispiel ich?« André denkt noch Tage später über diese Frage nach, um schließlich zu dem Schluss zu kommen, dass Rosemarie vermutlich recht hat.

Ich frage André, was ihn eigentlich damals an den Menschen gestört habe. Er sieht mich lange an, mit konzentriertem Blick, als wäre auch ich ein Wimperntierchen. »Ich habe das erst jetzt begriffen«, sagt er. »Ich denke, ich habe früh das Vertrauen verloren.« Er spricht von seinem Vater, der mal kam und mal ging, von seiner Mutter, die mal kam und mal ging. Von so vielen Menschen in seinem Leben, die mal da waren und dann wieder verschwanden. »Diese menschlichen Beziehungen waren nichts, worauf man sich verlassen konnte. Es war immer wieder anstrengend und enttäuschend. Dann habe ich angefangen zu lesen und mich für Biologie zu interessieren. Und es war überhaupt nicht anstrengend, und auch nicht enttäuschend, es war einfach nur interessant.«

Wobei André die Welt nicht nur durch das Mikroskop betrachtet. Er wird auch Mitglied im »Club der Sozialisten«, einer Debattiergruppe, in der über Gerechtigkeit und die schamlose Ausbeutung des Menschen in kapitalistischen Wirtschaftssystemen diskutiert wird. André liebt diese theoretischen Gesellschaftsdebatten, es ist für ihn wie ein Spiel der Ideen. Seine vier besten Freunde sind ebenfalls dabei, sie verbringen ganze Nächte damit, Bier zu trinken und die Welt neu zu erfinden. In einem von Andrés Fotoalben ist eine Aufnahme, die ihn zusammen mit Kommilitonen im Garten des College zeigt. André trägt ein brau-

André in Oxford

nes Tweed-Jackett, einen ockerfarbenen Pullover, darunter ein Hemd und eine etwas schief gebundene Krawatte. Very british ist auch seine Körperhaltung, auf dem Rücken verschränkte Arme, stolzer, ironischer Blick.

Nach einem Jahr trennt sich Rosemarie von André und heiratet kurz darauf einen anderen Studenten. Rosemarie sagt, es gebe offenbar keinen Platz für sie zwischen dem Labor und dem Debattierklub. Und wieder kann André ihr nicht wirklich widersprechen.

Auch zwei Dozenten von der philosophischen Fakultät tauchen manchmal in dem Debattierklub auf, sie sind nicht viel älter als die Studenten, aber wenn sie das Wort ergreifen, hören die anderen ihnen andächtig zu. Die beiden werden von den meisten Klubmitgliedern verehrt, vor allem von den weiblichen, weil sie so genial und lässig sind. Man munkelt, sie seien deutsche Juden. Das interessiert André, er kommt mit den Dozenten ins Gespräch, fragt sie, ob es stimme, dass sie auch aus Deutschland kommen. Die Männer sehen ihn überrascht an, der eine flüstert hastig auf Deutsch: »Es ist egal, woher wir kommen. Es ist vorbei, es hat keine Bedeutung mehr!«

Das Abendessen nehmen die Studenten in der Dining Hall ein, einem Saal, gewaltig wie ein Kirchenschiff. Die Wände sind übermannshoch mit dunklem Eichenholz getäfelt, darüber hängen Gemälde der College-Stifter, der geistlichen Paten und blaublütigen Schutzherren. An einem schönen Novembertag führt Onkel André mich in die Dining Hall im Magdalen College. Durch die hohen Fenster fällt herbstliches Sonnenlicht in das ehrwürdige Dunkel. André sagt, es habe sich nicht viel verändert. Er betrachtet die langen Tische mit den kleinen Schirmlampen. Die polierten Holzböden, die Beistelltische mit Gläsern, Tellern und Besteck. Diener in weißen Hemden bedienten die Studenten und Professoren, Tischgespräche durften nur in gedämpfter Lautstärke geführt werden. »Es ging immer sehr viel um Würde«, sagt André, »kein Wunder, dass sich die meisten Absolventen irgendwann selbst als würdig empfanden.«

Wir verlassen die Dining Hall und kommen in den rechteckigen Hof, der von einem säulengestützten Klostergang umgeben ist. Jeder Schritt hallt in dem langen Gang, jedes Flüstern ist noch Meter entfernt zu hören. Ich kann mir vorstellen, dass einige Jahre in diesen Mauern einen Menschen verändern, dass nicht nur die Würde, sondern auch die Diskretion, die Schönheit und generöse Klugheit, mit der dieser Ort erschaffen wurde, irgendwo in einem zurückbleiben. André führt mich zu dem Wassergraben, in dem er früher seine Wimperntierchen fand. Gegenüber stehen die Rehe in eleganter Formation auf der Wiese, als hätten selbst sie den Geist des Ortes aufgesogen.

Aber André will mir an diesem Tag nicht nur sein altes College zeigen, er möchte mir vor allem seine Tochter Angela vorstellen, die Einzige aus der Familie, der ich nie begegnet bin. Angela ist Professorin für mathematische Biologie und Senior Fellow am All Souls College, das seine Mitglieder jedes Jahr aus den besten Absolventen der Universität Oxford auswählt. Fellow in All Souls zu werden, sagt André, sei eine der größten akademischen Auszeichnungen, die das Land zu vergeben habe. Man merkt ihm an, wie stolz er auf seine Tochter ist, auch wenn er versucht, es nicht zu sehr zu zeigen.

Sie kommt uns entgegen, blonde, kurz geschnittene Haare, die spöttischen, neugierigen Augen, die Fritz Fränkel wohl der ganzen Familie zum Geschenk gemacht hat. Angela trägt einen schwarzen Talar, ihre offizielle Dienstkleidung, weil sie uns gleich zum Essen mit den anderen Fellows mitnehmen will. Jeden Freitag versammeln sie sich im gelben Salon im Souterrain. Die lange Tafel ist mit weißem Tischtuch, Silberbesteck und englischem Goldrand-Porzellan gedeckt. Livrierte Butler schenken Wein

ein, servieren Leberpastete mit Feigenconfit. Etwa 20 Fellows sind an diesem Abend versammelt, die meisten sind Männer im mittleren und fortgeschrittenen Alter, nur drei Frauen sind dabei. Es sind Historiker, Philosophen, Anthropologen, Anglisten, Mathematiker, Psychologen, Biologen. Sie plaudern entspannt miteinander. Die Besten der Besten.

André hat mir eine Krawatte und ein Jackett geliehen, das an meinen Schultern spannt, ich rutsche nervös auf dem Stuhl herum. Angela, die links neben mir sitzt, nickt mir beruhigend zu. »Die tun nichts, die sind nur klug«, sagt sie lächelnd. André sitzt als ältester Gast auf dem Ehrenplatz am Kopfende des Tisches, gleich neben dem Dekan von All Souls. André blickt zu Angela hinüber, sie prosten einander zu.

Hätte er das für möglich gehalten, als er damals als 18-Jähriger an die Tore von Oxford klopfte? Hat er zu dieser Zeit überhaupt begriffen, wie wichtig dieser Schritt war? André sagt, ihm sei klar gewesen, wie gut diese Universität ist. Welchen Platz ihm das in der Gesellschaft verschaffen würde, habe er allerdings erst viel später begriffen. Wenn jemand fragte, wo er studiert habe, und er sagte: »in Oxford«, dann sagten die Leute: »Aha«. Und dieses »Aha« war wie ein Schlüssel, der ihm die Türen öffnete, der dafür sorgte, dass er dazugehörte. Von nun an war er kein Flüchtlingsjunge mehr, sondern ein Mitglied der besseren Gesellschaft.

Vielleicht war es das, was ihm die beiden Dozenten im Debattierklub sagen wollten, als sie ihm flüsternd rieten, die Vergangenheit zu vergessen. Denn noch eine andere

Sache hat André später gelernt: Wer zu etwas Neuem dazugehören will, der darf das Alte nicht zu tief in seinem Herzen tragen. »Man kann nicht beides haben«, sagt er, »man muss sich entscheiden.« Und es fiel ihm nicht schwer, weil das Alte ja nie besonders tief in seinem Herzen gewesen war, weil er die wichtigsten Jahre in England verbracht hatte.

Mit Mitte 30 wurde er zum Professor der Londoner Universität berufen, später leitete er wichtige Forschungsprojekte, bis heute ist er einer der angesehensten Toxikologen Englands. Und der Schlüssel, der ihm damals die Türen öffnete, der funktionierte später auch für seine Kinder und Enkelkinder, die fast alle in Oxford studierten, weil es eben leichter ist, wenn so etwas zur Familientradition gehört.

Die Fellows von All Souls erheben sich und schreiten in ihren schwarzen Talaren in einen angrenzenden Salon, in dem Käse und Portwein gereicht werden. Auf dem Tisch stehen silberne Kerzenleuchter, die den Raum in flackerndes Licht tauchen. An den Wänden hängen Gemälde berühmter Fellows, die wie entschwundene Geister aus der Dunkelheit herabschauen. Der Dekan hält eine kurze Tischrede auf Latein, die von den anderen mit einem gnädigen Murmeln quittiert wird. Spätestens jetzt hat man das Gefühl, in einem Harry-Potter-Film zu sein. Angela beugt sich zu mir und erklärt flüsternd, die Kerzenschein-Dinner in All Souls hätten eine lange Tradition, die bis ins 15. Jahrhundert zurückreiche, als hier noch Mönche unterrichteten. Von André sind in der Dunkelheit nur die glänzenden Augen zu sehen, er wirkt so, als sei er gerade sehr zufrieden. Dieser Abend, wird er später sagen, sei für ihn wie eine Rückkehr zur Quelle gewesen. Dorthin, wo alles begann.

Schon bald erheben sich die Fellows erneut und schreiten in einen weiteren Salon, in dem es elektrisches Licht gibt und wo man sich auf breiten Sofas niederlassen kann, um Kaffee, Cognac und Konfekt serviert zu bekommen. Angela und André sitzen in einer Sofaecke dicht nebeneinander. »Schön«, sagt André zu seiner Tochter, »es ist schön, dich hier zu sehen!« Ich frage André, ob Hilde eigentlich auch so stolz auf ihn war, als er es damals bis nach Oxford geschafft hatte. André zuckt mit den Schultern. »Ich weiß es nicht«, sagt er. Aber er habe während des Studiums auch nicht so viel mit Hilde zu tun gehabt. André sagt, er spürte einen Groll gegen sie, den er selbst übertrieben fand, den er aber auch nicht wegschieben konnte. Wenn Hilde ihn in Oxford besuchen kam, erfand er unzählige Gründe, um sie so schnell wie möglich wieder loszuwerden. Einmal holte er sie am Bahnhof ab, trank nur eine Tasse Tee mit ihr im Bahnhofsbistro und ließ sie mit dem nächsten Zug wieder nach London fahren. Er hatte ein schlechtes Gewissen deswegen, er wusste, dass er sie vermutlich ungerecht behandelte. Und gleichzeitig, sagt André, fühlte er sich unendlich erleichtert, wenn sie endlich wieder verschwunden war.

»Ich hatte manchmal richtig Angst vor Hilde«, sagt Angela. »Und ich war beeindruckt von dieser Frau, die es geschafft hat, erst ihren Mann und dann ihren Sohn zu retten. Und die sich dann so viel erarbeitet hat. Eine echte Erfolgsgeschichte.« Angela dreht sich zu ihrem Vater und sagt, wie seltsam es sei, dass sie so selten über die Familie sprechen. André fragt, worüber sie denn gerne sprechen würde. »Ich weiß nicht«, sagt Angela, »ich bin mir ja nicht mal sicher, ob man überhaupt darüber sprechen darf.« André schaut seine Tochter irritiert an. Angela erzählt, wie sie Hilde mal nach ihrem Leben in Deutschland fragte und Hilde sie barsch zurechtwies. »Ist alles vorbei«, habe die Großmutter nur gesagt.

Plötzlich wirkt Angelas Gesicht sehr weich, fast kindlich. »Ich hatte immer Angst um meinen Vater. Ich habe mir manchmal vorgestellt, was passiert wäre, wenn sie es nicht geschafft hätten, rechtzeitig wegzukommen.«

André blickt zu Boden. »Wahrscheinlich hätten sie mich ins KZ gesteckt, ich habe mir das oft vorgestellt.«

Angela sieht ihren Vater erstaunt an. »Das hast du mir nie erzählt.«

»Du hast mich nie gefragt.«

»Ich habe mich auch nie in diese KZ-Gedenkstätten getraut, ich habe da immer meinen Vater gesehen. O Gott, jetzt muss ich gleich heulen.«

André legt seine Hand auf Angelas Arm. »Deshalb reden wir vielleicht so selten darüber. Es ist nicht einfach.«

Angela lässt sich ein Glas Cognac bringen, dann erzählt sie, wie es war, als sie mit 18 zum Studium nach Oxford ging und zum ersten Mal länger von zu Hause weg war. Irgendwann kam sie nach London zurück, André begrüßte sie, und Angela fragte, warum er denn so seltsam spreche. »Es war mir nie aufgefallen, dass mein Vater einen Akzent hat«, sagt sie. »18 Jahre lang habe ich das nicht bemerkt!«

Darüber denke ich später noch lange nach. Vielleicht

war es auch so, dass Angela den Akzent ihres Vaters gar nicht bemerken wollte, dass sie sich dagegen wehrte, seine Fremdartigkeit zur Kenntnis zu nehmen. Ich glaube, Kinder spüren die verletzlichen Punkte ihrer Eltern und rühren nicht daran. Ich erinnere mich, dass ich es als Kind immer seltsam fand, den Vater meines Vaters nur aus Erzählungen zu kennen, obwohl er in Berlin, nicht weit von uns entfernt, wohnte. Ich wusste, dass mein Vater seinen Vater nicht sehen wollte, aber ich fragte ihn nie, warum. Vermutlich spürte ich, dass es da etwas gab, das meinen Vater tief verletzt hatte. Wobei ich denke, dass Kinder nicht vor allem aus Rücksicht handeln, sie schützen sich auch selbst. Kinder wollen ihre Eltern nicht schwach erleben, sie brauchen zuverlässige Tröster, die mit allem klarkommen.

Als ich nach dem Abendessen in Oxford mit André im Auto nach London zurückfahre, frage ich ihn, wie er es sich erklärt, dass Angela und auch seine anderen Kinder nicht bemerken wollten, dass ihr Vater irgendwie anders war. André überlegt, dann erzählt er, wie er mit seiner Mutter im Sommer 1950 nach Israel fuhr, um Nina und Hanan zu besuchen. Sie hatten viel Zeit zusammen auf dem Schiff, das sie von Neapel nach Haifa brachte. An Bord waren vor allem amerikanische Juden, die unglaublich aufgeregt waren, weil sie bald zum ersten Mal den heiligen Boden ihrer Vorfahren betreten würden. Und selbst Hilde, die von ihren jüdischen Wurzeln nie etwas hatte wissen wollen, wurde auf einmal nachdenklich und erzählte von der Danziger Verwandtschaft ihrer Mutter, reichen Weizenhändlern, die sich Anfang des 19. Jahrhunderts taufen ließen, um endlich zur guten Gesellschaft zu gehören, zu der sie als Juden kaum Zugang bekommen hätten. Die meisten von ihnen wurden später trotzdem von den Nazis ermordet. Auf dem Schiff nach Haifa sagte Hilde, dass man sich als Jude eben nicht verstecken könne. André fragte, warum sie ihm nie von alldem erzählt habe. Und sie sagte: »Weil du es nicht wissen wolltest.«

In Israel trifft André zum ersten Mal die Familie, von der er immer nur gehört hat. Er sieht seine Mutter in den Armen von Nina versinken, er sieht die Tränen der beiden Schwestern, die sich nach 14 Jahren wiedersehen. Das letzte Mal sind sie sich in Ludwigsfelde begegnet, bevor Nina das Schiff nach Palästina bestieg. Und Hilde das Schiff nach Dover. André sagt, er habe Hilde auf einmal ganz anders erlebt, voller Freude, voller Verwunderung. Voller Gefühle. Sie war plötzlich nicht mehr nur die kühle Mutter, die alles am Laufen hielt, sondern auch ein Mädchen, das mit seiner Schwester kicherte. André genießt es, von seiner Familie umgeben zu sein. Er mag Ninas Warmherzigkeit und Hanans Humor und Scharfsinn, vor allem aber ist er beeindruckt davon, dass diese Menschen hier zu ihm gehören. Dass er nicht allein ist auf der Welt. Dass es nicht nur den toten Vater und die oft abwesende Mutter gibt, sondern noch andere, die André als einen der ihren betrachten.

Er arbeitet in den Rinderställen des Kibbuz, treibt mit seinem Cousin Yussef morgens die Tiere auf die Weide und abends zurück. Er erntet Oliven und Avocados, darf sogar manchmal mit dem Traktor fahren. Dieses Landleben gefällt ihm, es gibt ein Foto, auf dem er barfüßig in zerrissener Hose und verschwitztem Hemd vor dem Rinderstall auf einem Geländer hockt, das lockige Haar steht wild von seinem Kopf ab, ein verwegener Dreitagebart umrahmt sein Kinn. Es gibt kein anderes Foto in all den vielen Alben, auf dem André so glücklich aussieht.

Natürlich ist für ihn, den Sozialisten mit Hang zum Kommunismus, auch das Leben im Kibbuz interessant. Er spürt eine große Freiheit und Unbeschwertheit, ein Gefühl des Miteinanders, das er so bis dahin nicht erlebt hat. Die anderen fragen ihn, warum er denn nicht für immer komme, einen wie ihn könnten sie dringend brauchen. »Du bist doch Jude, was willst du in Europa?«, fragt ihn ein Gleichaltriger. André ist überrascht, er denkt darüber nach, aber er merkt, dass er sich gar nicht so besonders jüdisch fühlt. Wobei selbst das schwer zu sagen ist, in Wahrheit weiß er nicht mal, wie es sich denn anfühlen müsste. Vom Jüdischsein weiß er eigentlich nur, dass es Gefahr in sein Leben brachte.

Diese Fahrt nach Israel wird ihre letzte gemeinsame Reise sein, kurze Zeit später geht Hilde nach Kanada, sie will dort studieren, arbeitet aber gleichzeitig als Krankenschwester, spielt Theater, hat kleine Filmrollen und fotografiert Wälder und Menschen. Später geht sie nach Chicago, wo sie sehr erfolgreich an der Börse spekuliert, Häuser kauft, weiter Theater spielt, im Cook County Hospital weiter als Krankenschwester arbeitet und weiter Wälder und Menschen fotografiert. Außerdem beginnt sie zu reisen, nach Südamerika, nach Asien, nach Afrika. Auch dort fotografiert sie oder spielt in kleinen Theatergruppen mit. Manchmal lebt sie wie eine Studentin, manchmal wie eine exzen-

André im Kibbuz, 1950

trische Schauspielerin, manchmal wie eine Obdachlose. Sie wird nie wieder einen festen Mann oder einen festen Beruf haben. Sie wird immer das machen und sein, was sie gerade am meisten interessiert.

Ich frage André, wie er sich Hildes exzentrischen Lebensstil erklärt. Er sagt, er wisse es auch nicht so genau, aber es sei sicherlich eine Mischung aus verschiedenen Erfahrungen gewesen, die sie in ihrem Leben gemacht habe. Es fiel ihr offenbar nicht leicht, mit Menschen zusammenzuleben, sie brauchte viel Platz für sich selbst. Und dann war da die Geldnot in ihrer Kindheit, die Angst, die sie als junge Frau auf der Flucht mit Fritz Fränkel erlebte, später manchmal auch der Hunger und die ständige Unsicherheit. Sie lernte, sich durchzuschlagen, sich nur auf sich selbst zu verlassen. André sagt, sie sei oft unsensibel gewesen, hätte sich kaum in andere Menschen einfühlen können.

So antwortet sie auch nicht auf Andrés Brief, in dem er ihr von der schönen schwarzhaarigen Studentin erzählt, mit der zusammen er sein klinisches Jahr am Londoner Universitätskrankenhaus absolviert. Elizabeth ist seine zweite Liebe, angehende Ärztin wie er, klug, neugierig, belesen. Dazu aus bester Familie, ihr Vater ist ein berühmter Arzt und Direktor der Forschungsabteilung des London Hospital. Elizabeth und André lernen sich in einem medizinischen Seminar kennen. André ist überrascht, wie gut sie sich von Anfang an verstehen, welche Freude es ist, mit dieser Frau zu diskutieren. Sie verbringen täglich Stunden damit, sich all das zu erzählen, was ihnen wichtig erscheint und was der andere möglichst umgehend erfahren sollte. Wenn sie nicht reden, sitzen sie lesend nebeneinander. André hat das Gefühl, eine verwandte Seele gefunden zu haben, und ist darüber unendlich erleichtert.

Schon bald soll geheiratet werden, und André schickt einen zweiten Brief nach Chicago, in dem er Hilde die große Neuigkeit mitteilt. Hilde sendet ein Telegramm zurück, teilt mit, sie sei leider zu beschäftigt und könne nicht zu der Hochzeit kommen. Sie wünscht ihrem Sohn viel Glück, weil man das in einer Ehe immer gebrauchen könne. Zwei Wochen später kommt ein zerdrückter Supermarkt-Marmorkuchen in einem Paket der US-Post in London an. Hildes Hochzeitsgeschenk.

Am 27. Oktober 1956 steht André mit Elizabeth vor dem Altar der St. Jones Church in Hampstead. Auf den Hochzeitsfotos wirkt André ernst und erwachsen, seine wilden Locken sind zurechtgestutzt, er ist jetzt 26 Jahre alt und bereit, einen neuen Lebensabschnitt zu beginnen. In der Kirche sitzen auf der linken Seite die Gäste der Braut, auf der rechten Seite die des Bräutigams. Die Bänke auf Elizabeths Seite sind voll besetzt, bei ihm sitzen nur ein paar Freunde von der Universität, ein paar Kollegen aus dem Krankenhaus, niemand von der Familie. Als sie nach der Trauung bei dröhnendem Orgelspiel die Kirche verlassen und Andrés Blick über die leeren Bänke streift, schwört er sich, nun seine eigene Familie zu gründen, die so groß sein soll, dass nie wieder jemand von ihnen alleine sein muss. Am wenigsten er selbst.

Es gibt ein Fotoalbum, in dem André die Familiengründung dokumentiert. Man sieht das junge Paar vor dem Eingang ihres Hauses, bei der Arbeit im Garten, mit ihrem ersten Sohn Thomas, bei der Arbeit im Krankenhauslabor. Man sieht André in seinem ersten Auto, ein kleiner Zweisitzer, aus dem er stolz herausschaut, als hätte er gerade den Großen Preis von Monaco gewonnen. Auf einem anderen Bild trägt André einen weißen Laborkittel und hält eine schwarz-weiß gefleckte Ratte in den Armen. Es folgen Aufnahmen vom Gemüsebeet, von ihrem Wohnzimmer, in dem ihre Schreibtische sich so gegenüberstehen, dass sie sich beim Arbeiten ansehen können. Es folgt Adam, der zweite Sohn. Und die Wiese in Brill, von der André sagt, hier fühle er sich zu Hause, zwischen seinen Apfelbäumen und den Hecken aus wilden Pflaumen. Es folgt die erste Tochter Angela, dann Martha. Es folgen 30 Jahre, in denen es immer weitergeht, bis Elizabeth und André irgendwann erstaunt bemerken, dass sie sich nicht mehr viel zu sagen haben.

André sitzt im Wintergarten, in dem Korbstuhl mit dem Lammfell, betrachtet die Fotos und schüttelt ungläubig den Kopf. »Es geht alles so schnell«, sagt er. Eben noch war er dieser junge, schlaksige Typ, der seine ersten Schritte als Erwachsener machte. Und jetzt? Er fühlt sich immer noch nicht alt, aber er ist es irgendwie geworden. Er sagt, es sei interessant, wie wichtig die Familie für den Menschen sei. »Oder vielleicht auch nur für mich.« Als es mit Elizabeth auseinandergeht, heiratet er Alison, eine Anwältin, die deutlich jünger ist als er selbst. Sie bekommen drei Jungs. Andrew, James und Daniel. Nun hat André, der unbedingt seine eigene Familie wollte, gleich zwei davon.

Andrew kommt in den Wintergarten, ein hübscher blonder Junge, 23 Jahre alt. Er betrachtet amüsiert die alten Schwarz-Weiß-Fotos, erblickt eine Aufnahme, die seinen Vater mit wirrem Haar und Schlaghosen im Gras liegend zeigt. »Du warst ja ein richtiger Hippie«, sagt Andrew. Auf den ersten Blick sieht er seinem Vater nicht besonders ähnlich, aber je länger man die beiden zusammen sieht, desto deutlicher wird ihre Verbundenheit. Andrew ist ähnlich zart und klein, wie André es in seinem Alter war. Ein Jüngling. Auch Andrew verbrachte seine Kindheit und Jugend mehr mit Büchern als mit Menschen. Er hat in Oxford Anglistik studiert und würde später gerne in der Umweltpolitik arbeiten. »Wahrscheinlich ist Shakespeare der beste Lehrmeister, um Politik zu verstehen«, sagt Andrew.

Seit dem Brexit hat sich sein Blick auf die Zukunft allerdings verändert. »Es wird gerade alles durcheinandergewirbelt«, sagt er, »unsere Werte, unsere Überzeugungen, unser Blick auf uns selbst.« Er ist erschrocken von dieser Entwicklung, er erkennt sein Land nicht wieder. »Die Briten sind so ängstlich und so kleinlich geworden«, sagt er. »Und vor allem so dumm.« Auf den Straßen werden Ausländer angefeindet, im Parlament ist von der britischen Volksseele die Rede, die sich endlich ihren Weg bahne. Selbst Leute aus dem Bekanntenkreis schwadronierten auf einmal von angelsächsischen Blutsbanden, die einen auf den britischen Inseln von allen anderen unterschieden.

»Es ist gespenstisch«, sagt Andrew, »wie die Angst die Menschen hart und stumpf werden lässt.« Alles, was ihm wichtig ist, die Zusammengehörigkeit Europas, die Neugier auf andere Kulturen, die Offenheit des Geistes, sei infrage gestellt. »Ich dachte immer, die meisten Leute denken so wie ich. Und jetzt merke ich, dass ich in diesem Land zu einer Minderheit gehöre.«

Vor ein paar Wochen las er dann in der Zeitung von den vielen Menschen, die nun an manchen Tagen vor der deutschen Botschaft in London stehen, um deutsche Reisepässe zu beantragen. In der Zeitung stand, es seien vor allem Angehörige deutscher Juden, die in den 30er-Jahren nach England flüchteten. Den deutschen Pass wollten sie nun haben, um nicht von Europa abgeschnitten zu werden. Um weiter frei reisen und arbeiten zu können. Oder um gleich ganz wegzugehen.

Andrew rief in der deutschen Botschaft an. Dort erklärte ihm ein Konsularbeamter, direkte Verwandte von deutschen Staatsbürgern, die Deutschland zwischen 1932 und 1945 verlassen mussten, hätten grundsätzlich einen Rechtsanspruch auf Einbürgerung. »Im Moment sind wir sehr überlaufen«, sagte der Beamte, »aber kommen Sie einfach vorbei, wir tun alles, damit Sie so schnell wie möglich Ihren Pass bekommen.«

Seitdem ist diese Reisepassgeschichte ein Thema im Hause der McLeans. Ein seltsames Thema, das alle beklommen macht, weil es so viel von der Vergangenheit aufwirbelt. Und auch den Blick auf die Gegenwart auf verstörende Weise verändert: Auf einmal sind die Deutschen die Guten, ist ein deutscher Reisepass die Eintrittskarte zur Freiheit. Andrew sagt zu seinem Vater: »Wenn ich diesen Pass nehme, dann tue ich doch eigentlich das Gleiche wie du damals. Ich verlasse den dunklen Ort und gehe dorthin, wo es heller ist.« André schaut seinen Sohn erstaunt an. »Meinst du wirklich, man kann Brexit-England mit Nazi-Deutschland vergleichen?« Andrew überlegt. »Nein, aber es ist doch erstaunlich, wie sich die Perspektiven ändern. Damals habt ihr auf das Visum gehofft, das euch retten sollte. Und heute bitten die Kinder und Enkel der Geretteten darum, wieder zurückzudürfen.«

André ist dieses ganze Thema sichtlich unangenehm. Er rutscht unruhig auf seinem Sessel herum. Er sagt, er hätte das Gefühl, England zu verraten. Dieses Land, das ihn aufnahm, das ihn die ganzen Jahre mit so großer Freundlichkeit behandelte. »Sie gaben mir ein Visum, sie gaben mir eine exzellente Schulbildung, sie gaben mir ein kostenloses Studium, sie ernannten mich zum Professor, sie gaben mir eine großzügige Pension. Wie kann ich da jetzt sagen, dass ich aber trotzdem nicht zufrieden bin? Denn nichts anderes bedeutet es doch, wenn ich mir einen deutschen Pass zulege.«

»Aber du bist doch nicht zufrieden«, sagt Andrew. »Dir passt diese ganze Entwicklung auch nicht.«

»Das stimmt. Es ist furchtbar, was in England gerade passiert. Aber es wäre trotzdem undankbar, in diesem Moment einfach überzulaufen.«

»Du redest, als wären wir immer noch im Krieg.«

»Es ist kompliziert. Stell dir vor, ich gehe zur Botschaft, und dann stellen diese Bürokraten mir Fragen, und ich muss ihnen beweisen, dass ich auch wirklich Jude bin. Dass ich auch wirklich Opfer bin. Dass ich wirklich mal Deutscher war. Dass sie mich wirklich rausgeworfen haben. Und sie werden mir das vielleicht nicht glauben. Und dann stehe ich da wie ein Bittsteller!«

»Das verstehe ich«, sagt Andrew, »du willst nicht um etwas bitten, das sie dir weggenommen haben.« Er setzt sich in einen Sessel neben seinen Vater, stützt den Kopf in die Hände. Es ist jetzt ganz still, Vater und Sohn scheinen ihren Gedanken nachzuhängen. Dann steht Andrew aus seinem Sessel auf, stellt sich vor André hin und sagt leise: »Ich verstehe dich, aber für mich ist das anders. Ich hole das zurück, was du verloren hast. Ich finde sogar, dass sie mir das schulden, weil sie meinen Vater rausgeworfen haben.« Es beginnt ein langes, inniges Gespräch. Ich sitze daneben, höre einfach nur zu.

»Seit ich ein Kind war«, sagt Andrew, »erzähle ich den Leuten, dass ich zur Hälfte deutsch bin …«

»Das erzählst du den Leuten?«

»Ja, ich dachte lange, du bist Deutscher und wohnst in England. Ich war erstaunt, als ich irgendwann erfuhr, dass du auch Engländer bist.«

»Du meinst, weil ich so fremd wirke, weil ich eigentlich gar nicht dazugehöre, oder was?«

»Nein, überhaupt nicht. Ich wusste es eben nicht besser. Vielleicht dachte ich auch, dass mich das interessanter macht. In meiner Schule kamen alle von irgendwoher. Wenn jemand sagte, er sei einfach nur aus England, dann war das ziemlich langweilig.«

»Aha … Interessant. Ich war immer der Einzige, der von woanders kam. Und ich kann dir sagen, das war nicht besonders angenehm.«

»Nun, die Welt hat sich verändert. Es klingt vielleicht seltsam, aber dass ich auch Deutscher bin, das war das Einzige, das ich an mir selbst besonders fand. Wenn du uns Rotkohl gekocht hast. Oder zu Weihnachten der Glühwein mit Zimt, die Lebkuchen.«

»Daran erinnerst du dich?«

»Ja, sicher. Und an deine Geschichten. Das wunderbare deutsche Dorf, in dem du gelebt hast. Die Familien, bei denen du in England untergebracht warst. Das fand ich übrigens als Kind viel beeindruckender als das, was du über die Nazis erzählt hast. Wie du hier gemobbt wurdest, wie du geweint hast.«

»Na ja, für ein Kind ist es wahrscheinlich wichtiger, ob die anderen auf dem Schulhof nett zu einem sind, als dass irgendwo die Demokratie abgeschafft wird.«

»Was du in Deutschland erlebt hast, erschien mir eher wie ein Abenteuer. Ich wusste: Hilde hat Fritz Fränkel aus dem Gefängnis geholt. Hilde hat meinen Vater nach England gebracht. Ich habe nur gedacht: Gut gemacht, Hilde! Erst viel später habe ich den dramatischen Rahmen von alledem verstanden. Dass es da eine Verbindung zwischen der großen Geschichte und meiner Familiengeschichte gibt.«

»Aber du wusstest doch von den Nazis und was passiert war. Ich habe so oft mit euch darüber gesprochen.«

»Kann sein, aber dann muss ich es wohl wieder vergessen haben. Ich weiß noch, ich hatte in der Schule diesen Freund, er war deutscher Jude. Und ich war ja so eine Art halber deutscher Jude. Und wir redeten über den Zweiten Weltkrieg, und wir konnten uns beide nicht daran erinnern, warum England eigentlich gegen Deutschland gekämpft hat. Da müssen wir so zehn gewesen sein.«

»Wahrscheinlich ist das normal. Ich habe euch übrigens viel mehr erzählt, als ich es früher mit meinen ersten Kindern getan habe.«

»Ach so? Warum?«

»Ich glaube, das hatte vor allem mit mir zu tun. Als ich zum ersten Mal Vater wurde, war alles noch viel unklarer in meinem Kopf. Und es gab viele Dinge, die wichtiger waren. Ich merke jetzt, wie diese Geschichten wiederkommen, wie sie immer bedeutender werden.«

Andrew schaut seinem Vater in die Augen. »Okay, lass

uns die Sache mal sehr klar formulieren: Wäre es in Ordnung für dich, wenn ich als dein Sohn einen deutschen Pass beantrage?«

André überlegt. Draußen hat es zu regnen angefangen, die Tropfen prasseln an die Fenster des Wintergartens. »Ja, das wäre völlig in Ordnung für mich. Ich finde auch deine Logik interessant, dass die Deutschen dir etwas schulden. Ja klar schulden sie dir was!«

Andrew lacht, er scheint erleichtert zu sein. Die Spannung, die eben noch zwischen den beiden spürbar war, ist verschwunden. André schaut grübelnd hinüber zu seinem Sohn. »Ich hätte gerne mit meinem Vater solche Gespräche geführt«, sagt er schließlich. Andrew legt die Hand auf die Sessellehne des Vaters, der just in diesem Moment seinen Arm wegzieht, woraufhin auch Andrew seine Hand wieder zurücknimmt. »Und du, willst du einen deutschen Pass?«, fragt Andrew schließlich. André stöhnt gequält auf, atmet tief ein und wieder aus. »Ich hätte gerne einen europäischen Pass«, sagt er. »So ein Stück Papier, das sagt, dass wir alle zusammengehören, dass man uns nie wieder auseinanderbringen kann.«

»Und wenn es ein deutscher Pass wäre?«

»Weißt du, ich fühle eine starke Verbindung mit Deutschland, auch das wird übrigens mit dem Alter immer klarer. Angenommen, die Britischen Inseln würden in den Atlantik treiben, Richtung Amerika, dann wäre ich froh, wenn ich in Deutschland bleiben könnte.«

»Aber bis dahin wartest du lieber auf dieser Insel hier?«

»Ich würde gehen, wenn ich es müsste. Es würde mir dann wahrscheinlich sogar recht natürlich erscheinen. Ich habe das immer gemerkt, wenn ich in Deutschland war, dass es ein Teil von mir ist. Womöglich sogar ein nicht ganz unwichtiger Teil. Genau wie ich hier in England immer wieder gemerkt habe, dass ich eben doch nicht wirklich dazugehöre.«

»Woran merkst du das?«

»Wenn ich mit englischen Freunden über politische oder soziale Probleme spreche, sage ich nie: ›Wir sollten dies und das in unserem Land ändern‹, vielleicht weil ich Angst davor habe, dass sie mich fragen, von welchem Land ich eigentlich spreche. Ich bin mir eben nicht sicher, ob ich das hier wirklich als mein Land betrachten darf. Ob ich nicht doch eher ein Gast bin, ein nett behandelter, gern gesehener Gast.«

»Oh, das hätte ich nicht gedacht, weil du für mich sehr englisch bist. Viel englischer als ich selbst. Ich fühle mich vor allem als Londoner, sobald ich die Stadt verlasse, bin ich in der Fremde verloren. Ich habe das nie verstanden, wenn Leute sagen, ganz England sei ihr Zuhause.«

André nickt und überlegt. »Aber es ist ein Unterschied, wenn du selbst entscheidest, dass du dich außerhalb von London fremd fühlst. Bei mir sind es die anderen, die diese Entscheidung treffen, und zwar völlig unbewusst. Sie realisieren es meist nicht einmal, sie sortieren mich aus, ohne es zu bemerken. Es ist wie in einem Affenrudel, das ein fremdes Jungtier mitaufzieht. Dieses Tier wird nie denselben Geruch haben wie die anderen.«

Andrew betrachtet lange seinen Vater. »Es ist vielleicht blöd, das zu sagen, aber ich finde, das klingt furchtbar, was du gerade sagst. Ich meine, es ist doch dein Land!« André und Andrew sitzen schweigend da. »Und was hätte Hilde getan?«, fragt Andrew plötzlich. »Hätte sie den Pass genommen?«

André scheint die Frage zu gefallen, er überlegt. »Sie hat, glaube ich, nicht besonders viel nachgedacht über solche Dinge. Sie hätte dir vermutlich sagen können, welche Staatsbürgerschaft steuerlich am günstigsten wäre. Wobei ich denke, dass sie schon sehr verletzt war, weil man sie rausgeworfen hat aus Deutschland, auch wenn sie kaum darüber gesprochen hat. Für mich war Hilde immer sehr deutsch.«

»Echt? Für mich war Hilde Amerikanerin. Sie kam immer von dort, wir besuchten sie immer dort. Sie sprach ein seltsames Englisch, was ja nun wirklich typisch für Amerikaner ist.«

»Ihr kanntet euch nicht gut genug. Leider hat Hilde sich kaum für kleine Kinder interessiert. Erst wenn man sich mit ihnen ernsthaft unterhalten konnte, nahm sie vorsichtig Kontakt auf. Sie hätte es gemocht, dass ihr euch für Deutschland interessiert. Mit oder ohne Pass.«

Andrew ist wieder aufgestanden und läuft vor seinem Vater auf und ab, dieses Gespräch scheint ihn mittlerweile mehr aufzuwühlen als André, der reglos in seinem Sessel sitzt. »Ich würde gerne herausbekommen, wie viel Deutschland wirklich in mir ist«, sagt Andrew. »Ich könnte es probieren. Ich könnte nach Berlin gehen und eine schöne blonde Frau kennenlernen, die mir Deutsch beibringt.«

»Das klingt nach einem guten Projekt,«, sagt André lächelnd.

Andrew lacht. »Ja, und ich werde in Berlin eine Familie gründen, und alles geht wieder von vorne los.«

»Wenn du für deine Kinder einen Großvater brauchst,

der noch ein paar deutsche Gutenachtgeschichten kennt, da könnte ich etwas tun.«

Es ist dunkel geworden, der Herbstwind lässt die dünnen Scheiben des Wintergartens erzittern. André geht in die Küche, setzt Teewasser auf und schneidet einen Apfel in schmale Stücke. Dabei erzählt er laut die Geschichte vom kleinen Hasen, der nicht einschlafen will. Er spricht auf Deutsch – ohne jeden Akzent.

Später, als Andrew schon wieder gegangen ist, sagt André, dass er ja selbst nicht viel von seiner Mutter gewusst habe. Er hatte keine Ahnung, wie sie in Amerika lebte, ob sie allein war oder Liebhaber hatte, ob sie sich mit Freunden umgab oder eher für sich blieb. Er weiß nur, dass sie immer beschäftigt war, immer Pläne hatte. Sie machte sich nichts aus Kleidung, Essen, Wohnen, diese Dinge, die bei so vielen anderen der ganze Lebensinhalt sind. Hilde wohnte in Häusern, deren Fußböden sie mit Zeitungspapier auslegte, weil sie es übertrieben fand, Teppiche zu besitzen. In ihrem Kühlschrank lagerten verdorbene Lebensmittel, die sie irgendwann achtlos verspeiste. André erinnert sich daran, wie sie, wenn sie zu Besuch waren, hinter Hildes Rücken die seit Jahren abgelaufenen Konservendosen wegwarfen.

Ihre Kleidung kaufte Hilde immer nur gebraucht, sie sah meistens aus wie eine intellektuelle Pennerin. Mit anderen Menschen konnte sie hingegen sehr großzügig sein. Wenn sie von jemandem aus ihrer Umgebung erfuhr, der Not litt, gab sie ihm Geld, sie hatte ja genug davon. Auch ihre Enkelkinder und deren Kinder wurden reichlich bedacht, Hilde zahlte Studiengebühren, Bildungsreisen,

Häuserkredite. »Alles, was bleibend ist, was nicht durch die Hände rutscht, darum kümmere ich mich«, sagte sie einmal. Sie wollte dafür auch keinen Dank, es war ihr eher unangenehm, wenn man sie an ihre Großzügigkeit erinnerte. Sie fand es langweilig, über Dinge wie Kindererziehung oder Gartenarbeit zu sprechen, aber als sie mit 72 Jahren einen kleinen Auftritt in einem Jim-Jarmusch-Film hatte, erzählte sie noch jahrelang davon, weil solche Sachen eben wirklich wichtig waren.

Hilde stirbt im Juli 2009, im Alter von 102 Jahren, in dem Haus in der Pattison Road, das sie 1943 im Bombenkrieg kaufte. In den Wochen vor ihrem Tod wird ihr Gedächtnis immer schwächer. André besucht sie jeden Tag und erzählt ihr Geschichten aus Ludwigsfelde, was Hilde zu gefallen scheint. An ihrem letzten Abend erkennt sie André nicht mehr und kann auch nicht mehr sprechen. In der Nacht hört sie auf zu atmen.

Ihre Leiche wird im Golders Green Crematorium eingeäschert. André und sein ältester Sohn Thomas halten Trauerreden, sie sprechen darüber, was für eine ungewöhnliche Frau Hilde war. Wie sehr sie das Theater liebte und Bücher und Reisen und Fotografie. Und die Familie.

Sie hören jüdische Balkanmusik von einer Band, die sich Goyim nennt, nach dem hebräischen Wort für Volk, das auch das Wort für Nichtjuden ist. So erinnern sie an Hildes Herkunft und respektieren ihre Art, diese Herkunft meistens zu vergessen. Die ganze Familie ist da, sie essen Kuchen, trinken Tee und Wein und gedenken der Frau, die im Mai 1938 mit zwei Koffern und ihrem kleinen Sohn über den Kanal nach England übersetzte.

TEL NOF
Amnon

Es ist ein warmer Frühlingsabend im Jahre 1979, als Amnon zum ersten Mal im Cockpit seines Vaters sitzt. Sie steigen die schmale Leiter bis zur Kanzel hoch, erst der Sohn, dann der Vater. Amnons Hände gleiten über die polierte Metallhaut des Skyhawk-Kampfjets, es fühlt sich an wie der Körper eines schlafenden Raubtiers. Es riecht nach Motorenöl, in der Ferne hört Amnon die Triebwerke der startenden Flugzeuge aufheulen. Der Vater hebt ihn in den Pilotensitz, schnallt ihn an, schaltet die Bordbeleuchtung ein. Seit diesem Abend wusste er, sagt Amnon, dass er irgendwann selbst Pilot sein wird. Da ist er gerade mal fünf Jahre alt.

Amnon sitzt im Garten vor seinem Haus, verschränkt die Arme hinter dem Kopf, spricht langsam und mit wohlbedachten Worten. Er sieht seinem Vater Erez zum Verwechseln ähnlich, er hat den gleichen sanften Blick, die vollen Lippen, die matte Haut. Er strahlt die gleiche Ruhe und Überlegenheit aus. Das meiste, was er von seinem Vater weiß, hat Michal, seine Mutter, ihm erzählt. Er selbst hat nur diese Bilder im Kopf: Wie er mit dem Vater im Jeep über die Felder fährt. Wie der Vater morgens seinen kakifarbenen Overall anzieht, wie er die Fliegerschuhe schnürt, die Sonnenbrille aufsetzt. Wie er schallend lacht, als gäbe es nichts Böses auf dieser Welt. Sie wohnen auf der Luftwaffenbasis Tel Nof, 30 Kilometer südlich von Tel Aviv. Wenn Erez zu einem Abendflug abgeholt wird, klettert Amnon auf den Nussbaum neben ihrem Haus, von dem aus er die Startbahn gut im Blick hat. Er sieht den sandfarbenen Jet seines Vaters in den Himmel steigen. Manchmal wippt der Vater kurz mit der linken Tragfläche, bevor er Richtung Süden abdreht. Dieses Wippen ist ihr Zeichen, der Gruß des Vaters an den Sohn.

Einmal fragt Amnon den Vater, ob er denn keine Angst habe, wenn er in den Kampf fliege. Der Vater erzählt ihm von einem Einsatz in Syrien, in dem er sehr tief flog, und von feindlichen Geschützen beschossen wurde. »Ich musste schnell reagieren, hatte keine Zeit nachzudenken. Die Angst kommt immer erst später«, sagt Erez. Amnon fragt, was passiere, wenn der Vater eines Tages falsch entscheide. »Mir wird nie etwas passieren«, sagt Erez. »Ich muss doch sehen, was aus dir später mal wird.«

Kurze darauf beendet Erez seine Offizierslaufbahn, sie verlassen den Luftwaffenstützpunkt und ziehen nach Ayelet HaShahar, in den Kibbuz, in dem Nina und Hanan und all die anderen aus Michals Familie leben. Erez fährt auf den Baumwollfeldern die große Erntemaschine, was Amnon fast noch mehr beeindruckt als der Kampfjet. Michal studiert zu dieser Zeit Biologie an der Universität, weshalb Amnon und seine Schwester Yael viel Zeit mit dem Vater verbringen. Der nimmt sie mit auf die Felder, lässt sie auf seinem Schoß sitzen, wenn er mit dem Traktor die Erde

Amnons Vater Erez vor einem Kampfeinsatz

pflügt. Er zeigt ihnen, wie man Tomaten pflanzt, und woran man einen reifen Granatapfel erkennt.

Amnon spürt die Bewunderung der anderen Kibbuzniks für seinen Vater, diesen kräftigen, schönen Kampfpiloten, der sich nicht zu schade dafür ist, hier bei ihnen als Bauer zu arbeiten. Ja, der sogar behauptet, er wühle lieber in der Erde, als ständig durch die Luft zu fliegen. Einmal nimmt Erez seine Kinder an den Händen, läuft mit ihnen die Ackerfurchen entlang und zeigt ihnen die grünen Halme, die aus dem Boden sprießen. »Das ist die Magie des Lebens«, ruft er, »das ist die Basis von allem.« Er sagt auch, die Kibbuzniks würden zwar nur fünf Prozent der Bevölkerung Israels ausmachen, doch trotzdem sei jeder zweite Kampfpilot aus einem Kibbuz. »Weil wir wissen, was wirklich wichtig ist im Leben. Weil wir die Erde kennen, die wir in der Luft verteidigen.«

Wenn Amnon von seinem Vater erzählt, klingt es oft wie eine biblische Geschichte. Die Sätze, die von Erez überliefert sind, wirken so weise, so gütig, so ausgewogen, dass es fast nicht auszuhalten ist. »War denn nichts an ihm schlecht oder störend? Oder zumindest ein wenig unperfekt?« Amnon überlegt, er sagt, er finde es ja auch manchmal übertrieben, wie der Vater noch heute von vielen verehrt werde. »Aber ich denke, er war zumindest so ähnlich, wie man ihn beschreibt.«

Obwohl Erez kein Berufssoldat mehr ist, fliegt er als Reservist weiter für die Luftwaffe. Einmal die Woche zieht er seinen Overall an, schnürt seine Schuhe, setzt die Sonnenbrille auf, verwandelt sich vom Bauern zum Kampfpiloten. Am 18. Februar 1980 bringen Michal und die Kinder Erez zu einem Flugfeld in der Nähe des Kibbuz, von dort wird der Vater mit dem Hubschrauber zur Luftwaffenbasis geflogen. Kurz bevor der Hubschrauber abhebt, springt der Vater noch mal heraus, eilt auf Michal zu und sagt, die geplante Übung im Sinai könne mehrere Tage dauern, sie solle sich keine Sorgen machen. Er gibt jedem einen Kuss und verschwindet.

Der Himmel ist wolkenverhangen an diesem Tag. Das Manöver selbst läuft reibungslos, dann kommen die Jets vom Sinai nach Tel Nof zurück, mehrere Dutzend Maschinen zur selben Zeit. Viele haben kaum noch Treibstoff, weshalb die Piloten schnell und dicht hintereinander landen müssen. Erez führt eine Formation mit zwei anderen Jets, er fliegt voraus, sie sind über den Wolken und bitten um Landeerlaubnis. Der Tower teilt ihnen einen Landekorridor zu, aber offenbar nimmt der Fluglotse in der Hast eine falsche Positionsbestimmung vor, er vermutet die Jets weiter westlich, als sie wirklich sind. 12 Sekunden nachdem Erez in die Wolken abtaucht, prallt er in eine Gebirgswand. Kurz nach ihm explodieren auch die beiden anderen Flugzeuge.

Der Kommandeur der israelischen Luftwaffe wird später von einer unglücklichen Verkettung von Fehlern sprechen. Heute weiß Amnon, dass solche Unfälle in jener Zeit häufig vorkommen. Die Manöver werden unter realen Kriegsbedingungen abgehalten, ohne jeden Sicherheitsspielraum. Nur so, denken die Kommandeure, können die Piloten optimal auf den Ernstfall vorbereitet werden. Allein in dem Jahr, in dem Erez stirbt, kommen noch zwanzig weitere Piloten bei Übungen ums Leben. »Das war damals Teil der Ausbildungsstrategie«, sagt Amnon. Das einzelne Pilotenleben zählt nicht viel.

Nur wenige Stunden nach Erez' Tod kommen drei Luftwaffenoffiziere in den Kibbuz, um die Familie zu informieren. Sie suchen Michal, aber die ist gerade mit Amnon und seiner Schwester Yael bei einer Kostümprobe für das Purim-Fest. Amnon ist als Zwerg verkleidet, Yael als Blume. Lachend kommen sie nach Hause zurück, vor ihrer Tür stehen die Offiziere mit ernsten Blicken, da ahnt Michal schon, was passiert ist. Sie schickt die Kinder ins Haus, die Offiziere erzählen von dem Unglück. Sie sagen, Erez sei nun ein Held Israels. Michal ist wie betäubt, sie spürt eine große Leere, geht ins Haus, ruft Amnon und Yael zu sich, erklärt den Kindern, was sie selbst kaum verstehen kann.

Amnon sagt, er konnte lange nicht aufhören zu weinen. Immer, wenn er sich gerade ein wenig beruhigt hatte, überfiel ihn eine neue Welle der Traurigkeit.

Erez wird beerdigt, eine Tante nimmt Amnon und Yael mit zum Fluss, wo sie Feldblumen für den Vater pflücken. Sie hören die Salutschüsse der Soldaten, die oben auf dem Friedhof des Kibbuz um das Grab des toten Kameraden stehen. Später, als die Ehrengarde verschwunden ist und auch die vielen Hundert Trauergäste fort sind, geht Michal mit den Kindern zum Grab. Sie knien in der weichen Erde, und Amnon ist auf einmal ganz ruhig und still. Keine Träne rinnt mehr über sein Gesicht, nur eine große Müdigkeit umfängt ihn. Michal sagt, Erez werde immer bei ihnen sein. Und Amnon denkt daran, dass der Vater nun trotzdem nicht mehr sehen kann, was später einmal aus ihm wird.

Amnon führt mich zum Friedhof von Ayelet HaShahar, der über dem Kibbuz an einem Hang liegt. Von hier aus blickt man weit in das Land hinein, über die Avocadofelder, die Granatapfel- und Mandelbäume, die in langen Reihen bis zum Horizont gepflanzt sind. Amnon sagt, die Kibbuzfriedhöfe befänden sich oft in bester Lage, weil die Toten ja Zeit hätten, die schöne Aussicht zu genießen. Ganz oben steht der älteste Grabstein, von 1924, ein unbehauener Basaltblock ohne jeden Schnörkel, so wie die Pioniere des Kibbuz eben waren. Je weiter man den Hang hinabläuft, desto prächtiger werden die Gräber. Da, wo heute die Toten begraben werden, glänzen polierte Marmorplatten im Sonnenlicht.

Wir kommen an zwei Gräbern vorbei, um die eine dicke

Mauer aus schartigem Beton gezogen ist, aus der die rostigen Stäbe des Armierungsstahls wie mahnende Finger ragen. Das, sagt Amnon, war eine der Maschinengewehrstellungen der Kibbuzniks im Unabhängigkeitskrieg. Man sieht noch Einschusslöcher in der Mauer und an den Grabsteinen, die in der Nähe stehen.

Weiter unten wird den Familien der Kibbuzniks gedacht, die im Holocaust ermordet wurden. In eine Wand sind kleine Steine eingelassen, auf denen die Namen der Familien stehen. Es ist eine lange Wand, und es sind sehr viele Steine. Auf einem steht: »Leo – Wittenberg, Berlin«.

Auf der anderen Seite des Friedhofs gibt es einen Teil, in dem die Soldaten begraben sind. Hier liegen die Toten des Unabhängigkeitskrieges, des Sechstagekrieges, des Jom-Kippur-Krieges und aller anderen kleinen und großen Schlachten, die es seit der Gründung des Kibbuz gegeben hat.

Amnon geht zum Grab seines Vaters, neben dem eine Pinie steht, deren Zweige sich wie ein mächtiger Fächer im Wind wiegen. Auf einer hellen Marmorplatte steht geschrieben, hier liege Erez Eitan begraben. Gestorben in Ausübung seines Dienstes als Major der Luftwaffe. Auf einer zweiten Tafel ist eine Plakette der Israelischen Luftwaffe eingelassen, mit dem von einem Ährenkranz eingefassten Davidstern, aus dem ein Schwert und zwei Flügel wachsen. Neben der Grabplatte liegt ein Teil des Flugzeugwracks. Ein verbogenes Stück Metall, an dem Brandspuren zu sehen sind.

»Ich fühlte mich damals wie ein Prinz, dem nicht die Zeit gegeben wird, erwachsen zu werden«, sagt Amnon.

»Aber mir war klar, dass ich meiner Mutter helfen musste. Dass ich nun der Mann im Hause war.« Ein Mann, der nicht mal sechs Jahre alt ist.

Als er nach dem Tod seines Vaters in den Kindergarten zurückkommt, schenkt ihm einer der Freunde ein Bonbon, weil Amnon ja nun ein Waisenkind sei. Da spürt er auf einmal dieses dunkle Loch in sich, in das alles hineinfällt, was ihm bis dahin wichtig war.

Die Fliegerschwadron seines Vaters kümmert sich um die Familie, oft kommen Kameraden vorbei, bringen Geschenke, erzählen, wie es früher war, als sie noch mit Erez geflogen sind. Amnon könnte ihnen stundenlang zuhören, er ist an diesen Tagen nicht traurig, sondern stolz. Die Familie wird zu allen Festen der Luftwaffe eingeladen, sie fahren in Ferienheime, wo sie mit anderen Pilotenfamilien zusammen sind. Amnon sagt, das alles wurde für ihn zu einer Art Zuhause. Wenn sie nach Tel Nof fahren, wenn sie die ehemaligen Kameraden seines Vaters sehen, wenn Amnon das Maschinenöl riecht und das Jaulen der startenden Flugzeuge hört, dann ist es so, als wäre der Vater wirklich noch bei ihm, so wie die Mutter es versprochen hat.

Mit acht baut Amnon Modelle von Kampfflugzeugen, mit neun liest er das Luftwaffenmagazin, das von der israelischen Armee herausgegeben wird. Mit zehn stellt er sich vor Michal hin und sagt, die Sache sei für ihn entschieden: Er wolle Pilot werden wie sein Vater.

In diesen Jahren nach dem Tod von Erez ist es ein wahres Glück, dass sie im Kibbuz ihre ganze Familie um sich haben. Amnon verbringt viel Zeit bei den Großeltern, fast jeden Tag geht er hinüber zu ihrem Haus. Hanan erzählt ihm griechische Sagen, so lebendig und eindrücklich, als hätten sie erst gestern hier im Kibbuz stattgefunden. Nina steckt ihm Süßigkeiten zu und spielt ihm auf ihrem alten Plattenspieler Klavierstücke von Alfred Brendel vor.

Der Kibbuz hat sich verändert, seit Michal hier ein Kind war, seit sie mit ihrem Mann wegzog, um schließlich mit ihren eigenen Kindern wiederzukommen. Amnon und Yael müssen nicht mehr im Kinderhaus schlafen, sie machen dort nur noch ihre Hausaufgaben und essen zu Mittag. Das Abendessen findet im Familienkreis statt, nur selten gehen sie in den großen Speisesaal, in dem jetzt vor allem die Gäste des kibbuzeigenen Hotels bedient werden, das es seit ein paar Jahren gibt.

Mittlerweile hat auch jeder seine eigene Wäsche, sein eigenes Geschirr, seinen eigenen Herd. Die alten Kibbuzniks sagen, Ayelet HaShahar sei kaum noch von einer amerikanischen Vorortsiedlung zu unterscheiden. Die jungen Kibbuzniks sagen, das Leben hier sei immer noch viel ärmer als im Rest von Israel, wo jeder ein Telefon, ein Auto und eine Waschmaschine habe, wo die Leute Partys in den Strandbars von Tel Aviv feiern und in den Sommerferien nach Europa reisen.

Mit den Jahren spitzt sich die Krise in der Kibbuzbewegung zu. Was auch mit der Wirtschaftskrise zu tun hat, die ganz Israel beherrscht und dazu führt, dass die Regierung immer weniger Subventionen an die Kibbuze zahlen kann. Auch der Nimbus der Pioniere wird blasser, immer weniger Menschen da draußen fühlen sich mit den Kibbuzniks verbunden. Galten sie früher als asketische Elite des Landes, werden sie nun immer öfter als linke Spinner belächelt oder gar als Versager angesehen, die es nicht schaffen, in der normalen Gesellschaft zurechtzukommen und sich nur deshalb im Schutz der Gemeinschaft verkriechen. Nina und Hanan sagen, die Israelis würden ihre Geschichte verraten. Michal sagt, der Kibbuz sei ein Museum dieser Geschichte geworden, weshalb die jungen Leute lieber in die Stadt zögen.

Amnon hört die Diskussionen, ohne sie wirklich zu verstehen. Er weiß nur, dass er sich hier wohlfühlt, dass sein Vater ein überzeugter Kibbuznik war, mehr muss er eigentlich gar nicht wissen. Jeden Freitag kommt die ganze Familie im Hause der Großeltern zusammen, sie essen Ninas Flammkuchen und schauen später einen Film im Fernsehen. Dieses Gefühl des Zusammenseins, diese Geborgenheit im Schoß der Familie ist für Amnon das Wichtigste überhaupt am Kibbuz. Er weiß von seiner Mutter, wie es früher war, er kennt die Geschichten der Gründerväter, er weiß, dass seine Großmutter in Beit HaShita am Maschinengewehr stand. Aber das alles ist schon so lange her, es hat keine Bedeutung mehr für sein Leben.

Ähnlich geht es ihm mit Deutschland. Amnon weiß, dass seine Großeltern aus Berlin kommen, er hört ihren seltsamen Akzent und die lustigen Fehler, die vor allem Nina immer noch macht. Aber Deutschland selbst interessiert ihn nicht besonders. Manchmal betrachtet er die Postkarten, die bei Nina und Hanan hängen, und auf denen dieses ferne, kühle Land so seltsam grün und im Winter sogar weiß erscheint. Auf den Fotos, die er manchmal von Deutschland in den Zeitungen findet, sieht er Kuckucksuhren, Lederhosen und riesige Biergläser.

Er kann sich kaum vorstellen, was dieses zwar seltsame, aber immerhin doch ganz lustige Land mit dem Holocaust zu tun haben soll, der ihn in seiner Kindheit sehr beschäftigt. Amnon sagt, alle Kinder, die er damals kannte, hätten oft darüber nachgedacht, ob sie den Holocaust wohl überlebt hätten. Was sie selbst hätten tun können. Ob sie geflüchtet wären oder gekämpft hätten. Amnon fragt sich, ob er sehr aufgefallen wäre mit seiner matten Haut und den dunklen Haaren. Ob es nicht auch im Konzentrationslager möglich gewesen wäre, die Wachen zu überrumpeln und auszubrechen. Er träumt davon, ein Palmach-Kämpfer zu sein, der mutig den Kibbuz verteidigt und später dabei hilft, die gefangenen Juden in Polen aus den Lagern zu befreien. Er malt sich aus, wie er nachts in das KZ schleicht, die SS-Männer lautlos tötet und schließlich das Tor aufstößt, durch das die Gefangenen in die Freiheit laufen.

Sein wichtigster Traum aber bleibt es, eines Tages Pilot zu werden. Mittlerweile hat auch Michal verstanden, dass dieser Plan ihres Sohnes mehr als nur eine Kinderflause ist. Sie hofft auf die Armee, die ihn wohl nicht nehmen wird, als Sohn eines toten Piloten. Sie hofft auch darauf, dass er selbst irgendwann von etwas anderem träumt. Auf jeden Fall weiß sie, dass Amnon ohne ihr Einverständnis nicht Pilot werden darf. So ist es vorgeschrieben bei Kindern, die ein Elternteil beim Militär verloren haben.

Eines Tages nimmt sie Amnon beiseite und sagt, sie habe lange nachgedacht, und sie wisse jetzt, dass sie nie ihr Einverständnis geben werde, egal, was passiere. »Finde dich damit ab«, sagt sie. »Ich kann meinen Sohn nicht zu der gleichen Truppe gehen lassen, die meinen Mann sterben ließ.«

Amnon erinnert sich noch gut an dieses Gespräch. Er sagt, er habe gewusst, dass seine Mutter es sehr ernst meine. Er habe auch ihre Gründe gut verstehen können. Und trotzdem weiß er, dass er es machen muss. Dass sie ihn nicht aufhalten kann. Und auch nicht aufhalten wird. Er spürt diesen Wunsch so tief in sich drin, dass er keine Wahl hat. »Ich brauchte nicht zu taktieren«, sagt er, »weil ich die Option, nicht Pilot zu werden, sowieso nicht hatte.« Er bereitet Schritt für Schritt die Aufnahmeprüfung der Luftwaffe vor, als hätte er die Worte der Mutter nie gehört.

Michal sagt, sie sei beeindruckt gewesen, weil Amnon eben nicht versuchte, sie von seiner Sache zu überzeugen. »Er sagte gar nichts, er hat einfach weitergemacht.«

Bis zu dem Tag, als er endlich 18 Jahre alt ist und sich zum Pilotentest anmelden will. Amnon führt Michal in ein Café gegenüber der Fliegerkaserne. Er sagt, er habe das Recht, aus seinem Leben das zu machen, was er für richtig halte. Er verstehe, wie schwer das für sie sei, aber noch schwerer sei es für ihn, diesen Traum nicht leben zu dürfen. Es gehe darum, Verantwortung zu übernehmen, ein Tzabar zu sein. »So habt ihr mich erzogen«, sagt Amnon. Und Michal weiß, dass ihr Sohn recht hat. Dass sie loslassen muss.

Sie gehen in die Kaserne, Amnon füllt die Formulare aus, ein Offizier bittet Michal um ihre Unterschrift. Sie erinnert sich nicht mehr an diesen Moment, sie weiß nur noch, dass es ihr danach lange schlecht ging. Sie hatte das

Gefühl, ihren Sohn schon jetzt zu verlieren. Amnon sagt, seine Mutter hätte die ganze Zeit an ihm vorbeigeschaut, dann habe sie hastig unterschrieben und sei wortlos gegangen.

Er besteht den Eignungstest, beginnt sein erstes Ausbildungsjahr – und ist schon bald enttäuscht. Weil alles so anders ist, als er es sich vorgestellt hat. Für Amnon ist ein Kampfpilot wie ein Ritter aus dem Mittelalter, ein tapferer Mann, der für die Werte seines Landes kämpft, der den Gegner zu bezwingen sucht, ihn aber nicht unnötig verletzt oder herabwürdigt. Allerdings sind viele, die er bei der Luftwaffe kennenlernt, keine Ritter, sondern ganz normale Menschen, die sich mehr für Geld und Prestige als für die Werte des Landes interessieren. Für die der Pilotenberuf nicht mehr als ein Job ist.

Das Fliegen allerdings ist noch besser, als er es sich erträumt hat. Er liebt es, in der vibrierenden Maschine zu sitzen, ihre Kraft, aber auch ihre Verletzlichkeit zu spüren, sich mit ihr in den Himmel emporzuschwingen, die Welt unter sich verschwinden zu sehen. Wenn er mit Überschallgeschwindigkeit in den Sturzflug geht, wenn er Loopings und seitliche Drehungen fliegt, wenn die Beschleunigung ihm die Eingeweide zusammenpresst, fühlt er sich glücklich und erhaben. Er weiß, dass nur wenige Menschen so etwas erfahren dürfen, dass er zu den Auserwählten gehört. Oft fragt er sich, wie sein Vater sich wohl in der einen oder anderen Situation verhalten hätte. Ob er stolz auf ihn gewesen wäre.

Dann kommt der Tag, an dem die Ausbilder entscheiden, wer welche Maschinen fliegt. Es gibt ein Gespräch mit

Amnon. Sie sagen, sie hätten ihn lange beobachtet, und es sei klar, dass er kein Killer sei. Er sei der Typ, der erst überlege und dann handele, was Vorteile habe, aber im entscheidenden Moment verhängnisvoll sein könne. Ein Kampfpilot im Überschalljet müsse vor allem instinktiv handeln, sagen die Ausbilder. Er müsse in der Lage sein, blitzschnell Entscheidungen zu treffen und diese ohne jedes Zögern umzusetzen. Das Wichtigste aber sei der Killer-Instinkt, der einen so lange vorantreibe, bis der Gegner ausgelöscht sei.

Sie schlagen ihm vor, Hubschrauber-Rettungspilot zu werden. Und obwohl er erst einmal enttäuscht ist, weil richtige Piloten eben einen Jet fliegen und nichts anderes, beginnt er mit der Zeit zu begreifen, dass die Ausbilder vermutlich recht haben. Er beobachtet die anderen, die unter Gefechtsbedingungen im Kampfjet Manöver fliegen, er sieht, wie kaltschnäuzig und risikobereit sie sind. Er fragt sich, ob sein Vater auch so war. Ob er jetzt von ihm enttäuscht wäre.

Ein Jahr später, als Amnon längst ein erfahrener Hubschrauberpilot ist, weiß er, dass ihm wahrscheinlich nichts Besseres hätte passieren können. Er liebt es, im Hubschrauber zu fliegen, alles zu sehen und gleichzeitig über den Dingen zu sein. Sie üben vor allem in der Wüste, Amnon fliegt durch enge Canyons, acht Meter über dem Boden, er riecht den Rauch der Beduinen-Feuer, er sieht die roten Felsen vorübergleiten. Er lernt, sich der Landschaft anzupassen, Felsen auszuweichen, sich hinter Bergrücken zu verstecken, sich unter dem feindlichen Radar hindurchzuschummeln, mit dem Gelände zu verschmelzen.

Amnon vor seinem Hubschrauber

Er lernt vor allem, Menschen zu retten, statt Menschen zu töten. Im Ernstfall soll er verwundete Soldaten aus umkämpften Gebieten bergen. Er ist dabei völlig auf sich allein gestellt, muss selbst einschätzen, ob er an einer bestimmten Stelle landen kann, ob da vielleicht ein Scharfschütze lauert. Ob Drohnen oder andere Hubschrauber in der Nähe sind. Ob der Wind zu stark ist, ob die Sicht ausreicht.

Nach drei Jahren Ausbildung heftet ihm der Kommandeur die Flügel an die Brusttasche seiner Uniform. Zusammen mit den anderen steht er auf dem Rollfeld der

Luftwaffenbasis, über ihnen donnern die Kampfjets im Formationsflug hinweg, ein Militärorchester spielt die israelische Nationalhymne. Die Familien sind da, Amnon erkennt die Gesichter von Michal und Yael und er spürt Stolz in sich aufsteigen. Wenn nur der Vater ihn jetzt sehen könnte!

Am Sonntag darauf beginnen die ersten Einsätze, ab jetzt ist er ein richtiger Pilot. Amnon fliegt Einsätze im Libanon und im Gazastreifen. Einmal soll er zwei Soldaten retten, die im Westjordanland in einen Schusswechsel geraten sind und schwer verletzt am Boden liegen. Er hat ihre GPS-Koordinaten, aber mehr weiß er nicht. Als er sich dem Zielort nähert, hört er Feuer aus automatischen Waffen, er dreht sofort ab, versucht sich von der anderen Seite zu nähern. Die Sanitäter seilen sich aus der Heckklappe des Hubschraubers ab, aber als sie mit den Verletzten geborgen werden sollen, wird erneut geschossen. Eine Stunde lang kreist Amnon über dem Gebiet, bis er endlich mit den Verletzten zurückfliegen kann. Das ist seine Feuertaufe.

Von nun an fliegt er auch den Präsidenten, den Premierminister, den Verteidigungsminister. Seine Chefs schätzen Amnons vorausschauende, ruhige Art, und immer wieder ist er seinen Ausbildern dankbar, die von Anfang an erkannten, was wirklich in ihm steckt. Auch außerhalb der Armee wird er auf einmal von allen gemocht. Sobald die Leute erfahren, dass er Pilot ist, schütteln sie ihm die Hand, umarmen ihn, nicken ihm bewundernd zu. Sogar bei den Frauen hat er plötzlich einen anderen Stand, wenn er in seiner Fliegeruniform in der Stadt unterwegs ist.

Die ersten Jahre kann Amnon das alles noch genießen.

Er hat den Eindruck, das Richtige zu tun, fühlt sich im Einklang mit sich selbst. Er kann dem Land helfen, ihm werden wichtige Aufgaben anvertraut, er hat Freunde gefunden in der Luftwaffe, die ähnlich wie er selbst denken. Und er lernt eine Frau kennen, die später die Mutter seiner Kinder werden wird. Er denkt sogar über eine Karriere als Berufsoffizier nach, wenn seine acht Dienstjahre beendet sind.

Aber mit der Zeit ändert sich sein Blick, und auch das Land verändert sich. Die Nationalisten und Ultraorthodoxen werden stärker. Die Armee, die eigentlich das Land beschützen soll, muss immer öfter fanatische Siedler aus ihren selbst gegründeten Enklaven in den Palästinensergebieten retten. Es geht nicht mehr um die Verteidigung der Heimat, sondern um die Eroberung neuer Gebiete. Selbst ganz normale Leute glauben offenbar nicht mehr an einen Frieden mit den Palästinensern, seit Arafat die Verhandlungen in Camp David platzen ließ. Auf beiden Seiten werden die Radikalen immer mächtiger, und Amnon hat das Gefühl, das Land zu verlieren, an das er einmal geglaubt hat. Wo sind sie hin, die Werte des Kibbuz? Die Großzügigkeit. Die Gerechtigkeit. Der Glaube an den selbstbestimmten, freien Menschen. Oder gilt all das nur noch für Israelis? Ist es kein universelles Menschenrecht mehr, ohne Angst, ohne Durst und ohne Hunger zu leben?

Amnon erfährt von arabischen Dörfern im Westjordanland, die kein Wasser mehr haben, weil Israel die Flüsse leer pumpt. Er erfährt von arabischen Frauen, die beim Passieren der Checkpoints von israelischen Soldaten sexuell belästigt werden. Wenn eine Frau sich beschwert, wird sie mit einem Einreiseverbot belegt. In Jerusalem beißt ein Hund, der einer israelischen Familie gehört, einen Palästinenser, der den Hund daraufhin mit seinem Messer ersticht. Der Besitzer des Hundes zieht seine Waffe und schießt auf den Palästinenser, der schwer verletzt ins Krankenhaus eingeliefert wird. Amnon sagt, diese Geschichte zeige, wo die Entwicklung hingehe. Im Zweifel sei der Mann aus Palästina nicht mehr wert als der Hund aus Israel.

Amnon weiß auch, dass die Palästinenser nicht besser sind, dass sie am liebsten immer noch die Juden ins Meer treiben würden. Er weiß, dass die Führer der Hamas keinen Frieden wollen, weil nur der Krieg sie an der Macht hält. Er weiß, dass die palästinensischen Terroristen kein Problem damit haben, israelische Frauen und Kinder zu töten. Er denkt nur, dass Israel seine Werte trotzdem nicht verlieren darf. Weil es sonst alles verliert.

Und es geht immer weiter. Zu Beginn der zweiten Intifada wird in Dschenin im Westjordanland eine Mutter mit ihren drei Kindern erschossen, weil sie während der Ausgangssperre unterwegs sind. Der israelische Soldat, der die Familie tötet, sagt, er habe nur vier Schatten auf der Straße gesehen. Die israelische Armeeführung stellt klar, der Soldat habe völlig richtig gehandelt. Wer die Ausgangssperre verletze, könne erschossen werden. In der israelischen Bevölkerung wird die Sache ähnlich gesehen. Man müsse die Palästinenser mit Härte behandeln, heißt es.

Auch die Luftwaffe verändert ihre Strategie, neue Möglichkeiten werden entwickelt, um arabische Terroristen mit Bomben und Raketen zu eliminieren. Einmal kommt Amnon zu einem Training auf die Luftwaffenbasis und hört zwei Piloten über einen Einsatz reden, bei dem eine Zielperson im Westjordanland mit einer Rakete getötet wurde. Durch die Explosion starben auch zwei unschuldige Menschen, die zufällig in der Nähe waren. Amnon fragt, wer die Opfer waren. »Eine Mutter und ihr Terrorist«, sagt einer der Piloten. Amnon versteht nicht, der Pilot grinst und sagt: »Die Frau hatte einen fünfjährigen Sohn, du kannst dir vorstellen, was der später mal geworden wäre.«

Amnon fühlt sich immer weniger dieser Armee zugehörig. Er denkt an das Bild des stolzen Ritters, das er im Kopf hatte, als er zehn Jahre zuvor seinen Dienst begann. Ein tapferer Mann sollte dieser Ritter sein, der für die Werte seines Landes kämpft, der den Gegner zu bezwingen sucht, ihn aber nicht unnötig verletzt oder herabwürdigt. All das klingt mittlerweile naiv und lächerlich.

Im Juli 2002 wirft ein israelisches Kampfflugzeug eine Bombe auf ein Haus in Gaza-Stadt. Ziel ist ein Terroristenführer, der sich zu dieser Zeit in dem Haus aufhält. Mit ihm sterben 14 unbeteiligte Menschen, darunter acht Kinder. Dieses Ereignis macht Amnon klar, dass er nicht mehr länger stumm zusehen kann. Dass er etwas tun muss. Wobei es nicht nur die Opferzahl ist, die ihn aufrüttelt. Es sind vor allem die Reaktionen in der israelischen Öffentlichkeit, die ihm zeigen, wie herzlos und kalt sein Land geworden ist. In einem Zeitungsinterview wird der Kommandeur der israelischen Luftstreitkräfte, Dan Chalutz, gefragt, was seine Piloten fühlen, wenn sie eine Bombe über dem Gazastreifen ausklinken. »Ein leichtes Ruckeln am Flügel«, sagt Dan Chalutz.

Amnon schreibt einen Brief, den er Dan Chalutz schicken will. In diesem Brief sagt er, es gebe Piloten in der Luftwaffe, die vom Zynismus ihres Kommandeurs schockiert seien. Diese Piloten seien auch nicht länger bereit, Unschuldige in den Palästinensergebieten zu töten. Es sei ein Bruch mit den Menschenrechten und der Soldatenehre, die kein anständiger Bürger dieses Landes länger hinnehmen dürfe.

Amnon zeigt den Brief ein paar anderen Piloten, er findet einige, die das alles genauso sehen wie er, aber keiner will unterschreiben. Vier Monate später kommt ein Pilot eines anderen Schwadrons auf ihn zu, der eine Petition gegen die Angriffe der Luftwaffe in den Palästinensergebieten starten will. Amnon sagt sofort seine Unterstützung zu.

In den folgenden Wochen sprechen sie mit Hunderten Kollegen, erarbeiten einen Petitionstext, der an den Verteidigungsminister und den Stabschef der Armee gehen soll. Der Text wird immer wieder geändert und abgewogen und diskutiert und erneut geändert. Am Ende unterschreiben 27 Offiziere, von denen neun wie Amnon im aktiven Dienst sind. Angeführt wird die Liste vom Brigadegeneral der Reserve Yiftah Spector, der 1981 bei der Bombardierung des im Bau befindlichen irakischen Atomreaktors dabei war. Dieses Husarenstück hat ihn und seine Kameraden berühmt gemacht. In dem Petitionstext, der einer großen Zeitung und einem Fernsehsender zugespielt wird, heißt es:

Wir, die wir gelehrt wurden, den Staat Israel zu lieben und dem zionistischen Projekt zu dienen, weigern uns, an Angriffen der Luftwaffe auf zivile Bevölkerungszentren teilzunehmen. Wir, für die die israelische Armee und Luftwaffe ein integraler Bestandteil unseres Seins ist und die wir nach wie vor dem Staat Israel dienen, weigern uns, illegale und unmoralische Angriffe der Art auszuführen, wie sie Israel in den besetzten Gebieten durchführt.

Dieser Aufruf erschüttert das ganze Land. Es ist zwar nicht das erste Mal, dass Offiziere öffentlich den Befehl verweigern. Aber diesmal sind es Piloten, die Elite, die Helden der Nation. Der Ministerpräsident, Ariel Scharon, den Amnon so oft in seinem Hubschrauber flog, tritt umgehend vor die Kameras und spricht von einem »schwerwiegenden Vorfall«, der harte Konsequenzen haben werde. Der ehemalige israelische Präsident und Luftwaffenchef Eser Weizman geifert, »dieses Krebsgeschwür muss man sofort herausschneiden, bevor es wächst«. Weizman ruft den Offizieren zu, »den Schwanz zwischen die Beine zu klemmen und die Luftwaffe so schnell wie möglich zu verlassen«. Der Luftwaffenchef Dan Chalutz wirft ihnen vor, »der israelischen Demokratie ein Messer in den Rücken gestoßen zu haben«. Das Massenblatt »Maariv« titelt: »Schande ihren Flügeln«.

Wochenlang ist die Rebellion der Piloten das Thema Nummer eins in Israel. Sie sind auf den Titelseiten der Zeitungen, in den Fernseh-Talkshows, in den internationalen Medien. Und natürlich bekommen sie auch Unterstützung, und natürlich werden sie von Menschenrechtlern und ausländischen Organisationen für ihren Mut gewürdigt. Aber für die Mehrheit der Israelis sind sie von nun an

Verräter. Amnon sagt, diese Welle des Hasses, die über ihnen zusammenbrach, habe ihn tief getroffen. Auf einmal weiß er, dass er mit seinen Zweifeln und Fragen wirklich ziemlich alleine steht. Kollegen von der Luftwaffe sagen sich von ihm los, Freunde brechen den Kontakt ab. Einmal wird er auf der Straße angepöbelt, als zwei Männer ihn von den Zeitungsbildern wiedererkennen. Aus einem allseits beliebten Piloten ist ein Geächteter geworden.

Eine Woche nach dem Aufruf wird Amnon aus der Luftwaffe verstoßen. Der Kommandeur bestellt die Rebellen in sein Büro ein. Er schreit, sie seien alle Verräter, und früher hätte man sie erschossen. Ihre Schränke sind bereits ausgeräumt, ihre Namen aus den Registern getilgt. Jeder Unterzeichner erhält ein Schreiben des Generalstabs, in dem mitgeteilt wird, sie seien unehrenhaft aus den Einheiten der Luftwaffe entlassen, sie seien von nun an keine Piloten mehr und müssten die Flügel, die ihnen am Tage ihrer Vereidigung an die Uniform geheftet wurden, zurückgeben.

Amnon ist überrascht von dieser harten Reaktion. Es braucht einige Zeit, bis er versteht, dass er nun wirklich nicht mehr fliegen darf. Er geht ein letztes Mal zu seinem Hubschrauber, der auf dem Rollfeld der Luftwaffenbasis steht. Er streicht mit den Händen über die glatte Außenhaut, verabschiedet sich mit einem Klaps an die Pilotentür. Er sagt, er habe es auch später nie bedauert, diese Petition unterschrieben zu haben. Er hätte sich selbst nicht mehr ernst nehmen können, wenn er weiter sprachlos geblieben wäre. Und trotzdem fühlt er sich elend, wie einer, der gerade das Wichtigste in seinem Leben verloren hat.

Dieses Gefühl, nicht mehr dazuzugehören, nagt an ihm.

Amnon studiert Medizin, er wird Kardiologe und arbeitet im Krankenhaus von Haifa. Er heiratet, bekommt drei Kinder, zuerst die Zwillinge Shai und Yotam, später Siv, der heute 12 Jahre alt ist. Aber so sehr er sein Familienleben genießt, so sehr er seinen Arztberuf mag, so sehr fehlt ihm doch das Fliegen. Drei Mal bittet er den Kommandeur seines ehemaligen Flugschwadrons darum, ihn wieder aufzunehmen, aber es gibt keinen Weg zurück.

Trotzdem will Amnon etwas für die Landesverteidigung tun, und so meldet er sich beim Heimatfront-Kommando, das für den Schutz der Zivilbevölkerung im Falle eines Angriffs mit chemischen Waffen oder Raketen zuständig ist. Amnon wird der Verantwortliche für medizinische Hilfe im Großraum Tel Aviv. Er soll im Ernstfall die ärztliche Notfallversorgung koordinieren. Zweimal im Monat trainieren sie die Abläufe mithilfe von Großrechnern, die Krisensituationen simulieren. Amnon sagt, es sei gute, wertvolle Arbeit, die ihm wirklich wichtig erscheine. Aber es ist eben doch nicht vergleichbar damit, ein Pilot zu sein.

Amnon sagt, er habe sich oft gefragt, was eigentlich passiert sei, warum sich Israel so verändert habe. Er denkt, es habe viel mit seiner Generation zu tun, die mit kleinlichem, engem Blick die Welt betrachte. Wie anders war das früher, als seine Großeltern dieses Land aufbauten, wie viele Einflüsse und Sichtweisen wirkten da. Es gab die Jeckes und die Osteuropäer und die Russen und die Marokkaner, und jeder brachte seine Kultur und seine Art mit in das neue Land. Amnon sagt, die deutsche Kultur, die er von seinen Großeltern übermittelt bekam, habe ihn neugierig auf die

Welt gemacht. Sein Großvater habe ihm gezeigt, wie wichtig Lernen und Wissen seien, und was es bedeute, einen universellen Blick auf die Welt und die Menschen zu haben. Amnon spricht von Alexander von Humboldt, der für ihn der größte Botschafter der Deutschen ist, weil er mit seiner Neugier und seinem Wissen die Menschheit veränderte.

Heute, sagt Amnon, werde Israel von denen dominiert, die hier geboren wurden. Die nichts anderes mehr kennen als dieses kleine, steinige bedrohte Land. Die sich nicht daran erinnern wollen, woher sie selbst einmal gekommen sind. Und damit ändere sich die Perspektive, weg von einer offenen Weltsicht hin zu einer ethnozentrischen Kleinsicht. Amnon sagt, sein Großvater Hanan habe immer gesagt, es gebe zwei Dinge, die Juden aus dem Holocaust lernen müssten: Dass sie für immer stark genug sind, um nicht noch einmal zu Opfern zu werden. Und dass sie selbst nicht andere zu Opfern machen dürfen.

Amnon denkt, die Angst davor, von anderen gedemütigt zu werden, sei noch immer so stark, dass man es in Kauf nehme, selbst zum Demütiger zu werden. Das finde ich interessant, weil es ja bedeutet, dass die übertriebene Stärke nur ein Zeichen der Hilflosigkeit ist. Interessant ist auch, dass mein israelischer Cousin die deutsche Kultur als Quell der Neugier und Toleranz empfindet. Dass die deutschen Wissenschaftler für ihn wichtiger als die deutschen Mörder sind. Dass Hanan, sein Großvater, ihn lehrte, das Land zu lieben, aus dem er einst vertrieben wurde.

Weihnachten 2009 kamen Amnon und seine Mutter Michal zum ersten Mal zu uns nach Berlin. Wir saßen in unserem Wohnzimmer im Schein der Weihnachtskerzen, aßen Lebkuchen und Rosinenstollen, tranken Glühwein und sangen alle zusammen »Stille Nacht, heilige Nacht«. Amnon und Michal kannten das Lied schon von Nina, die es manchmal zur Chanukka-Zeit sang. Amnon sagte später, er hätte sich noch nie so deutsch gefühlt. Und auch Michal habe keine Probleme mehr mit der einst verhassten Sprache. Danach brachten sie uns ein Chanukka-Lied bei, in dem es um große und kleine Lichter geht, die durch die Welt reisen, um die Dunkelheit zu vertreiben.

Amnon sagte damals, er habe das Gefühl, ein Teil von ihm sei schon immer hier gewesen. Er lief durch diese fremde Stadt und spürte eine irritierende Geborgenheit, etwas, das man eigentlich erst empfinden kann, wenn man schon länger an einem Ort zu Hause ist. Er ging durch die große Empfangshalle der Humboldt-Universität, in der sich seine Großeltern kennenlernten. Er fuhr zum Bahnhof Grunewald, wo sein Urgroßvater Viktor Wittenberg in den Zug nach Theresienstadt gesteckt wurde. Er aß die Zimtplätzchen auf dem Weihnachtsmarkt, die ihn an die Kuchen erinnerten, die Nina zum Chanukka-Fest buk. Er war wie ein staunendes Kind, das plötzlich entdeckt, dass die Geschichten, die von den Großeltern erzählt werden, wirklich wahr sind.

Ich kenne dieses Gefühl, in einem fremden Land anzukommen, das einem seltsam vertraut erscheint. So ging es mir, als ich mit 22 Jahren zum ersten Mal nach Israel kam. Dieses Gefühl war mir damals unerklärlich, weil da ja nun wirklich nichts war, was mir hätte bekannt sein können. Niemand hatte mir je von Israel erzählt, ich kannte auch unsere Familie dort noch nicht. Aber ich lief durch Tel Aviv und spürte eine irritierende Nähe, es kam mir aus irgendeinem Grund ganz selbstverständlich vor, dort zu sein.

Ich erzählte damals Hanan davon, als ich ihn ein paar Tage nach meiner Ankunft in Afula besuchte. Hanan lachte und rief: »Nun schau mir diesen Jecke an, kommt zum ersten Mal nach Israel und wundert sich, dass er eine jüdische Seele hat!« Ich hielt das für einen Witz, warum sollte ich eine jüdische Seele haben? Ich wusste damals vermutlich nicht mal, wer überhaupt ein Jude ist und wer nicht. Später fragte ich meine Mutter, die sagte, ich sei kein richtiger Jude, weil ja noch nicht mal sie eine richtige Jüdin sei. »Wir sind irgend so eine Mischung«, sagte meine Mutter, die diese ganzen Blutsrechnungen ablehnt, weil das nur Nazis machen.

Irgend so eine Mischung also, na schön. Ich ließ die Frage erst mal liegen, aber Jahre später kam sie zu mir zurück, als ich für die Zeitung eine Geschichte über eine Berliner Jüdin schrieb, die mich fragte, ob ich denn auch regelmäßig in die Synagoge ginge. Ich war überrascht, ja man könnte sogar sagen, erschreckt. Die Frau kicherte und sagte, sie habe nur mal sehen wollen, wie ich reagiere. Sie war Psychologin und arbeitete mit traumatisierten jüdischen Familien. »Das geht bis in Ihre Generation«, sagte sie und sah mich durchdringend an. Ich sagte, ich hätte mit dieser ganzen Sache doch wohl ganz offensichtlich nichts mehr zu tun. »Das behaupten viele aus der dritten Generation«, erwiderte sie lächelnd. »Wenn Sie mal Probleme haben, rufen Sie mich an.«

Ein paar Jahre später, als Amnon und Michal zum ersten Mal nach Berlin kamen, passierte etwas mit mir. Vielleicht lag es daran, dass ich zum ersten Mal jemanden aus der Familie traf, der in meinem Alter war. Amnon erschien mir wie eine gespiegelte Version meiner selbst. Der Typ, der ich hätte sein können, wenn mein Großvater nach dem Krieg nach Palästina gegangen wäre.

Ich war auf einmal anders. Ich merkte es daran, dass ich ständig Israel verteidigte. Egal, wie bescheuert die israelische Politik gerade war, wenn jemand sie kritisierte, bezog ich Position. Am schlimmsten war es, wenn ich mit diesen deutschen Palästinenser-Verstehern diskutierte, dann war ich sogar bereit, den Siedlungsbau und die gezielte Tötung von Terroristen gut zu finden. Den Höhepunkt erreichte mein jüdischer Patriotismus, als Amnon eines Tages sagte, er halte die Politik Netanjahus für faschistisch. Wir stritten zwei Stunden lang. Irgendwann erklärte ich mich bereit, zu den Waffen zu greifen, um Israel zu verteidigen, und Amnon sagte, in diesem Fall würde er wohl besser nach Berlin auswandern.

Später kam dann noch die Prahlereiphase. Ich erzählte bei jeder Gelegenheit, was für eine besondere Geschichte meine tolle, jüdische Familie habe. In Berliner Medien- und Künstlerkreisen kann man mit so etwas auf große Sympathien stoßen. Wobei auch das sich gerade ändert, seit die Antisemiten sich wieder trauen, ihren Hass in die Welt zu schreien. Neulich zirkulierte auf Facebook ein Video, das einen Mann zeigt, der einem jüdischen Restaurantbesitzer in Berlin auf offener Straße den Tod wünscht. Er sagt: »Warum bist du zurückgekommen, weißt du nicht, was in den Gaskammern passiert ist? Hast du immer noch nicht verstanden, dass wir Leute wie dich hier nicht haben wollen?« Der Mann sieht eigentlich nicht unsympathisch aus, er lächelt sogar. Nur wenn er besonders perfide, grausame Sachen sagt, verkrampfen seine Kinnmuskeln, wird sein Hass körperlich spürbar.

Mich hat dieses Video noch Tage später beschäftigt. Zuerst spürte ich Aggression, ich hätte diesem Typen am liebsten in seine dämliche Fresse geschlagen. Dann kam die Betroffenheit, mir wurde klar, dass es solche Leute wirklich noch gibt. Dass der Hass nicht vergangen ist. Das hat mich verunsichert, das arbeitet noch immer in mir.

Womöglich hatte Hanan ja recht, als er von meiner jüdischen Seele sprach. Vielleicht ist es auch nur eine Viertelseele, aber sie ist da, und sie macht sich bemerkbar. Es hat, denke ich, nichts mit Blut oder Religion zu tun, eher mit der Geschichte meiner Familie, die so nicht verlaufen wäre, wenn wir nicht alle »irgend so eine Mischung« in uns tragen würden. Ich glaube an dieses unsichtbare Band, das uns von Generation zu Generation verbindet.

Ich rief die Psychologin an, die vor Jahren über mich gekichert hatte. Ich erzählte ihr von meiner Schwäche für Netanjahu. Sie sagte, das sei normal. »Sie haben ein schlechtes Gewissen, weil Sie nicht bei den anderen sind, die Israel verteidigen und in Gefahr sind. Aber wenn Sie das einmal begriffen haben, dann legt es sich wieder.« Sie bestätigte auch meine These vom unsichtbaren Band. »Je weniger sich eine Generation bewusst macht, desto mehr hat die nächste Generation damit zu tun. Deshalb ist dieses Buch, das Sie gerade schreiben, auch ein Geschenk an Ihre Kinder.«

Dabei fällt mir eine Geschichte ein, die mir Amnon erzählte, und die wohl auch mit diesem unsichtbaren Band zu tun hat. Nach seinem ersten Weihnachtsabend bei uns zu Hause fuhr er mit dem Zug nach Neuruppin, um die Familie von Onkel Fritz zu besuchen. Kaum waren die Türen geschlossen und der Zug fuhr an, merkte Amnon, wie er unruhig wurde. »Ich fühlte mich nicht wohl in diesem geschlossenen Zug«, sagte er. »Ich hatte auf einmal diese Vorstellung in meinem Kopf, dass ich in einem Transport nach Auschwitz bin. Und meine Gedanken wurden immer wilder, ich dachte daran, durch das Fenster zu springen und in den nahen Wald zu fliehen. Und meine Schwester Yael, die neben mir saß, dachte genau das Gleiche. Wahrscheinlich liegt es daran, dass ein Zug in Deutschland für uns nur eine einzige Bedeutung haben kann.«

Diese erste Reise nach Berlin verändert viel, für Amnon, aber auch für seine Mutter, die sich als Kind nie hätte vorstellen können, je dorthin zu fahren. »Ich wusste nicht, wie es sein würde«, sagt Michal, »ich war neugierig auf mich selbst.« Und dann ist sie da und staunt über die Gefühle, die auf einmal in ihr aufsteigen: Die Freude, ihre deutsche Familie kennenzulernen, der sie sich so nahe fühlt, ohne zu wissen, warum. Die anfängliche Enttäuschung, als sie diese sagenumwobene Stadt zum ersten Mal betritt, weil ihr hier alles so normal, so unspektakulär erscheint, ganz anders, als sie sich dieses gefürchtete, ersehnte, vermisste Berlin vorgestellt hat. Die Beklommenheit, wenn sie Männer im Alter ihres Vaters auf der Straße sieht. Vor alten Frauen hat sie erstaunlicherweise keine Furcht, Michal sagt, die Nazis seien für sie immer männlich gewesen.

Sie spürt, wie verloren sie sich fühlt, wenn keiner aus der Familie dabei ist, wenn sie mal kurz irgendwo alleine unterwegs ist. Manchmal kommt sie an Orte, von denen der Vater ihr erzählt hat. Zum Bahnhof Zoo oder zum Café Kranzler. Sie denkt an Hanans vergnügte Augen, wenn er von der Schwarzwälder Kirschtorte sprach, die es im Kranzler gab. Auch von den Hüten der Damen, die man von der Terrasse aus beobachten konnte, hat er erzählt. Und von den Hündchen, die diese Damen dabeihatten. Hanan behauptete sogar, es gebe einen Zusammenhang zwischen den Hüten und den Hunden, eine Art geheime Verbindung, die nur er entschlüsseln könne.

Vor allem ist Michal von der Freude überrascht, die es ihr bereitet, Berlin als ihre Vater- und Mutterstadt zu begreifen. Sie sagt, das sei der entscheidende Moment gewesen, als sie verstand, dass diese kleine persönliche Verbindung viel wichtiger sei als die große historische. Dass Berlin zwar immer noch das ehemalige Machtzentrum der Nazis sei, aber eben auch die Heimat ihrer Eltern.

Seitdem ist sie oft wiedergekommen, und mit jedem Besuch in Berlin schmolz ihre Beklommenheit und wuchs ihr Stolz, Tochter von zwei echten Berlinern zu sein. Und wenn sie dann nach Israel zurückfuhr, stellte sie fest, dass sie ihr geliebtes Heimatland immer weniger verstand. Warum war Berlin so entspannend und Israel so anstrengend? Sie sagt, dieses Hin- und Herfahren habe ihren Blick geschärft, und die fanatischen Nationalisten und Rassisten, die sie immer in Berlin vermutete, seien ihr nun in Israel über den Weg gelaufen, im Gewande von Siedlern, Ultraorthodoxen und Regierungsmitgliedern. Und sie fragte sich, wie lange sie als Israelin das alles noch aushalten könne, diese Politik des Hasses und der Angst gegen die Araber. Diese Politik des Wegschauens und Gewährens gegenüber den eigenen Fanatikern.

Michal sagt, es sei schwer, seine Heimat abzuschütteln, diesen Ort, an dem man sich nicht erklären muss, der zu einem gehört, weil man mit ihm groß geworden ist. Vor allem wenn man unter seiner Heimat leide, sagt sie, dann spüre man, wie eng man mit ihr verbunden sei. Sie fragt sich manchmal, ob es überhaupt möglich ist, einen zweiten Ort so tief in sein Herz zu lassen. Ob man nicht ein Kind sein muss, um so etwas wie Heimat zu erschaffen. Erst jetzt kann sie ermessen, wie furchtbar es für ihre Eltern gewesen sein muss, Deutschland zu verlassen. »Man tut das nur, wenn keine Hoffnung mehr da ist, wenn alles andere keinen Sinn mehr ergibt«, sagt sie. »Alles andere sind Gedankenspiele.«

Am Ende meiner Reise fahre ich nach Beit HaShita, in den Kibbuz in der Jesreel-Ebene, in dem alles begann. Der Friedhof, auf dem Nina und Hanan begraben liegen, befindet sich auf einer Anhöhe, nicht weit von der Stelle entfernt, an der sie damals die ersten Zelte auf dem kahlen Hang errichteten. Heute wachsen hier mächtige Kiefern und Zypressen, die hölzernen Zeugen der vergangenen Zeit. In der Mitte des Friedhofs sind zwei ockerfarbene Grabplatten in die trockene Erde eingelassen. Links liegt Nina, rechts Hanan. Auf Ninas Grabplatte steht, sie habe vor allem Liebe gegeben. Hanan ist mit den Worten »immer optimistisch« verewigt.

Auch von diesem Friedhof hat man einen schönen Blick über die weiten, geschwungenen Felder, bis hin zum Berg Gilboa, auf dessen zerfurchten Kamm der Kibbuzälteste am Abend ihrer Ankunft deutete und von Saul erzählte, dem ersten König Israels.

ZU HAUSE

Mehr als ein Jahr ist vergangen, seit ich von meinen Familienreisen zurückgekehrt bin. Ich bin fast fertig mit dem Buch, aber ich will es nicht beenden, ohne mich noch mal bei allen zu melden. Ich rufe André an, seine Stimme klingt euphorisch. Er erzählt, er sei erst vor einigen Tagen zur deutschen Botschaft in London gegangen, um einen deutschen Reisepass zu beantragen. Er war nervös, weil er nicht wusste, wie die Beamten reagieren, wenn er 80 Jahre nach seiner Ausreise aus Deutschland seine Staatsbürgerschaft wiederhaben will. Er war darauf vorbereitet, sich erklären zu müssen, auf Ablehnung zu stoßen. Er hatte sich alle möglichen Sätze zurechtgelegt, hatte sogar einen Brief geschrieben, in dem er erklärte, wer seine Eltern waren, warum sie Deutschland verlassen mussten, und dass er selbst bis zu seinem siebten Geburtstag in Ludwigsfelde zur Schule ging.

Sein Herz klopfte, als er das Botschaftsgebäude betrat, er musste an Hilde denken, die in Berlin immer wieder zur britischen Botschaft gegangen war, um das so dringend benötigte Visum zu erhalten. In der deutschen Botschaft in London gab es einen Schalter, an dem er seine Antragspapiere abgeben sollte. Geburtsurkunde, Kopie seines britischen Passes, acht Passfotos, Meldebestätigung seiner aktuellen Wohnadresse. Andrés Fingerabdrücke wurden genommen, er musste 70 britische Pfund in bar bezahlen. Das war alles.

Niemand wollte wissen, warum er Deutschland verlassen hatte, warum er jetzt wieder einen deutschen Pass haben möchte, was er beruflich macht, ob seine Gesundheit in Ordnung ist und wie seine finanziellen Verhältnisse aussehen. Seine ganze Vorbereitung hätte er sich sparen können. »Es war, als hätte ich Briefmarken gekauft«, sagt André am Telefon.

Bereits am nächsten Tag bekam er eine Mail von der Botschaft. Sie teilten André mit, er habe laut ihren Papieren seine deutsche Staatsbürgerschaft nie verloren, sein Pass liege in etwa zwei Wochen bereit. Allerdings könne in diesem Pass nur sein alter Name stehen, André Fränkel, geboren am 5.1.1931 in Berlin-Wilmersdorf, es sei denn, er stelle einen Antrag auf Namensänderung.

Den Antrag will André jetzt stellen, obwohl er es eigentlich auch ganz schön fände, seinen Kindernamen im Reisepass stehen zu haben, aus rein nostalgischen Gründen, und auch als Erinnerung an diesen Mann, der einmal sein Vater war. »Jetzt, wo ich weiß, dass ich seit fast 80 Jahren zugleich Brite und Deutscher bin, fällt mir das alles viel leichter«, sagt er am Telefon. Er hat kein schlechtes Gewissen mehr den Briten gegenüber, fühlt sich nicht mehr als Verräter, weil er den Pass der anderen nimmt. Er sagt: »Realität und Formalität passen auf einmal gut zusammen.«

Ich telefoniere auch mit Andrew, der ja schon als Kind

dachte, sein Vater sei ein Deutscher, der in London lebt. Andrew sagt, eine bessere Wendung hätte man sich nicht vorstellen können, auf einmal sei alles so einfach und klar. Er freut sich vor allem für seinen Vater, dem dieser Gang zur deutschen Botschaft schwergefallen sei. »Ich glaube, er hat das vor allem für uns getan, er wollte seinen Kindern und Enkeln diese Tür nach Europa öffnen.« Andrew erzählt von den vielen Diskussionen, die sie zu dem Thema hatten, nachdem ich vor einem Jahr weggefahren bin. Andrés ganze Geschichte sei noch mal hochgekommen, vor allem diese schwierige, quälende Frage, wer er denn nun wirklich sei. »Und dann überwindet er sich, stellt diesen Antrag und findet dabei heraus, dass er die ganze Zeit Deutscher war. Das ist doch eine wunderbare Ironie der Geschichte.«

Andrew selbst hat gerade ein einjähriges Aufbaustudium in Umweltpolitik beendet und sucht einen Job. Er sagt, der Brexit habe alles komplizierter gemacht, die Briten hätten Angst, die Wirtschaft steuere in eine Krise. Es sei beeindruckend, mit welcher Entschlossenheit sich dieses Land in den Abgrund werfe. »Alle sehen es, alle wissen es, aber keiner scheint mehr die Kraft und den Mut zu haben umzukehren.« Falls Andrew bis zum Sommer keinen Job gefunden hat, will er es in Europa versuchen. »Mit meinem deutschen Vater kann ich jetzt noch einfacher einen deutschen Pass beantragen. Vielleicht brauchen sie ja in Berlin jemanden, der sich mit englischer Literatur auskennt und die Erde retten will.«

Andrews Nichte Charlotte, die nach Berlin kam, um Deutsch zu lernen, ist mittlerweile zurück in London. Sie studiert Jura und arbeitet ehrenamtlich in einer Flüchtlingshilfsorganisation. Gerade kümmert sie sich um einen Mann aus Syrien, der von Assads Geheimpolizei gefoltert wurde. Als der Mann von den Torturen erzählte, musste sie an den Keller in der General-Pape-Straße denken, in dem ihr Großvater gequält wurde. Charlotte sagt, sie hätte für so einen Menschen früher vor allem Mitleid empfunden. »Heute fühle ich eine Verbundenheit. Ich glaube, ich weiß jetzt ein bisschen besser, wovon diese Leute erzählen.«

Andrés Tochter Angela, die Professorin aus Oxford, wurde kürzlich von der Queen als Anerkennung für ihre wissenschaftlichen Leistungen in den Stand einer Freifrau erhoben. André sagt, er sei mächtig stolz auf diesen Titel, auch wenn er als ehemaliger Kommunist natürlich grundsätzlich gegen den Adel sei.

Mein israelischer Cousin Amnon ist vor drei Monaten nach Hamburg gezogen, er arbeitet dort für ein halbes Jahr in einer kardiologischen Klinik und setzt deutschen Rentnern Herzkatheter ein. Lieber wäre er an die Berliner Charité gegangen, aber da war gerade keine Stelle frei. In Hamburg bereitet er die Deutschprüfung vor, die er bestehen muss, wenn er hierzulande als Arzt zugelassen werden will. Er sagt, er sehe das alles erst mal als berufliche Fortbildung. »Und wer weiß«, sagt er, »was eines Tages passiert.«

Alle paar Wochen kommt uns Amnon in Berlin besuchen, er nimmt den Zug und muss nur noch selten an Auschwitz denken, was auch daran liege, sagt Amnon, dass dieser ICE ja gar nicht mehr wie ein richtiger Zug aussehe, sondern eher wie ein Flugzeug oder ein Raumschiff. Manchmal gehen wir bei uns im Park joggen, Amnon läuft selbst bei niedrigen Temperaturen im T-Shirt, und ich bin jedes Mal besorgt und sage, er werde sich den Tod holen. Er nennt mich seine »jüdische Mutter« und findet das sehr lustig. Wir reden nur noch selten über Politik und dafür öfter über die Liebe oder über unsere pubertierenden Kinder oder über die Frage, warum den Männern in unserer Familie eigentlich so früh die Haare ausgehen.

Wir haben wieder zusammen Weihnachten gefeiert, wir saßen in unserem Wohnzimmer im Schein der Weihnachtskerzen, aßen Lebkuchen und Rosinenstollen, tranken Glühwein und sangen »Stille Nacht, heilige Nacht«. Wir waren zusammen in der Kirche, und Amnon half mir dabei, die Gans zu füllen. Später fiel mir ein, dass er Gott ja eigentlich ablehnt und zudem Vegetarier ist. Aber er sagte, ich solle mir deswegen keine Gedanken machen, es gebe schlimmere Widersprüche in seinem Leben. Zum Beispiel den, dass Shai und Yotam, seine Zwillinge, die jetzt schon fast 18 seien, bald zur Armee müssten und er sich nicht sicher sei, ob er selbst sich noch mal dafür entscheiden würde, sein Leben für Israel einzusetzen. Shai hatte sogar überlegt, Kampfpilotin zu werden. Sie sprachen lange darüber, und Amnon versuchte, so offen wie möglich zu sein, obwohl er innerlich vor Angst bebte.

Shai entschied sich dann für die Marine, sie bestand die Offiziersprüfung und wird die nächsten acht Jahre eine dunkelblaue Uniform tragen. Ihr Bruder Yotam will zu einer Spezialeinheit, die abgeschossene Piloten hinter den feindlichen Linien birgt. Man könnte auch sagen, er bringt den Job seines Vaters zu Ende. Amnon sagt, er habe seine Kinder dazu erzogen, ihr Bestes zu geben und dem Land eine Hilfe zu sein. Shai und Yotam kennen seine Geschichte. Und die seines Vaters. »Sie müssen selbst sehen, welche Schlüsse sie daraus ziehen.«

Auch Amnons Mutter Michal war zu Weihnachten wieder da. Sie sagt, diese Zeit des Jahres sei nirgendwo schöner als in Berlin. Sie mag die Kälte, den dampfenden Atem, die Lichter in den Bäumen, die besinnlichen Abende. Zwei deutsche Wörter hatte Hanan ihr als Kind beigebracht. Zwei Wörter dieser Sprache, die sie so schwer ertragen konnte und die sie sich trotzdem gemerkt hat: Gemütlichkeit und Müsli. Michal mag diese beiden Wörter, sie findet, sie klingen sehr deutsch, auf eine schöne, beruhigende Weise.

Michal schaut sich jetzt manchmal Wohnungen in Berlin an, auf der Internetseite eines Maklerbüros. Sie denkt, es wäre doch ganz schön, so eine Wohnung zu haben, vielleicht in der Nähe der Straße, in der ihre Mutter wohnte. Sie malt sich aus, wie es wäre, den Sommer in Berlin zu verbringen, wenn es in Israel sowieso viel zu heiß ist. Im Winter wäre sie dann wieder in Hazor, am Fuße der Golanhöhen. »Vielleicht muss man sich ja gar nicht entscheiden«, sagt Michal. »Und wenn es in Israel zu schlimm wird, dann kann ich doch zurück nach Berlin.«

»Zurück nach Berlin?«

»Ja«, sagt Michal, die selbst verwundert zu sein scheint über diese Idee. »Wenn es einen Ort gibt, an dem der Faschismus bestimmt nicht wiederkommt«, sagt sie, »dann doch den, wo er seine schlimmsten Siege feierte.« Sie hält inne, als horchte sie in sich hinein. »Ist es nicht interessant, wie die Dinge sich verändern?«

Amnons Cousin Aron, der in Berlin heiratete und an der

Humboldt-Universität Veterinärmedizin studieren wollte, lebt jetzt in Mannheim, wo er sich zum Physiotherapeuten ausbilden lässt. Ich frage ihn, wie es zu diesem Richtungswechsel kam. »Weißt du«, sagt er, »wenn du einmal damit anfängst, auf deine innere Stimme zu hören, passieren erstaunliche Dinge.«

Meine Tante Susi wollte neulich auf dem Postamt in ihrem Dorf in der Bourgogne ein Einschreiben abholen. Dafür musste sie sich am Schalter ausweisen. Susi zeigte der Postfrau ihren österreichischen Pass, und die sagte: »Ach, Sie sind Ausländerin, und ich dachte, Sie sind von hier.« Susi hätte am liebsten gerufen: »Aber ich bin doch von hier! Dieser Pass hier ist nichts als ein trauriges Missverständnis! Ein Irrtum der Geschichte!« Aber das hätte die Frau von der Post wahrscheinlich nicht verstanden, weshalb Susi dann doch lieber schwieg. Übrig blieb nur der Gedanke, dass sie jetzt so schnell wie möglich Französin werden will.

Sie hat sich erkundigt, und es wäre auch gar kein Problem, weil Susi ja in Frankreich geboren wurde. Allerdings müsste sie dann ihren österreichischen Pass abgeben, da die Republik Österreich keine doppelten Staatsbürgerschaften akzeptiert. Selbst das könnte Susi sich vorstellen, wenn sie damit nicht automatisch ihre Beamtenpension verlieren würde, die nun mal nur an Österreicher ausgezahlt wird – und nicht an Menschen, die am liebsten so schnell wie möglich in ein anderes Land verschwinden.

Susi schickte einen Brief an das österreichische Innenministerium. Sie schrieb: »Die Erlaubnis, die doppelte Staatsbürgerschaft zu haben, steht mir zu, als Wiedergutmachung für das, was meinen Eltern und mir während des Krieges angetan wurde.« Sie hat noch keine Antwort bekommen.

Es scheint so, als stünde Susi immer irgendwo dazwischen. Vielleicht gibt es diesen Ort gar nicht, an dem sie alles finden kann.

Ihr Sohn Lorenz hat kürzlich ein Familienwappen gezeichnet, das war eine Arbeitsaufgabe in einer Selbsterfahrungsgruppe, die er im Rahmen seiner Therapeutenausbildung absolvierte. Er sollte Symbole auswählen, die seine Familie beschreiben. Lorenz zeichnete ein offenes Buch mit einem Füllfederhalter, das für seine schreibenden Eltern steht. Das zweite Symbol war seiner Großmutter Ilse gewidmet, eine Farbpalette mit einem Aquarellpinsel, unter dem Musiknoten tanzen. Eine Weinrebe und ein Hammer verwiesen auf die Vaterfamilie, die aus Winzern und Tischlern bestand. Und dann gab es da noch einen Davidstern, in dessen Mitte der griechische Buchstabe Psi stand, das Zeichen der Psychologie.

Am Ende des Kurses hängte jeder sein Familienwappen an die Wand und erklärte den anderen die Bedeutung. Lorenz sagt, er sei selbst überrascht gewesen, dass er sein Jüdischsein so offen zeigen konnte. Und dass die anderen es ganz normal fanden, dass sie ihn akzeptierten, wie er war. Lorenz sagt, er sei stolz gewesen, dass er den Mut dazu hatte. »Und dann rollte ich mein Wappen wieder ein, denn ich wusste jetzt, dass ich es sagen kann.«

Unter das Familienwappen schrieb Lorenz: »Der Versöhnungsbaum schlägt neue Wurzeln.« Das war das Gefühl, das er an diesem Tag hatte: Dass er, der in Österreich Zurückgebliebene, seinen eigenen Halt finden wird. Lorenz hat zwei Kinder aus einer ersten Ehe, jetzt hat er wieder geheiratet, eine Kollegin aus dem Krankenhaus. Auch sie hat bereits zwei Kinder, und sie ist schwanger, demnächst werden sie zu siebt sein, in dem schönen Haus mit dem Garten am Rande von Wien. Lorenz sagt, er habe immer von einer großen Familie geträumt. Einer riesigen, lebendigen Horde, in der er zu Hause sein kann.

In den Monaten, in denen ich unterwegs war, um meine Verwandten zu besuchen, habe ich manchmal gedacht, was für eine seltsame Sache so eine Familie doch ist. Ich meine, wir leben in verschiedenen Ländern, sprechen verschiedene Sprachen, haben verschiedene Traditionen und wenig bis keinen Kontakt. Und kaum treffen wir uns, haben wir das Gefühl zusammenzugehören. Uns in den anderen wiederzuentdecken. Ich habe von Grauwalen gelesen, die ihre Angehörigen selbst nach Jahrzehnten an den Bewegungen der Seitenflossen ausmachen können. Mit Amnon hatte ich so ein Grauwal-Erlebnis, als er an den Fingern der rechten Hand etwas abzählte. Nach dem Daumen und dem Zeigefinger hob er den kleinen Finger, dann erst den Ring- und den Mittelfinger. Genauso zähle ich auch, und alle machen sich darüber lustig, weil es so seltsam aussieht und es viel logischer wäre, die Finger der Reihe nach zu benutzen. »Niemand zählt so wie du«, sagte meine Frau immer. Ich weiß jetzt, dass das nicht stimmt.

Als ich mit André nach Oxford fuhr, machten wir Station in Brill, einem kleinem Dorf in Buckinghamshire, wo André vor Jahren eine Wiese von einem Bauern gekauft hat, auf der er Obstbäume und Himbeersträucher pflanzte.

Das Feld, wie André es nennt, ist von dichten Hecken umgeben, die den Wind abhalten und nach wilder Pflaume duften. Hier, sagte André, fühle er sich daheim. Das Wort »daheim« sagte er auf Deutsch. Er erzählte von der Apfelernte im Oktober und wie sie die Äpfel in großen Körben zum Mosten bringen. Und ich dachte an meine Brandenburger Streuobstwiese, wo auch ich im Oktober die Äpfel ernte und Saft daraus presse und das Gefühl habe, bei mir zu sein.

André zeigte mir den Pflaumenbaum, an dessen Fuß sie Hildes Asche verstreut haben, weil auch sie diesen Ort mochte. Das Feld erinnerte Hilde an die Picknickwochenenden mit ihrem Vater, der die Familie vor dem Ersten Weltkrieg mit der Droschke in die schlesischen Wälder fuhr. So hat nun auch die rastlose Hilde ihren Platz gefunden.

Als ich bei Susi in der Bourgogne war, kochte sie eine Hühnersuppe, die genauso schmeckte wie die Hühnersuppe meiner Mutter. Ich erzählte Susi, dass für mich eine Hühnersuppe bis heute etwas Besonderes ist, weil es in meiner Kindheit das Weihnachtsessen war. »Also habt ihr doch ein paar jüdische Traditionen gehabt«, sagte Susi. Ich verstand nicht, was sie meinte, denn meiner Mutter ging es bei der Weihnachtshühnersuppe glaube ich vor allem darum, ein Essen zu haben, das sie schon am Morgen zubereiten konnte. So musste sie am Heiligen Abend nicht in der Küche stehen. »Praktische Frau, deine Mutter«, sagte Susi. »Aber frag sie doch mal, was die Juden an Chanukka essen. Ich bin sicher, sie weiß es, und wenn nicht, dann weiß sie es eben, ohne es zu wissen.«

Ich frage mich, ob es so eine Art Familiengedächtnis gibt, etwas, was uns hält und den Weg weist, was uns tröstet und mahnt. Meine Familie erscheint mir wie eine Erinnerungskette, von der wir jeder nur ein kleines Stück kennen.

Ich habe auf dieser Familienreise ein paar Illusionen verloren, vor allem die, der Bestimmer über mein Leben zu sein. Ich weiß jetzt, dass ich Nina und Gerhard und Hilde und André und Michal und Ilse und Amnon bin. Dass vieles von dem, was ich für meinen einzigartigen Kern hielt, schon da war, lange bevor ich auf diese Welt kam. Das ist ernüchternd und schön zugleich. Weil ich mich zwar kleiner fühle, aber meine Familie gewachsen ist. Sie sind jetzt alle bei mir – in meinem Kopf und in meinem Herzen.

DANKSAGUNG

Ich danke meiner Familie, die mir so viel Zeit und Vertrauen geschenkt hat. Die langen Gespräche, das gemeinsame Graben in der Erinnerung, haben nicht nur dieses Buch möglich gemacht, sondern auch eine Nähe geschaffen, die mich froh macht.

QUELLENVERZEICHNIS

Texte:

S. 40
Walter Benjamin: Über Haschisch
Suhrkamp Verlag, Frankfurt a. M., 2000

S. 81 f.
Walter Benjamin: Gesammelte Briefe. Band VI. 1938–1940
Suhrkamp Verlag, Frankfurt a. M., 2000

S. 102
»Lob der Dialektik«
aus: Bertolt Brecht: Werke. Große kommentierte Berliner und Frankfurter Ausgabe, Band 11: Gedichte 1
© Bertolt-Brecht-Erben/Suhrkamp Verlag 1988

S. 109
Fritz Fränkel: Als Arzt bei der Internationalen Brigade
aus: Einheit für Hilfe und Verteidigung, Paris, Januar 1937

S. 181 ff.
Suzanne Pollak: Familientreffen. Eine Spurensuche
Picus-Verlag, Wien, 1994

S. 260
»An die Nachgeborenen«
aus: Bertolt Brecht: Werke. Große kommentierte Berliner und Frankfurter Ausgabe, Band 12: Gedichte 2
© Bertolt-Brecht-Erben/Suhrkamp Verlag 1988

S. 266
Israel in Bild und Text
Botschaft des Staates Israel, Berlin, 2011

Fotos:
Alle Fotos © privat, außer
S. 33
© Atelier Joël-Heinzelmann, Berlin-Charlottenburg

MIX
Papier aus verantwortungsvollen Quellen
FSC® C083411

Verlag Kiepenheuer & Witsch, FSC® N001512

1. Auflage 2019

Umschlaggestaltung: Sabine Kwauka
Umschlagmotiv: © privat
Autorenfoto: © Sven Görlich
Soweit es möglich war, hat der Verlag die Copyright-Fragen zu den Abbildungen geklärt. Nicht erreichte oder erwähnte Inhaber von Bildrechten werden gebeten, sich beim Verlag zu melden.
Stammbaum auf dem Vorsatz: Oliver Wetterauer
In den Stammbaum wurden nur die Familienmitglieder aufgenommen, die auch im Buch vorkommen.
Gesetzt aus der Albertina
Satz: Buch-Werkstatt GmbH, Bad Aibling
Druck und Bindung: CPI books GmbH, Leck
ISBN 978-3-462-05081-3

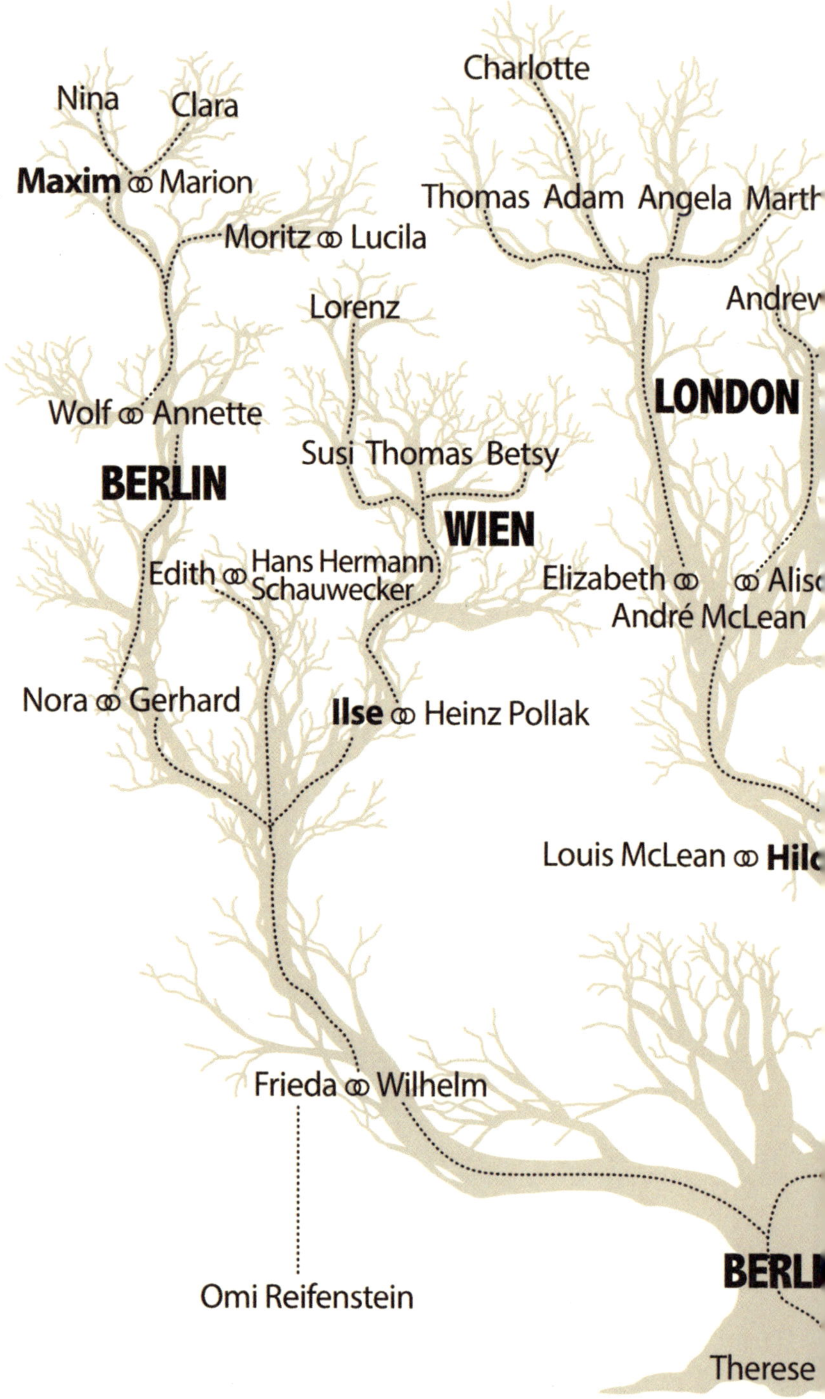

Charlotte
Nina
Clara
Maxim ⚭ Marion
Thomas Adam Angela Marth
Moritz ⚭ Lucila
Andrev
Lorenz
LONDON
Wolf ⚭ Annette
Susi Thomas Betsy
BERLIN
WIEN
Edith ⚭ Hans Hermann Schauwecker
Elizabeth ⚭ André McLean
⚭ Alis
Nora ⚭ Gerhard
Ilse ⚭ Heinz Pollak
Louis McLean ⚭ Hil
Frieda ⚭ Wilhelm
Omi Reifenstein
BERL
Therese